RUSSIAN FOR BUSINE

Also available in the Russian Language series:

Modern Russian: An Advanced Grammar Course, Derek Offord
A Guide to Essay Writing in Russian, Svetlana and Stephen le Fleming
Russian by Subjects (a classified vocabulary), Patrick Waddington
First Russian Vocabulary (key to the Russian Texts Series), Patrick Waddington
The New Russia: Readings on Russian Culture, Nijole White

Forthcoming:
What's in a Russian Word, Ian Press

RUSSIAN FOR BUSINESS STUDIES

Svetlana le Fleming

Bristol Classical Press

This impression 2002
This edition published in 2000 by
Bristol Classical Press
an imprint of
Gerald Duckworth & Co. Ltd.
61 Frith Street, London W1D 3JL
Tel: 020 7434 4242
Fax: 020 7434 4420
inquiries@duckworth-publishers.co.uk
www.ducknet.co.uk

A catalogue record for this book is available
from the British Library

ISBN 1 85399 611 4

Typeset by Svetlana le Fleming
Printed in Great Britain by
Antony Rowe Ltd, Eastbourne

CONTENTS

PREFACE

The purpose of this book is to familiarise students with the language and background of the emerging business world in Russia. It is intended for students with at least an A-Level (or equivalent) knowledge of Russian, who wish to embark on a course associated with business studies, or who may consider employment in a Russian environment. The book is equally suitable for people working independently and wishing to enhance their knowledge of this world. It will be especially useful to Russian graduates who have job opportunities for which some knowledge of the country's commerce, and the language associated with it, would be an advantage. The book does not require a knowledge of economic concepts: the reader will acquire this through the information presented.

In view of fluctuations in Russia's economic situation, and the changes in regulations which result, the book concentrates on the more unchanging aspects of Russian business and economics. Rules on tax alter frequently, so we cannot be specific about them; what is provided here is an introduction to Russian economic trends, and the concepts and language to enable students to keep abreast of developments.

The book is divided into six chapters. Each deals with a specific topic: the organisation of business in Russia; the advertising industry; the labour market; privatisation; foreign trade; and the banking system. Within chapters, units deal with different aspects in detail: texts provide basic information, which is developed in tasks to be completed. Students should translate the text first, answer questions on it in both English and Russian and then proceed to the exercises. Tasks are designed to be realistic as well as informative; some are intended primarily to build up and reinforce vocabulary and grammatical skills. But often the aim of the work is to test students' business aptitude, to interest and encourage them to think positively about the possibility of a career in business with Russia. For this reason, the tasks requiring understanding of commercial and economic concepts are translated into English – to ensure that students are not lost in this complex and sometimes contradictory field. At the end of each chapter, a section of activities tests the knowledge acquired.

There follows an appendix on Russia's geography, reminding readers of the physical conditions in which business and economic activity in general are conducted. Keys are provided to the tasks involving translations into Russian, word building or grammatical points. However, tasks which assess knowledge of the business background must be worked out by students for themselves, using information contained within the unit. There is a key to the initials and acronyms used in the book and, finally, a Russian-English vocabulary. Material throughout is based largely on Russian sources, particularly recent trade and specialist periodicals, as acknowledged in the text.

I am indebted to my husband for his interest and suggestions, and to him and Alister Robson of the University of Durham for their practical assistance in producing camera-ready typescript. I hope that this book will help to dispel understandable reluctance and remove the language barrier which has deterred some from venturing into Russia to do business.

Svetlana le Fleming
Durham, June 2000

RUSSIAN FOR BUSINESS STUDIES

1

РОССИ́ЙСКОЕ ПРЕДПРИНИМА́ТЕЛЬСТВО

In this chapter you will learn about the most common forms of Russian business, their advantages and disadvantages:
- individual enterprises
- partnerships
- joint stock companies
- the development of small businesses
- franchises
- writing your business plan

UNIT 1
Фо́рмы организа́ции би́знеса

Study the texts; make sure that you can answer the questions before moving on

Текст 1.1
Индивидуа́льное и коллекти́вное предпринима́тельство

вкла́дывать/вложи́ть	to invest
владе́лец	owner, proprietor
вноси́ть/внести́ до́лю, пай	to invest a share
в преде́лах	within the bounds
де́йствовать самостоя́тельно	to act independently
долг	debt
заменя́ть/замени́ть	to replace, substitute
иму́щество	property
нести́ отве́тственность	to bear responsibility
образова́ть	to form
объединя́ть(ся)/объедини́ть(ся)	to unite
ограни́ченная отве́тственность	limited liability
предпринима́тельство	entrpeneurship
при́быль	profit
принима́ть/приня́ть обяза́тельство	to take on an obligation
распространённый	widespread
ро́зничная торго́вля	retail trade
совме́стный	joint
соотве́тствовать величине́	to correspond to the size

1

сфéра услýг	service sector
товáрищество	partnership
химчúстка	dry cleaners
чáстное лицó	(private) individual

Сáмой простóй фóрмой организáции бúзнеса являéтся индивидуáльное предпринимáтельство. Фúрма (предприятие) принадлежúт чáстному лицý, и предпринимáтель дéйствует самостоятельно. Но предприятие мóжет принадлежáть нéскольким лúцам, когдá учáстники объединяются для совмéстного бúзнеса и образýют товáрищество. Тогдá онó станóвится фóрмо й коллектúвного предпринимáтельства. Кáждый из учáстников внóсит свою дóлю капитáла (пай) и получáет дóлю прúбыли, соотвéтствующую величинé пáя.

В Россúи осóбенно распространены товáрищества с огранúченной отвéтственностью (ТОО), в котóрых члéны несýт отвéтственность по обязáтельствам, прúнятым на себя фúрмой, тóлько в предéлах вклáдов в капитáл фúрмы. При банкрóтстве владéльцы теряют тóлько те дéньги, котóрые онú вложúли в капитáл фúрмы и не отвечáют за долгú всем свойм имýществом. Такáя фóрма товáрищества мéнее рискóванна, и осóбенно распространенá в рóзничной торгóвле, в сфéре услýг. ТОО «Блеск» (химчúстка), ТОО «Экрáн» (ремóнт телевúзоров). В послéднее врéмя «товáрищество» всё чáще заменяется слóвом «óбщество»: ООО (óбщество с огранúченной отвéтственностью), напримéр, ООО «Продтовáры».

2

Make sure you can answer these questions both in English and in Russian:

What distinguishes a partnership from an individual enterprise?

Чем отличáется товáрищество от индивидуáльного предприя́тия?

How are profits divided in a partnership?

Как распределя́ется при́быль в товáриществе?

What is meant by 'limited liability'?

Что означáет «ограни́ченная отвéтственность»?

What kinds of business tend to be partnerships?

Каки́е фóрмы би́знеса распространены́ в товáриществах?

What risks does an individual proprietor face?

Какóй риск испы́тывает индивидуáльный предпринимáтель?

Текст 1.2
Акционéрное óбщество

áкция, акционéр	share, shareholder
акционéрное óбщество (АО)	joint stock company
откры́тое акционéрное óбщество (ОАО)	public limited company (plc)
закры́тое акционéрное óбщество (ЗАО)	limited company (Ltd.)
вы́пуск áкций	share issue
дивидéнд	dividend
за счёт	at the expense, on the proceeds of
издéлие из мéха и кóжи	garment made of fur and leather
назначáть/назнáчить	to appoint
определённый круг	a certain sort
посрéдством	by means of
преобразовáние	transformation
распределя́ть/распредели́ть	to distribute
сóбственник	proprietor
управля́ющий	manager
учреди́тель	founder

Акционéрное óбщество (АО) ещё оди́н вид фирм. Капитáл акционéрного óбщества образýется за счёт вы́пуска и продáжи áкций. Акционéры, лю́ди, купи́вшие áкции фи́рмы, станóвятся владéльцами АО. Кáждая áкция даёт её владéльцу оди́н гóлос на собрáнии акционéров. Собрáние акционéров избирáет Совéт директорóв, котóрый отвечáет за положéние дел АО и назначáет управля́ющих

3

(ме́неджеров). Ка́ждый год среди́ акционе́ров распределя́ется часть при́были (дивиде́нды).

В откры́том акционе́рном о́бществе (ОАО) и́ли в акционе́рном о́бществе откры́того ти́па (АООТ) уча́стники мо́гут продава́ть и́ли передава́ть свои́ а́кции без согла́сия други́х акционе́ров э́того о́бщества. Откры́тое акционе́рное о́бщество (ОАО) нере́дко создаётся посре́дством преобразова́ния ТОО и́ли ООО, наприме́р ОАО «Ки́ровский рыбозаво́д» и́ли ОАО «Автокомбина́т по ремо́нту и техни́ческому обслу́живанию автомоби́лей ГАЗ[*]».

В закры́том акционе́рном о́бществе (ЗАО) и́ли в акционе́рном о́бществе закры́того ти́па (АОЗТ) а́кции распределя́ются то́лько среди́ учреди́телей и́ли среди́ определённого кру́га люде́й, наприме́р ЗАО «Моско́вская ли́зинговая компа́ния», ЗАО «Костромско́й универма́г». Акционе́рное о́бщество, объединя́ющее де́ятельность не́скольких фирм, стано́вится корпора́цией: «Росси́йская мехова́я корпора́ция» (произво́дство изде́лий из ме́ха и ко́жи). Не́которые корпора́ции, как «Газпро́м», гига́нтские.

---

[*] ГАЗ: Го́рьковский автозаво́д, makers of 'Volga' cars.

Answer these questions in English and in Russian before moving on:
What is the financial basis of a joint-stock company?
Что составляет финансовую основу акционерного общества?
What rights does a shareholder have?
Какие права у акционера?
What is the difference between a public limited company and a limited company?
Чем отличается ЗАО от ОАО?
What is understood by a corporation?
Что вы понимаете под корпорацией?

KEY TERMS

Индивидуальная фирма – фирма, принадлежащая одному лицу, которое несёт полную ответственность за результаты её деятельности и имеет право на получение всей прибыли.
An individual firm is one belonging to an individual who bears complete reponsibility for the results of its operation and has the right to receive all its profits.

Товарищество – фирма, которая принадлежит нескольким собственникам, вкладывающим в неё свои средства, получающим прибыль и несущим ответственность за убытки.
A partnership is a firm belonging to several proprietors who invest their money in it, receive the profits and bear responsibility for losses.

Акция – вид ценной бумаги, подтверждающей, что её владелец является одним из собственников компании и имеет право на получение части её прибыли.
A share is a type of security which confirms that its owner is one of the proprietors of the company and has a right to part of its profits.

Акционерное общество – фирма, принадлежащая акционерам, которые имеют право на часть прибыли АО, а некоторые и на участие в управлении им.
A joint stock company is a firm belonging to its shareholders who have a right to part of its profits and in some cases to participate in management.

Акционеры – владельцы акций компании.
Shareholders are owners of a company's shares.

Дивиде́нды – часть при́были, кото́рая ежего́дно распределя́ется ме́жду акционе́рами.
Dividends are that part of the profits which are shared out each year among the shareholders.

Основны́е ви́ды фирм

Вид фи́рмы	*Кому́ принадлежи́т*	*Кто управля́ет*	*Кто получа́ет при́быль*
Индивидуа́ль-ная фи́рма	Ча́стному лицу́	Со́бственник и́ли назна́ченный им управля́ющий	Со́бственник
Това́рищество	Двум и́ли не́скольким ча́стным ли́цам	Това́рищи и́ли назна́ченный и́ми управля́ющий	Де́лится согла́сно догово́ру о това́риществе
Акционе́рное žа̀йество	Акционе́рам	Сове́т директоро́в, и́збранный собра́нием акционе́ров	В ви́де дивиде́ндов распределя́ет-ся ме́жду акционе́рами согла́сно коли́честву а́кций

Task 1

Do you agree with these advantages (преиму́щества) *and disadvantages* (недоста́тки) *of the different forms of business?*
Note:

бухга́лтер	accountant
в ва́шем распоряже́нии	at your disposal
ма́стер на все ру́ки	Jack of all trades
нало́говые льго́ты	tax relief
нача́льный капита́л	start-up capital
несовмести́мость интере́сов	incompatibility of interests
подохо́дный нало́г	income tax

Индивидуа́льная фи́рма

Преиму́щества
1) легко́ созда́ть
2) тре́буется ни́зкий нача́льный капита́л
3) свобо́да де́йствий
4) легко́ контроли́ровать нало́говые льго́ты (вы пла́тите то́лько подохо́дный нало́г, вся при́быль в ва́шем распоряже́нии)

Недоста́тки
1) ограни́ченный капита́л для разви́тия де́ла
2) вы должны́ выполня́ть мно́го фу́нкций (быть управля́ющим, бухга́лтером, секретарём, ма́стером на все ру́ки)
3) вы должны́ нести́ неограни́ченную фина́нсовую отве́тственность (е́сли фи́рма обанкро́тилась, вы теря́ете всё)

Това́рищество

Преиму́щества
1) легко́ созда́ть
2) тре́буется ни́зкий нача́льный капита́л
3) мо́жно специализи́роваться в ра́зных фу́нкциях управле́ния това́риществом
4) нало́говые льго́ты (вы пла́тите то́лько подохо́дный нало́г)

Недоста́тки
1) ограни́ченность капита́ла для разви́тия де́ла
2) возмо́жна несовмести́мость интере́сов чле́нов това́рищества, что мо́жет привести́ к конфли́ктной ситуа́ции
3) неограни́ченная отве́тственность
4) в слу́чае ухо́да одного́ из со́бственников произво́дство мо́жет останови́ться

Акционе́рное о́бщество

Преиму́щества
1) разме́р капита́ла, как и коли́чество инве́сторов, мо́жет быть неограни́ченным
2) ограни́ченная отве́тственность
3) возмо́жна у́зкая специализа́ция в разли́чных фу́нкциях управле́ния

Недоста́тки
1) сло́жность созда́ния и регистра́ции (тре́бует специа́льного разреше́ния прави́тельства)
2) двойны́е нало́ги (на при́быль и дивиде́нды)

3) при большо́м числе́ акционе́ров тру́дно
    контроли́ровать де́ятельность управля́ющих

Task 2
Make the right choices and explain them:
Note:

совме́стное владе́ние	joint ownership
привлека́ть капита́л	to attract capital

1. Индивидуа́льная фи́рма наибо́лее распространена́
    (a) в автомобилестрое́нии
    (b) в ба́нковском де́ле
    (c) в се́льском хозя́йстве?
2. Товарищество – э́то
    (a) фо́рма организа́ции би́знеса, осно́ванная на совме́стном
        владе́нии и управле́нии фи́рмой
    (b) фо́рма организа́ции би́знеса, осно́ванная на акционе́рном
        капита́ле?
3. Для созда́ния АО привлека́ется
    (a) капита́л двух со́бственников
    (b) акционе́рный капита́л?

Task 3
Replace the words and phrases in English by their equivalents in Russian:
Индивидуа́льные фи́рмы ча́ще всего́ де́йствуют *in the service sector and
retail trade.* В Росси́и индивидуа́льная фи́рма мо́жет быть со́здана лишь
в фо́рме *of a limited liability company.* Фи́рма мо́жет принадлежа́ть *to a
private individual.* Свобо́да де́йствий *is an advantage* индивидуа́льной
фи́рмы. В товарищество *profit is distributed* согла́сно величине́ па́я
партнёров. Две фи́рмы реши́ли созда́ть *a joint enterprise. Issue and sale of
shares* составля́ют фина́нсовую осно́ву акционе́рного о́бщества. В ОАО
уча́стники мо́гут продава́ть а́кции *without the agreement of the other
shareholders.* Акционе́рное о́бщество, кото́рое *unites the activities*
не́скольких фирм, стано́вится корпора́цией. Интере́сы партнёров в
фи́рме мо́гут быть *incompatible.*

Task 4
Complete each sentence by picking the appropriate word in brackets:
(а́кция, акционе́р, акционе́рный)

8

Ка́ждый . . . . . в ОАО мо́жет свобо́дно продава́ть свои́ . . . . . Что́бы созда́ть АО, ну́жен . . . . . капита́л. Большинство́ кру́пных фирм явля́ются . . . . . о́бществами.

(ограни́ченный, неограни́ченный, ограни́ченность, ограни́чивать)

В Росси́и получи́ли распростране́ние фи́рмы с . . . . . отве́тственностью. . . . . . капита́ла для разви́тия де́ла – больша́я пробле́ма для индивидуа́льных фирм. Прави́тельство бо́льше не пыта́ется . . . . . число́ индивидуа́льных фирм. Коли́чество инве́сторов в акционе́рном о́бществе мо́жет быть . . . . . .

(предпринима́тель, предпринима́тельство, предпринима́тельский)

Всё бо́льше люде́й занима́ются . . . . . де́ятельностью. Мно́го внима́ния в стране́ уделя́ется разви́тию . . . . . . Молоды́е . . . . . созда́ли Ассоциа́цию . . . . . .

(управля́ть, управле́ние, управля́ющий)

Ну́жен большо́й о́пыт, что́бы . . . . . акционе́рным о́бществом. Това́рищество осно́вано на совме́стном . . . . . де́ятельностью фи́рмы. Для . . . . . фи́рмой был назна́чен но́вый . . . . . .

UNIT 2
Ма́лый би́знес

Текст 2.1
Ма́лое предприя́тие

да́нные	data
дели́ть/подели́ть ры́нок	to divide the market
за́нятый	employed
иго́рный би́знес	gambling
испы́тывать/испыта́ть давле́ние	to feel pressure
кримина́л	the criminal world
кримина́льные структу́ры	organised crime
ма́лое предприя́тие	small enterprise
общепи́т	public catering
(обще́ственное пита́ние)	
определя́ться	to be defined
отлича́ться ги́бкостью	to be distinguished by flexibility
о́трасль	branch (industry)
перестра́иваться/перестро́иться	to be restructured
плати́ть дань	to pay protection money
положе́ние испра́вится	the situation will improve

9

получа́ть/получи́ть распростране́ние	to become widespread
по ме́ре становле́ния	in line with the emergence
прихо́дится	there is, it comes to
произво́дственная сфе́ра	the production sphere
располага́ть	to have at one's disposal
рэкети́р	gangster
со́бственность	property
с учётом	taking into consideration

В усло́виях перехо́да к ры́нку в Росси́и получи́ли распростране́ние небольши́е фи́рмы (ма́лые предприя́тия, МП), отлича́ющиеся ги́бкостью, спосо́бные бы́стро реаги́ровать на изменя́ющийся ры́нок и бы́стро перестра́иваться на произво́дство но́вых това́ров. В Росси́и МП определя́ется по числу́ за́нятых. МП – это предприя́тие любо́й фо́рмы со́бственности с число́м рабо́тающих в промы́шленности и строи́тельстве до 200 челове́к, в нау́ке и нау́чном обслу́живании – до 100, в други́х о́траслях произво́дственной сфе́ры – до 50, в непроизво́дственной сфе́ре, ро́зничной торго́вле – до 15 челове́к.

Об эффекти́вности э́тих предприя́тий говори́т сле́дующая стати́стика: «Ма́лые предприя́тия, располага́я 3,4% сто́имости основны́х средств эконо́мики Росси́и и 14% числа́ за́нятых, произво́дит 12% ВВП[*] и даю́т 1/3 всей при́были по наро́дному хозя́йству» (Adapted from *Делов́ые люди*).

У таки́х предприя́тий большо́е бу́дущее. Ведь во всём ми́ре норма́льной счита́ется ситуа́ция, при кото́рой на 30–50 жи́телей прихо́дится одно́ ма́лое предприя́тие. Тогда́ в Росси́и с учётом её населе́ния, потенциа́л ма́лого би́знеса до́лжен быть 3–5 млн. ма́лых предприя́тий. Пока́ же их в Росси́и в 1997 году́ насчи́тывалось всего́ 900 ты́сяч (Adapted from *Делов́ые люди*).

Одна́ко в настоя́щее вре́мя у МП мно́го пробле́м. Кро́ме материа́льных тру́дностей, МП испы́тывают огро́мное давле́ние со стороны́ кримина́льных структу́р. По не́которым да́нным 30% МП пла́тят дань рэкети́рам. Кримина́льными структу́рами уже́ поделён ры́нок в таки́х областя́х, как общепи́т, би́знес кафе́ и рестора́нов, автосе́рвис, прода́жа овоще́й, цвето́в и фру́ктов. Экономи́сты счита́ют, что э́то положе́ние испра́вится само́ по ме́ре становле́ния ры́ночной

---

[*] ВВП – валово́й вну́тренний проду́кт: gross domestic product, the total value of goods produced inside the country in a given period.

эконо́мики. Возмо́жно, криминáл остáнется лишь в специфи́ческих сфéрах мáлого би́знеса, таки́х, напримéр, как иго́рный би́знес.

Now answer these questions:
What do you understand by 'flexibility' in this context?
Что вы понимáете под «ги́бкостью» МП?
How big is a 'small enterprise' in Russia?
Каков размéр «МП» в Росси́и?
How significant are small enterprises for the Russian economy?
Как важны́ МП для росси́йской эконо́мики?
What future is there for small enterprises in Russia?
Каково́ бу́дущее для МП в Росси́и?
What major problems do they face?
С каки́ми проблéмами стáлкиваются МП?

Task 5
Comment on the following information from the newspaper Эконо́мика и жизнь *(statistics are for 1997). What conclusions can you draw from it?*
1. Социо́логи состáвили портрéт моско́вского предпринимáтеля. Его́ срéдний во́зраст не превышáет 35 лет. Мáлым би́знесом занимáются глáвным о́бразом мужчи́ны, до́ля жéнщин-предпринимáтелей – 35%. За плечáми 75% бизнесмéнов – вуз[*] и́ли срéднее учéбное заведéние, о́коло 5% имéют учёную стéпень кандидáта наýк.
Sociologists have drawn up a picture of the Moscow entrepreneur. His average age is not more than 35. Mainly men are engaged in small enterprise; the proportion of women-entrepreneurs is 35%. 75% of business people have a university or college education behind them and about 5% are Ph.Ds.

2. По оцéнкам Наýчно-исслéдовательского цéнтра при институ́те молодёжи, предпринимáтели в во́зрасте до 40 лет зáняты в слéдующих ви́дах дéятельности: мáлый би́знес – 54%, срéдний – 36%, и крýпный – 10%. В кáчестве исто́чников при́были торго́влю называ́ют 31 процéнт, креди́ты от коммéрческих бáнков – 24 процéнта, ссýды друзéй – 20 процéнтов, сбережéния семьи́ – 16 процéнтов. 30 процéнтов предпочитáют надёжную «кры́шу». Мно́гие отмечáют, что чрезмéрность налóгового брéмени вынуждáет их идти́ на неофициáльные сдéлки и,

---

[*] вуз – вы́сшее учéбное заведéние : institute of higher education

как сле́дствие, плати́ть дань криминáльным структýрам. 90 процéнтов убежденьı́, что нельзя́ дéлать бúзнес, не давáя взя́ток.

According to estimates from the scientific research centre attached to the Institute of Youth, entrepreneurs up to 40 are involved in the following kinds of activity: 54% in small business, 36% in medium, and 10% in large-scale business. 31% named trading as their source of profits, 24% – credits from commercial banks, 20% – loans from friends and 16% – family savings. 30% preferred to have a reliable 'roof' (protection). Many say that the excessive burden of tax forces them to resort to unofficial deals and as a consequence pay protection money to the underworld. 90% are convinced that it is impossible to do business without paying bribes.

3. Специфúчная фóрма росси́йского мáлого бúзнеса – «челнóчный» бúзнес. «Челнокú» – предпринимáтели-индивидуалúсты (в бьı́вшем СССР – спекуля́нты), перевозя́щие чéрез росси́йскую грани́цу разли́чные товáры и перепродаю́щие их на росси́йских рьı́нках. С пóмощью «челнокóв» удалóсь напóлнить отéчественный рьı́нок дешёвыми товáрами мáссового спрóса. По словáм мéра Москвьı́ Лужкóва «челнóчный бúзнес стал срéдством самовыживáния миллиóнов нáших согрáждан, оказáвшихся разорёнными и лишёнными профессионáльной и жúзненной перспекти́вы. Сегóдня в челнóчный бúзнес, так úли инáче, вовлеченьı́ от 10 до 30 миллиóнов человéк. Ещё бóльше людéй пóльзуются их услýгами, удовлетворя́я сáмые насýщные потрéбности. Среди́ них, в основнóм, малоимýщие и срéдние слои́ населéния.» (from *Москóвские нóвости*)

"Shuttle trading" is a specifically Russian form of small business. A "shuttler" is an individual entrepreneur who transports various goods across the Russian border and sells them on in the markets in Russia. With their help the home market has successfully been filled with cheap, mass-demand goods. In the words of Moscow's mayor Luzhkov, "Shuttle trading has become a means of survival for millions of our fellow citizens, ruined and deprived of prospects in their jobs and their lives. These days 10 to 30 million people are involved in shuttle trading one way or another. Even more people rely on their services to satisfy their most pressing needs. They include mainly the poor and the middle levels of the population".

4. По да́нным ВЦИОМ[*] россия́не оце́нивают оте́чественных предпринима́телей сле́дующим о́бразом:

жа́жда нажи́вы	50%
скло́нность к жу́льничеству	45%
авантюри́зм	23%
нежела́ние че́стно труди́ться	20%
делова́я хва́тка	19%
насто́йчивость в достиже́нии це́ли	14%
трудолю́бие	7%
че́стность	5%
высо́кий профессионали́зм	4%

(Adapted from *Эконо́мика и жизнь*)

According to figures from VTsIOM* Russians assess their own entrepreneurs thus:

desire for personal gain	50%
disposition to swindle	45%
willingness to take risks	23%
unwillingness to do an honest job	20%
talent for business	19%
persistence in achieving a goal	14%
industriousness	7%
honesty	5%
high level of professionalism	4%

Task 6

Andrei Orlov, Deputy Chairman of the State Committee for the Support and Development of Small Business (замести́тель председа́теля Госуда́рственного комите́та по подде́ржке и разви́тию ма́лого предпринима́тельства), *gives his views on the state of small businesses in Russia – interpret orally, or if you prefer, make a written translation of his interview:*

Note:

банкро́т	bankruptcy
нали́чные де́ньги	cash

---

[*] ВЦИОМ – Всеросси́йский це́нтр по изуче́нию обще́ственного мне́ния, Russian Centre for the Study of Public Opinion; an independent, commercial polling organisation.

поглощение	take-over
подта́лкивать	to push
посре́дническая де́ятельность	mediation
сокры́тие дохо́дов	concealment of income
юриди́ческая фи́рма	law firm

Journalist: Small enterprise has developed very fast in your country, especially in the early 1990s. At that time small businesses were, as they say, growing like mushrooms. But their growth has slowed down, and you don't see as many kiosks in the streets as previously. Does this mean the end of small enterprise in Russia?

Andrei Orlov: Нет, наоборо́т. Про́сто наступи́л но́вый эта́п разви́тия ма́лого би́знеса, в стране́ наблюда́ется тенде́нция преобразова́ния ма́лых предприя́тий в сре́дние и́ли кру́пные. Вме́сто пре́жних торго́вых кио́сков тепе́рь стро́ятся торго́вые павильо́ны, нере́дко принадлежа́щие одно́й фи́рме. Это норма́льная тенде́нция поглоще́ния ме́лких предприя́тий кру́пными, и она́ бу́дет продолжа́ться.

J: Will your small businesses be able to exist side-by-side with larger ones? Are they capable of forming a dual structure in your economy? Are your large enterprises capable of stimulating the creation of small ones? So far as I know, small enterprises are unable to exist without state support. There are always a lot of bankruptcies among them.

A.O: Мы сейча́с по́няли, что без ма́лого предпринима́тельства эконо́мика развива́ться успе́шно не мо́жет. Поэ́тому мы намерева́емся вся́чески подде́рживать разви́тие ма́лого предпринима́тельства. В 1995 году́ Госду́мой был при́нят федера́льный зако́н «О госуда́рственной подде́ржке ма́лого предпринима́тельства в Росси́и», со́здан Госуда́рственный комите́т по подде́ржке и разви́тию предпринима́тельства. Создаю́тся информацио́нные, юриди́ческие, конса́лтинговые фи́рмы, обслу́живающие МП. Мы плани́руем увели́чить фина́нсовую по́мощь ма́лому предпринима́тельству, ввести́ но́вые нало́говые льго́ты, вы́делить сре́дства на созда́ние инфраструкту́ры МП.

J: Your small enterprises have developed and, I think, are still developing in the direction of the service sector, in particular commercial and consulting services. In the production sphere their number has always been small. How do you explain this?

А.О: Одна́ из причи́н тут – экстреми́зм нало́говой поли́тики. Ведь
нало́ги здесь доходи́ли до 70–90% дохо́дов МП. Свое́й нало́говой
поли́тикой прави́тельство само́ поощря́ло МП к тому́, что́бы иска́ть
спо́собы сокры́тия дохо́дов. А в сфе́ре услу́г, в торго́вой,
посре́днической де́ятельности, где обы́чно име́ешь де́ло с нали́чными
деньга́ми, э́то сде́лать намно́го ле́гче. Но сейча́с мы пересма́триваем
на́шу нало́говую поли́тику в отноше́нии МП.

J: It is still not very clear to me how you see the future of your small
enterprises. What is their potential in your country?

А.О: Потенциа́л МП в Росси́и огро́мен. Коли́чество МП в тако́й
грома́дной стране́ про́сто недоста́точно. И е́сли мы вы́полним
федера́льную програ́мму подде́ржки ма́лого предпринима́тельства на 96
– 97 го́ды, число́ ма́лых предприя́тий мо́жет дости́гнуть 2–2,5 млн., а
э́то должно́ обеспе́чить приро́ст 600 – 800 ты́сяч но́вых рабо́чих мест.
Вообще́, чем бо́льше МП, тем лу́чше для эконо́мики. Ма́лое
предпринима́тельство помо́жет нам реши́ть мно́гие социа́льные
пробле́мы в результа́те безрабо́тицы, конве́рсии, реформи́рования
а́рмии. Ведь це́лый слой специали́стов ВПК* , военнослу́жащих,
обанкро́тившихся предприя́тий бу́дет покида́ть свою́ пре́жнюю
де́ятельность и, мы наде́емся, занима́ться ма́лым би́знесом.

(Adapted from Делов́ые лю́ди)

*And now, on the basis of the interview and earlier information, write a short
report (c. 150 words) on the prospects for small businesses in Russia. What is
the Russian businessman's opinion? What do you see as the main problems?*

Task 7
*In 1997 Moscow celebrated 10 years of the development of small businesses.
Examine the following pie chart based on information from* Ма́лый би́знес
Москвы́. М. «Делова́я Москва́», 1997г. *and decide which areas show the
most potential for growth:*

---

*   ВПК – Вое́нно-промы́шленный ко́мплекс, military-industrial
    complex.

15

Ма́лые предприя́тия в Москве́ 1996г.

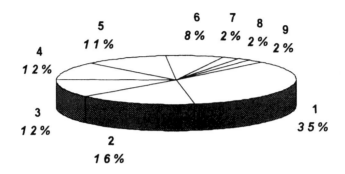

1. Торго́вля и обще́ственное пита́ние
2. Строи́тельство
3. Промы́шленность
4. Нау́ка и нау́чное обслу́живание
5. Други́е ви́ды де́ятельности
6. Общекомме́рческая де́ятельность по обслу́живанию ры́нка
7. Тра́нспорт и связь
8. Жили́щно-коммуна́льное хозя́йство и бытово́е обслу́живание
9. Фина́нсы и креди́т

Task 8

Replace the words and phrases in English by their Russian equivalents:
Эконо́мика не мо́жет успе́шно развива́ться *without small businesses.* Во мно́гих города́х в связи́ с безрабо́тицей МП мо́гут *provide employment* мно́гим безрабо́тным. В Росси́и МП *face many problems.* В настоя́щее вре́мя они́ *experience enormous pressure* со стороны́ кримина́льных структу́р. *Because of high taxes* МП вы́нуждены скрыва́ть свои́ дохо́ды. Мно́гие убеждены́, что нельзя́ де́лать би́знес, *without paying bribes.* Россия́не, по-пре́жнему, пло́хо ду́мают *about their entrepreneurs.* По-мо́ему, МП мо́гут существова́ть то́лько *with state support.* Госуда́рство плани́рует *to introduce tax relief* для МП. В 90-х года́х был при́нят зако́н *about the development of small business* в Росси́и. В стране́ идёт *a takeover of small businesses* кру́пными, и коли́чество МП *is decreasing. The more* МП в стране́, *the better it is* для эконо́мики.

Task 9

Read the following to familiarise yourself with the Russian words and phrases:

Еле́на Льво́вна Емелья́нова, генера́льный дире́ктор Моско́вского аге́нтства по разви́тию предпринима́тельства (МАРП) – консульта-цио́нного це́нтра для ма́лых и сре́дних предприя́тий в Москве́ – нам объясни́ла:

Elena Emelyanova, managing director of the Moscow Agency for the Development of Enterprise (MARP) – a consulting agency for small and medium-sized enterprises in Moscow – explains:

1. Основна́я пробле́ма росси́йских предпринима́телей – недоста́ток делово́й информа́ции. У мно́гих возника́ют тру́дности с регистра́цией предприя́тия, упла́той нало́гов. Э́то не удиви́тельно: в стране́ инфля́ция, сло́жная систе́ма налогообложе́ния. Тем не ме́нее предпринима́тельство развива́ется. В 1994 году́ в Москве́ насчи́тывалось о́коло 150.000 ма́лых предприя́тий, в нача́ле 1996 г. их число́ уже́ дости́гло 300.000.

The major problem Russian entrepreneurs face is lack of commercial information: for many of them difficulties arise in registering their enterprise and paying their taxes. This comes as no surprise: there is inflation in the country and a complicated tax system. Even so Russian entrepreneurship is developing: in 1994 there were about 150,000 small businesses in Moscow, and at the beginning of 1996 the figure had already reached 300,000.

2. Основны́м направле́нием де́ятельности на́шего Аге́нтства явля́ются консультацио́нные и информацио́нные услу́ги. На́ша гла́вная зада́ча – проконсульти́ровать предпринима́телей, предоста́вить делову́ю информа́цию.

The main thrust of our Agency's activity lies in consulting and information services. Our main task is to advise entrepreneurs and provide business information.

3. Мы помога́ем составля́ть би́знес-пла́ны, разраба́тывать инвестицио́нные прое́кты, прово́дим марке́тинговые иссле́дования.

We help to draw up business plans and develop investment projects, and we conduct market research.

4. Мы прово́дим фина́нсово-экономи́ческую эксперти́зу проéктов предпринима́телей, кото́рые претенду́ют на льго́тное кредитова́ние.
We carry out financial and economic assessment of projects from entrepreneurs claiming favourable credit terms.

5. Мно́го запро́сов на проведе́ние марке́тинговых иссле́дований поступа́ет от за́падных предпринима́телей. Это объясня́ется тем, что мно́гие из них не зна́ют на́шего ры́нка. Пре́жде чем на него́ вы́йти, они́ хоте́ли бы получи́ть то́чную информа́цию о состоя́нии ры́нка. Не́которые из них хоте́ли бы созда́ть совме́стные предприя́тия, и поэ́тому они́ обраща́ются к нам для того́, что́бы найти́ потенциа́льных партнёров и подгото́вить необходи́мые докуме́нты.
Many requests for market research come from Western entrepreneurs. This is due to the fact that many of them do not know the market here. Before venturing into it they would like to receive precise information about the state of the market. Some of them would like to set up joint ventures, so they turn to us to find potential partners and to prepare the necessary documentation.
(Adapted from *Коммерса́нтъ*)

Answer the following questions:
   What does the acronym МАРП stand for?
   Что означа́ет МАРП?
   What are the main problems facing Russian entrepreneurs?
   С каки́ми пробле́мами ста́лкиваются росси́йские предпринима́тели?
   What services does the Agency provide?
   Каки́е услу́ги предлага́ет аге́нство?
   Why do foreign firms consult the Agency?
   Почему́ иностра́нные фи́рмы обраща́ются в аге́нтство?

List all the problems which МАРП might be able to solve for you.

Find phrases in the text which correspond to the following statements:
1. The major problem facing Russian entrepreneurs is lack of commercial information.
2. Basically, we provide consulting services and information support.
3. We specialise in drawing up business plans and investment projects and conducting market research.
4. We carry out economic and financial assessment of investment projects.
5. Many orders for market research come from Western entrepreneurs.

UNIT 3
Франчáйзинг в Росси́и

Текст 3.1
Индýстрия бы́строго питáния

в срéднем	on average
держáтель	holder
добивáться/доби́ться успéха	to achieve success
индýстрия бы́строго питáния	fast food industry
облада́ть	to possess
обладáтель	owner
оборáчиваемость	turnover
поклóнник	admirer
пóвар	cook, chef
сеть закýсочных	chain of snack bars
товáрный *or* фи́рменный знак, мáрка	trademark
франчáйзинг	franchising
франши́за	franchise

Индýстрия бы́строго питáния («фаст фуд») – однá из сáмых развивáющихся и при́быльных. Кафé «фаст фуд» ужé имéют мнóго поклóнников в Росси́и, осóбенно в крýпных городáх. Для предпринимáтелей из таки́х городóв э́то хорóший спóсоб доби́ться успéха, ведь дáнный ры́нок ещё не поделён и при́быль, естéственно, великá – до 30 процéнтов (при 10–15, максимýм 20, в срéднем по отрасля́м предпринимáтельства). К томý же в «общепи́те» весьмá высокá оборáчиваемость капитáла.

Испóльзуя э́ти два обстоя́тельства, мóжно получи́ть неплохóй дохóд. Путь к успéху лежи́т чéрез покýпку франши́зы (правá на испóльзование товáрного знáка) у однóй из извéстных компáний, рабóтающих в э́той сфéре. Сейчáс на ры́нке дéйствует бóлее деся́тка сетéй таки́х закýсочных – среди́ них «Рýсское бистрó», «Макдóналдс», «Пи́цца-хат», «Пáтио Пи́цца», «Пáтио Пáста», «Амéрикэн Бар энд Гриль».

В закýсочных «Макдóналдс», сáмых извéстных кафé такóго рóда, с котóрых и началáсь индýстрия бы́строго питáния, предлагáется цéлый спектр горя́чих бутербро́дов – гамбу́ргеров. Облада́тель торго́вой ма́рки – фи́рма «Макдо́налдс–Москва́».

«Ру́сское бистро́», кото́рым владе́ет компа́ния с таки́м же назва́нием (бо́лее 20 проце́нтов её капита́ла нахо́дится в со́бственности моско́вской мэ́рии), специализи́руется на национа́льных блю́дах и напи́тках – борщ, пирожки́, кулебя́ка, квас.

«Пи́цца-Хат» предлага́ет осо́бую „фи́рменную" пи́ццу и напи́тки «Фа́нта», «Пе́пси», «Спрайт». Держа́тель франши́зы – по́льская фи́рма.

В «Па́тио Пи́цца» посети́тели мо́гут попро́бовать пи́ццу пригото́вленную по италья́нским реце́птам. Повара́ «Па́тио Пи́цца» та́кже гото́вят италья́нские макаро́ны в са́мых разнообра́зных вариа́нтах. «Аме́рикэн бар энд Гриль» специализи́руется на гамбу́ргерах и кури́ных блю́дах. Сетя́ми «Па́тио Пи́цца», «Па́тио Па́ста», «Аме́рикэн Бар энд Гриль» управля́ет фи́рма с иностра́нным уча́стием «РосИнте́р».

(Adapted from «Блокно́т делово́го челове́ка» in *Деловы́е лю́ди*)

Now answer the questions:

Where are fast-food outlets most successful?

Где кафе́ «фаст фуд» осо́бенно по́льзуются успе́хом?

Why is the fast-food industry profitable?

Почему́ инду́стрия «фаст фуд» при́быльна?

Who owns the franchises for the various fast-food chains?

Кто владе́ет франши́зой разли́чных сете́й «фаст фуд»?

In which chain would you be able to try Russian dishes?

Где мо́жно попро́бовать ру́сские блю́да?

Текст 3.2
Как рабо́тает франча́йзинг?

вступи́тельный взнос	entrance fee
дополни́тельные затра́ты	additional expenses
объём прода́ж	volume of sales
переподгото́вка	retraining
подбо́р персона́ла	personnel selection
подгото́вка ка́дров	personnel training
полуфабрика́ты	oven-ready food
по́льзователь ма́рки	user of a trademark
предоставля́ть/предоста́вить	to provide,
свобо́ду, самостоя́тельность	the freedom, independence
приобрета́ть/приобрести́ сырьё	to acquire raw materials

20

проводи́ть/провести́ переподгото́вку	to carry out retraining
продава́ть/прода́ть в рассро́чку	to sell on credit
рабо́тать под вы́веской	to work under a company name
усло́вия сотру́дничества	conditions for collaboration
франча́йзер	franchiser
франча́йзи (*indeclinable*)	franchisee

Большинство́ сете́й «фаст фуд» стро́ится на при́нципах франча́йзинга. Так стро́ят свои́ се́ти «Ру́сское бистро́» («РБ») и «РосИнте́р» («РИ»). Они́ продаю́т лице́нзию на пра́во рабо́тать под вы́веской и от и́мени облада́теля това́рного зна́ка. По́льзователю ма́рки (франча́йзи) передаю́тся реце́пты блюд, спо́собы их приготовле́ния, техноло́гия обслу́живания, даётся возмо́жность приобрести́ специа́льное сырьё и полуфабрика́ты.

Фи́рмы предлага́ют сле́дующие усло́вия сотру́дничества:
1. Сто́имость испо́льзования торго́вой ма́рки (ро́ялти). «Ру́сское бистро́» берёт 7 проце́нтов от объёма закупа́емых у него́ полуфабрика́тов. «РосИнте́р» берёт пла́ту от объёма прода́ж – 6 проце́нтов. При э́том «РБ» не разреша́ет покупа́ть компоне́нты для приготовле́ния блюд „на стороне́", а «РИ» предоставля́ет свои́м партнёрам по́лную свобо́ду.
2. Ста́ртовые возмо́жности. «РБ» продаёт свои́м партнёрам всё необходи́мое для рабо́ты обору́дование – в рассро́чку на́ год – и полуфабрика́ты на су́мму 20 ты́сяч до́лларов в креди́т на 3 ме́сяца. «РИ» не то́лько не даёт в креди́т, но ещё и тре́бует уплати́ть вступи́тельный взнос в разме́ре 50 ты́сяч до́лларов.
3. По́мощь в профессиона́льной подгото́вке специали́стов. «РосИнте́р» беспла́тно обуча́ет весь персона́л, от генера́льного дире́ктора до касси́ра, два́жды в год прово́дит переподгото́вку. «РБ» предоставля́ет свои́м партнёрам по́лную самостоя́тельность в подбо́ре и обуче́нии персона́ла, спра́шивая с них то́лко за результа́т, что означа́ет для партнёров «РБ» дополни́тельные затра́ты на подгото́вку ка́дров.

(Adapted from «Блокно́т делово́го челове́ка» in *Делов́ые люди*)

Now the questions:
What are the benefits of franchising?
Каковы́ преиму́щества франча́йзинга?
What assistance do franchisers offer their franchisees?

Какую помощь оказывают франчайзеры своим франчайзи?

What obligations do franchisees have towards their franchisers?

Каковы обязательства франчайзи?

Which of the two firms "RB" and "RosInter" would you prefer to deal with?

С какой из двух фирм, «РБ» или «РосИнтер», вы предпочли бы иметь дело?

Which of the following statements does <u>not</u> explain the expansion of the fast-food industry in Moscow?

1. Большой спрос на закусочные «фаст фуд».
2. Рынок «фаст фуд» ещё не поделён.
3. Прибыль велика.
4. Оборачиваемость капитала высокая.
5. Очень низкие цены на продукцию.

KEY TERMS

Франшиза – право на использование фирменной марки.
Franchising is the right to use a trademark.

Франчайзинг – приобретение лицензии на право использования фирменной марки.
Franchising is the acquisition of a license to use a trademark.

Франчайзи – пользователь лицензии на фирменную марку.
A franchisee is a licensed user of a trademark.

Франчайзер – фирма, выдающая право на использование фирменной марки.
A franchiser is the firm issuing the right to use its trademark.

Роялти – стоимость использования фирменной марки.
A royalty is the charge for using a trademark.

Task 10
Replace the words and phrases in English by their Russian equivalents:
The fast-food industry in Russia началась с закусочных «Макдоналдс».
Сегодня в России действуют многие известные *chains of snack-bars and cafes*. В больших городах существует *a very big demand for fast-food cafes*. В данный момент они, по-прежнему, *very profitable*, и можно

быстро *to achieve success.* Фирмы предлагают разные *conditions for collaboration.* Фирмы-франчайзеры, как правило, оказывают помощь в *professional training of personnel.* Оборудование для работы можно *to buy on credit. The cost of using a trademark* может быть довольно высокой. Компания «Русское бистро» предпочитает сама *to find premises* для своих кафе. Опыт работы *in public catering* очень полезен, если вы хотите открыть своё кафе. Опыт

Task 11

In 1995 the Russo-Canadian joint-venture «Москва-Макдоналдс» marked the fifth anniversary of its entry into the Russian market. The newspaper «Московские новости» reported the event.

Replace the words and phrases in English by their Russian equivalents:

Русско-канадское совместное предприятие

Ресторан «Макдоналдс» на Пушкинской площади *is the largest and most frequently visited in the world.* За 5 лет он принял более 75 миллионов гостей. А «большая тройка» – *three of the restaurants of the joint venture* «Москва-Макдоналдс» – *serves* 70 тысяч клиентов *daily.*

– Работа трёх московских ресторанов *is equal to the work* тридцати ресторанов в Северной Америке, – сказал председатель правления Macdonald's Restaurants of Canada Ltd., Джордж Кохон. При этом, *in the words* господина Кохона, Московский Macdonald's *remains one of the cheapest in the world,* хотя цена «Биг Мака» *in comparison with* январём 1990 года – 3 рубля 75 копеек – *increased* примерно в 1800 раз.

Летом 1995 года компания *finishes the construction* ещё двух столичных ресторанов – в районе Проспекта Мира и в Сокольниках, а в 1996 году *is planning to open a restaurant* на трассе, ведущей в аэропорт Шереметьево. *The new enterprise* сможет *to serve* 20 тысяч человек в день.

Финансирование этих проектов будет осуществляться исключительно *on the proceeds* доходов, получаемых СП «Москва-Макдоналдс». Всего же за последние пять лет «Макдоналдс» *invested* в России примерно $80 миллионов.

Свыше $3 миллионов за этот срок СП, активно участвующее *in charity programmes,* передало нуждающимся детям России и СНГ.

Answer the questions:

Do you think Macdonald's Moscow operation can be called a success?

Как вы думаете, можно ли назвать деятельность фирмы
«Макдоналдс» в Москве успешной?
How was the firm financing further development?
Как фирма финансировала развитие своего бизнеса?
What is the firm's involvement in charity programmes?
Как фирма участвует в благотворительных программах?

Task 12

You want to open a fast food outlet . . . Вы хотите открыть кафе фаст-фуд.
Опишите, что вы будете делать:
1. Decide first who you are going to buy your franchise from: «Русское
бистро» or «РосИнтер».
2. Write an application for a franchise (заявка на франшизу).
Don't forget to mention:

a) your business experience (предпринимательский опыт) and any
business projects you have taken part in.

b) Your present sphere of work (сфера деятельности); if you have
worked or are working in public catering (общепит) or the retail trade
(розничная торговля), this would be a big plus.

c) Premises (помещение) for your business; «РосИнтер», for example,
demands that their businesses are sited in busy places (в многолюдных
местах). The management of «Русское бистро» prefers to find premises
(находить помещения) for cafes themselves and then lease them
(арендовать).

d) Partners (партнёры): list your partners and their stake (доля) in the
business.

e) Personnel (кадры): describe the educational level (образовательный
уровень) and professional qualifications (профессиональные
квалификации) of your proposed staff. Anyone with qualifications or
experience in catering would be especially valuable.

In your application try to convince the franchiser that you are capable of
running a business, that you are responsible and prepared to follow the
company's rules and regulations concerning standards of work and quality of
service.

Task 13

Examine this franchising offer and explain in Russian who holds the franchise and what assistance they provide for the franchisee:

Впервые в России

Компания "ЛЕ МОНТИ" начинает продажу фирменных обувных магазинов "под ключ" *Ле Монти*

ФРАНЧАЙЗИНГ

* торговое оборудование
* обучение персонала, профессиональное сопровождение
* бесперебойная поставка более 400 моделей обуви на все сезоны

тел.: (095) 239 12 66, 239 18 17, 238 74 66.

ACTIVITIES (Units 1 – 3)

Task 14

Complete each sentence using an appropriate word from the same root as the word in brackets:

(владе́ть)	Акционе́р – э́то . . . . . а́кций.
(уча́ствовать)	Ка́ждый . . . . . това́рищества до́лжен внести́ свою́ до́лю капита́ла в би́знес.
(распространя́ть)	Во вре́мя перехо́да к ры́нку в Росси́и получи́ли . . . . . ма́лые предприя́тия.
(подде́рживать)	Был со́здан Госкомите́т по . . . . . и разви́тию ма́лого предпринима́тельства в Росси́и.
(торгова́ть)	Ма́лые предприя́тия осо́бенно популя́рны в . . . . . .
(создава́ть)	Для . . . . . индивидуа́льной фи́рмы тре́буется ни́зкий нача́льный капита́л.
(управля́ть)	При большо́м числе́ акционе́ров тру́дно контроли́ровать де́ятельность . . . . . .
(гото́вить)	Мно́гие за́падные фи́рмы ока́зывают по́мощь в профессиона́льной . . . . . специали́стов.
(иска́ть)	Аге́нтство занима́ется . . . . . партнёров для совме́стных предприя́тий.
(обслу́живать)	Заку́сочные «Макдо́налдс» знамени́ты отли́чным . . . . . клие́нтов.
(составля́ть)	Аге́нтство специализи́руется на . . . . . би́знес-пла́нов.
(оце́нивать)	В би́знес-план обяза́тельно должна́ быть включена́ . . . . . ри́ска.

Task 15

The text you are about to read describes how Vyacheslav Ermolik started his business. Scan through the text first and see whether you can pick out some details about him and his business. We are interested in the following information:

1.	Age.	Во́зраст.
2.	Family status.	Семе́йное положе́ние.
3.	Education and previous employment.	Образова́ние и трудова́я де́ятельность.
4.	Name of Company.	Назва́ние компа́нии.
5.	Nature of business.	Вид де́ятельности
6.	Previous business experience.	О́пыт предпринима́тельской де́ятельности.
7.	Reasons for starting the company.	Причи́ны созда́ния компа́нии.
8.	His partners.	Партнёры.
9.	Future prospects.	Бу́дущие перспекти́вы.

Note:

благотвори́тельная организа́ция	charity organisation
взаймы́	on loan
выпека́ть, печь	to bake
вы́печка	batch
досту́пный по цене́	reasonably priced
заво́д мо́щностью, производи́тельностью	factory with a capacity, production rate
занима́ться посре́дничеством	to act as middleman
зерно́	grain
ко́нкурс	competition
ме́льница, мукомо́льный заво́д	flour mill
наименова́ние изде́лия	name of the product
нефтеперераба́тывающий заво́д	oil refinery
отхо́ды	waste
пе́карь	baker
перераба́тывать	to reprocess
перерабо́тка	(re)processing
поставля́ть/поста́вить	to deliver
поста́вка	delivery
пыль	dust
хлебозаво́д, хлебопека́рня	bakery
юри́ст	lawyer

«В сегодняшней российской ситуации предприниматели подобны Архимеду. Дайте им точку опоры, и они перевернут экономику» – считает Вячеслав Ермолик
"Entrepreneurs in Russia's situation today are like Archimedes: give them a fulcrum and they will turn the economy round," says Vyacheslav Ermolik

Несколько лет назад тридцатишестилетний Вячеслав Ермолик основал в далёком сибирском городке Барабинске коммерческую компанию «Астрал–С», а потом на заработанные от коммерции деньги построил в городе два завода – мукомольный, способный перерабатывать ежедневно 150 тонн зерна, и хлебозавод производительностью 20 тонн изделий в сутки. То, что Ермолик вложил деньги в производство, в то время поразило не только барабинцев, но и всю новосибирскую* область. Местные бизнесмены предпочитали не вкладывать деньги в производство.

Юрист по образованию, Вячеслав и раньше подумывал о предпринимательской деятельности. Взяв в помощь пять человек, Ермолик создал предприятие, занимающееся посредничеством. Установил связи с десятками предприятий России, договорился о поставках продукции. За несколько месяцев это принесло городу более полумиллиона прибыли.

Через несколько лет уже в качестве руководителя коммерческой фирмы «Астрал–С», Вячеслав стал официальным дистрибьютером Омского нефтеперерабатывающего завода и обеспечил нефтью не только свой район, но и всю новосибирскую область. Появившиеся средства решил вложить в производство, в строительство мельницы. Он знал, что переработка зерна в этой местности – эффективный способ вложения капитала.

Но когда Ермолик стал выбирать для мельницы оборудование, то убедился, что, если переработка идёт на российских машинах, пыль стоит, как в угольной шахте. Совсем другая картина на мельницах за рубежом: отходов – минимум, пыли – никакой. В итоге оборудование для мельницы поставила американо-польская фирма «Экспосервис». Барабинцы сначала протестовали против строительства – «пылью

---

* Novosibirsk is the largest city in Siberia (population c. 1.3 million); its *oblast'* (administrative region) includes the fertile Barabinsk steppe.

27

бу́дем дыша́ть!» Ермо́лику да́же пришло́сь постро́ить свой дом ря́дом с ме́льницей, что́бы убеди́ть оппоне́нтов в обра́тном.

Логи́ческим продолже́нием де́ятельности фи́рмы ста́ло строи́тельство хлебопека́рни. Хлеб выпека́ется по по́льской реце́пту́ре. Почему́ и́менно поля́ки оказа́лись партнёрами Ермо́лика? Во-пе́рвых, хлеб по по́льской реце́пту́ре оди́н из са́мых вку́сных. Во-вторы́х, на по́льском хле́бном ры́нке возни́кло перепроизво́дство – выпека́ется на 40% бо́льше хле́ба, чем тре́буется.

В Бара́бинске никогда́ не пекли́ бо́льше одного́ со́рта хле́ба. И вот в го́роде появи́лись бу́лочки, сло́йки, марципа́ны. «Астра́л–С» стара́ется, что́бы её проду́кция была́ вку́сна и досту́пна по цене́. Горя́чий хлеб разво́зят не то́лько по магази́нам Бара́бинска, но и доставля́ют в сосе́дний го́род Ка́инск, в сосе́дние дере́вни.

Коне́чно, хле́бный ры́нок в Бара́бинске пока́ ещё не дости́г тако́го разнообра́зия и у́ровня забо́ты о клие́нте, как на За́паде. Но пе́рвые шаги́ к э́тому в ма́леньком сиби́рском городке́ сде́ланы. Возмо́жно, когда́-нибу́дь и́менно в Бара́бинске пройдёт всеросси́йский ко́нкурс пекаре́й – тако́й, как был проведён в про́шлом году́ в По́льше.

Две́сти бара́бинцев получи́ли рабо́ту на но́вых заво́дах Ермо́лика. Ко́нкурс был де́сять челове́к на ме́сто. Зарпла́та у Ермо́лика втро́е вы́ше сре́дней по го́роду. Торго́вую сеть фи́рмы возглавля́ет жена́ Ермо́лика О́льга. У них двухле́тняя дочь. Мо́жно сказа́ть, формиру́ется уже́ семе́йный би́знес. Ле́том Ермо́лик хо́чет нача́ть строи́тельство ликёро-во́дочного заво́да мо́щностью 25 ты́сяч буты́лок спи́рта в су́тки. Сле́дующей бу́дет шокола́дная фа́брика. Фи́рма – са́мая мо́щная благотвори́тельная организа́ция Бара́бинска, – помога́ет де́тскому интерна́ту, це́ркви.

(Adapted from *Делов́ые лю́ди*)

Answer these questions in English and Russian:

What funds did Ermolik build the two factories with?

На каки́е сре́дства Ермо́лик постро́ил два заво́да?

Why was everyone in the town surprised by Ermolik's action?

Почему́ в го́роде все бы́ли удивлены́ де́ятельностью Ермо́лика?

How did Ermolik start his entrepreneurial activity? (Indicate the 3 basic stages)

Как Ермо́лик начина́л свою́ предпринима́тельскую де́ятельность? (укажи́те основны́е 3 ста́дии)

Why did Ermolik decide to build a flour mill

Почему́ Ермо́лик реши́л постро́ить мукомо́льный заво́д?

What problems did he have?

Какие проблемы были у него?

Why did the Barabinsk people protest against construction of the mill?

Почему барабинцы протестовали против строительства завода?

Why did Ermolik decide to build a bakery?

Почему Ермолик решил построить хлебозавод?

Why did the Poles emerge as Ermolik's partners?

Почему поляки оказались партнёрами Ермолика?

What benefit did the town gain from Ermolik's activity?

Какую пользу получил город от деятельности Ермолика?

How does Ermolik see his future?

Как Ермолик видит своё будущее?

Task 16

Whole nests of words can be found in the text; give their meanings:

1. посредник (middle-man), посредничество,
    посредническая фирма, посредническая деятельность.
2. поставлять (to deliver), поставщик, поставка.
3. производить (to produce), производство, перепроизводство,
    производитель, производственная сфера, производительность.
4. печь, выпекать (to bake), выпечка, пекарь, пекарня.
5. перерабатывать (to process), переработка,
    нефтеперерабатывающий завод.

Task 17

Before starting your own enterprise decide whether you are a suitable person to run a business. Are you ready for these?

1. Длинный рабочий день (вы не сможете, придя домой, оставить все свои проблемы на работе).
2. Ответственность (вы будете отвечать за всё, что происходит на вашем предприятии).
3. Вы должны быть всем (вы должны будете решать массу проблем, требующих особых знаний – дизайнера, инженера, торговца, бухгалтера, психолога).
4. финансовые проблемы (вам придётся вложить все свои сбережения в дело, и вы можете их потерять. Зарплату вам придётся платить самому себе и не всегда регулярно).

If you are ready to sacrifice everything, move on to the next stage:
Бúзнес-план
Think carefully; jot down your ideas – in Russian of course. . .
1. Commercial idea (коммéрческая идéя)
   Что вы хотúте дéлать? Что вы в состоянии дéлать?
   Что нóвого вы мóжете предложúть по сравнéнию с ужé
      существýющими фúрмами?
   Какие ваши преимýщества пéред конкурéнтами?
2. Financial resources (истóчники финансúрования)
   Скóлько дéнег трéбуется вам для начáла дéла?
   Как быстро эти дéньги мóгут обернýться (be recovered)?
3. Raw materials (сырьё)
   Где вы дýмаете получáть сырьё и кудá сбывáть (sell) товáр?
   Где вы организýете свой магазúн?
   Где вы найдёте посрéдников (middlemen)?
4. Your business prospects (перспектúвы вáшего дéла)
   Что вы бýдете дéлать, éсли вáши плáны бýдут успéшными?
   Расшúрите производство?
   Бýдете начинáть нóвые делá?
   Откýда возьмёте дополнúтельные срéдства на развúтие
      своегó дéла – из заработанной прúбыли, из нóвых кредúтов?

Now write down your Business Plan:
1 **Тúтульный лист**
Назвáние вáшего проéкта, его приблизúтельная стóимость.
2 **Ввóдная часть**
Глáвные пýнкты предлагáемого проéкта.
3 **Анáлиз положéния дел**
Оцéнка возмóжности успéха. Результáты исслéдования рынка.
4 **Предлагáемый план проéкта**
Вáши анкéтные дáнные, ваш предпринимáтельский óпыт. Где и в какóм
помещéнии бýдет находúться фúрма?
5 **План маркéтинга**
Какúм óбразом вы намеревáетесь продавáть нóвый товáр, какýю за негó
назнáчите цéну, как бýдете проводúть реклáмную кампáнию, какóй ваш
прогнóз продáжи товáра.
6 **Организацióнный план**
Фóрма сóбственности вáшего предприятия – (индивидуáльная фúрма,
товáрищество); éсли это бýдет товáрищество, дáйте свéдения о вáших
партнёрах.

7 Оце́нка ри́ска

Какова́ сте́пень ри́ска потерпе́ть неуда́чу в ва́шем де́ле, и какова́ возмо́жная конкуре́нция.

Task 18

Let's see if you have the right personal qualities to run a business; list your answers and then check them against the score chart at the end:

1. *Are you prepared to work hard?*
   a) Что́бы доби́ться це́ли, я гото́в(а) рабо́тать день и ночь.
   b) Гото́в(а) рабо́тать, но то́лько с о́тдыхом.
   c) Предпочита́ю меня́ть рабо́ту, что́бы не́ было ску́чно.
2. *What kind of work do you prefer?*
   a) Что́бы рабо́та нра́вилась, не обяза́тельно, что́бы она́ хорошо́ опла́чивалась.
   b) Что́бы рабо́та была́ надёжная со стаби́льным дохо́дом.
   c) Что́бы рабо́та была́ лёгкая с больши́ми деньга́ми.
3. *Are you ready to take risks?*
   a) Гото́в(а) пойти́ на риск, но то́лько, когда́ есть гара́нтия успе́ха.
   b) Обожа́ю рискова́ть. «Риск – благоро́дное де́ло».
   c) Никогда́ не риску́ю; предпочита́ю быть осторо́жным/-ной.
4. *How do you get on with other people?*
   a) Люблю́ любу́ю компа́нию, чу́вствую себя́ свои́м/свое́й со все́ми людьми́.
   b) Мне никто́ не ну́жен, кро́ме друзе́й.
   c) Предпочита́ю свою́ кампа́нию.
5. *What is your attitude to criticism?*
   a) Ненави́жу любу́ю кри́тику.
   b) Предпочита́ю не обраща́ть внима́ния на кри́тику.
   c) Всегда́ прислу́шиваюсь к кри́тике и учи́тываю замеча́ния.
6. *In your opinion a businessman is a person who:*
   a) Эксплуати́рует рабо́чих.
   b) Ду́мает то́лько о при́были.
   c) Де́лает поле́зное де́ло для о́бщества.
7. *Which qualities are most useful in a businessman/businesswoman?*
   a) За́мкнутость.
   b) Дру́жеское отноше́ние к лю́дям.
   c) Хоро́шие организа́торские спосо́бности.
8. *If you had plenty of money what would you do?*
   a) Отпра́вился/отпра́вилась бы в кругосве́тное путеше́ствие.

    b) Купи́л(а) бы дом.

    c) Вложи́л(а) бы де́ньги в свой би́знес.

9. *How well do you cope with stress?*

    a) Стресс никогда́ не беспоко́ит меня́.

    b) Стресс стимули́рует меня́.

    c) Стара́юсь избега́ть стре́ссовых ситуа́ций.

10. *What do you do if faced with a complicated piece of work?*

    a) Сове́туюсь с экспе́ртами.

    b) Пыта́юсь всё де́лать сам(а́).

    c) Никогда́ не беру́сь за сло́жную рабо́ту.

11. *Are you a good organiser?*

    a) Обожа́ю организо́вывать и дава́ть прика́зы.

    b) Могу́ убежда́ть, но то́лько, когда́ сам(а́) заинтересо́ван(а) в э́том.

    c) Предпочита́ю быть исполни́телем, сле́довать за други́ми.

12. *What would you do if your business turned out to be not very successful after three years ?*

    a) Займу́сь други́м де́лом.

    b) Бу́ду продолжа́ть своё де́ло.

    c) С удово́льствием бро́шу.

Now check your score:

Вопро́сы 1 — 4: a) 5; b) 2; c) 0

Вопро́сы 5 — 8: a) 0; b) 2; c) 5

Вопро́сы 9 — 12: a) 2; b) 5; c) 0

Максима́льное коли́чество очко́в – 60

Е́сли вы набра́ли 40 – 60 очко́в, у вас все необходи́мые ка́чества, что́бы организова́ть свой би́знес, но у вас не бу́дет друзе́й!

Е́сли вы набра́ли 20 – 40 очко́в, вы смо́жете организова́ть би́знес, но наве́рное, лу́чше бы́ло бы вам рабо́тать в фи́рме.

Е́сли вы набра́ли 0 – 20 очко́в, вы должны́ заду́маться серьёзно о своём хара́ктере, е́сли вы вообще́ собира́етесь получи́ть рабо́ту.

Now answer these questions in Russian and decide what kind of business is the most suitable for you:

1. Кака́я фо́рма организа́ции би́знеса наибо́лее подхо́дит для вас?

2. Смо́жете ли вы рабо́тать с партнёрами и́ли вам лу́чше заня́ться индивидуа́льным де́лом?

3. Каки́м би́знесом вы хоте́ли бы заня́ться?

Task 19

Can you decipher these abbreviations?

ВВП; ООО; МП; ЗАО; АОЗТ; ОАО; АООТ; ВУЗ; СП; СНГ; ВЦИОМ, ВПК.

Task 20

On the basis of what you have read in this Unit answer these questions in Russian:

1. Какие преимущества у крупных и мелких фирм?
2. В каких отраслях экономики преимущества малого бизнеса наиболее очевидны?
3. В каких отраслях, по-вашему, преобладают крупные фирмы? Назовите эти отрасли.
4. Каковы, по-вашему, должны быть перспективы развития малого бизнеса в России?
5. Как вы определите акционерное общество?
6. Почему большинство предприятий стали акционерными обществами в России?
7. Каковы преимущества франчайзинга?
8. Если вы хотите открыть кафе, парикмахерскую, рекламное агентство, юридическую консультацию, какую форму бизнеса вы бы избрали? Объясните почему.

2
ПРИВАТИЗА́ЦИЯ

In this chapter you will learn about privatisation in Russia:
- arguments for and against
- its problems and achievements
- the main stages of Russian privatisation
- its influence on the performance of Russian enterprise
- forms of ownership in Russian enterprises
- public attitudes to privatisation

UNIT 4
Зачём приватиза́ция?

Study the texts; make sure you can answer the questions before moving on.

Текст 4.1
Каки́е предприя́тия эффекти́внее?

владе́ть со́бственностью	to own property
вмеша́тельство	interference
давле́ние	pressure
изли́шняя за́нятость	surplus employment
конкуре́нция	competition
конкури́ровать	to compete
охва́тывать/охвати́ть	to embrace
подве́рженный вмеша́тельству	subject to interference
провозглаша́ть/провозгласи́ть	to announce
разру́шить монопо́лию	to break a monopoly
сниже́ние затра́т	reduction of costs
содержа́ние	maintenance
сосредото́читься на	to concentrate, focus on
социа́льно-бытово́й	social-welfare
спосо́бствовать	to assist
стремле́ние	endeavour
ужива́ться/ужи́ться с	to get along with
управля́ть	to manage

34

Во всём мире идёт приватизация, и волна моды (стремление приватизировать как можно больше) охватывает всё больше стран. В 1992 году Россия тоже включилась в этот процесс. Экономисты называют разные причины приватизации государственных предприятий (ГП). Но все согласны с тем, что основная причина – это повышение их эффективности. Именно так провозглашалось в официальных программах приватизации государственных и муниципальных предприятий в России.

Государственные предприятия являлись монополистами своего продукта и при отсутствии конкуренции не были заинтересованы ни в снижении затрат, ни в эффективности использования ресурсов.

Приватизация должна была разрушить монополию государственной собственности в сфере производства, заставить предприятия работать эффективно, создать условия для появления эффективных собственников, способных конкурировать на рынке.

Существуют разные точки зрения на то, почему государственные предприятия в России менее эффективны, чем частные. Вот некоторые из них:

1. Государственные предприятия в бывшем СССР были ответственны за содержание социально-бытовых объектов (жилые дома, детские сады, больницы, дворцы культуры и т.д.) Подобные функции и затраты не способствуют эффективности деятельности ГП. Надо полностью освободить ГП от необходимости тратить деньги на содержание этих объектов и дать им работать как настоящим коммерческим организациям.

2. Государственные предприятия не могут сосредоточиться только на максимизации прибыли, они более подвержены вмешательству со стороны государства, давлению заинтересованных групп. А это ведёт к излишней занятости, неоптимальному выбору продукции, недостатку инвестиций, что не способствует эффективности ГП.

3. Менеджеры государственных предприятий не имеют достаточных стимулов для эффективной работы. Они не владеют собственностью и не несут финансовой ответственности за свои решения.

4. Менеджеры государственных предприятий назначаются за их способность уживаться с политиками, лоббировать интересы предприятий, а не за способность эффективно управлять предприятием.

(Adapted from *Вопросы экономики*)

Now answer these questions in English and in Russian:
Which countries have had privatisation programmes during the last two decades?

Каки́е стра́ны проводи́ли приватиза́цию за после́дние два́дцать лет?

What were the aims of privatisation in Russia?

Каковы́ бы́ли це́ли приватиза́ции?

What were the arguments in favour of privatisation in Russia?

Каковы́ бы́ли аргуме́нты в по́льзу приватиза́ции в Росси́и?

What makes Russian state enterprises less efficient than private?

Почему́ госуда́рственные предприя́тия в Росси́и ме́нее эффекти́вны, чем ча́стные?

Are you in favour of privatisation yourself? Give your reasons.

Вы за и́ли про́тив приватиза́ции? Почему́?

KEY TERMS

Приватиза́ция – переда́ча бы́вших госуда́рственных предприя́тий но́вым ча́стным со́бственникам в лице́ гра́ждан и негосуда́рственных организа́ций.

Privatisation is the transfer of former state-owned enterprises to new private owners, either individuals or non-state organisations.

Монопо́лия – организа́ция ры́нка при кото́рой на нём существу́ет еди́нственный продаве́ц (производи́тель) това́ра. *Отсю́да:* цель приватиза́ции – разру́шить монопо́лию.

A monopoly is a market arrangement whereby only one supplier is present.
Hence: the aim of privatisation is to remove a monopoly.

Ликви́дный – спосо́бный бы́стро превраща́ться в де́ньги.

Liquid (of assets): able to be converted rapidly into money.

Лобби́ровать – лега́льно отста́ивать интере́сы определённой гру́ппы фирм и́ли гра́ждан путём формирова́ния фра́кций депута́тов в законода́тельных о́рганах вла́сти.

To lobby: to make a case for the interests of a particular group of firms or individuals legally by means of forming interest groups of deputies in legislative bodies.

Task 1

To each argument in favour of privatisation you can find its opposite; match these to their opposites in the preceding text:

1. В связи с низкой зарплатой, система социальных благ на российских предприятиях может быть стимулом к повышению производительности труда.

As a result of low wages the system of social benefits in Russian industrial enterprises may encourage higher labour productivity.

2. Вмешательство государства может быть полезным для улучшения эффективности деятельности предприятия, особенно когда отсутствует закон по защите прав собственности, а интересы частных собственников только краткосрочные и спекулятивные.

State interference may be useful in improving the efficiency of a factory's work, particularly when there is no law to protect property rights and the property owner's interests are only short-term or speculative.

3. При отсутствии законов, росте преступности и коррупции новые собственники и менеджеры заинтересованы только в личном обогащении. Они получают бывшую госсобственность за бесценок и стремятся не к увеличению прибыли, а в превращению этой собственности в ликвидную форму путём перевода на счета в зарубежные банки и т.д.

In the absence of laws, and with the increase in crime and corruption, new property owners and managers are only interested in personal enrichment. They obtain property formerly belonging to the state for next to nothing and do not try to increase its profits, but to turn the property into liquid assets by transferring it into accounts in foreign banks, etc.

4. Если новые собственники заинтересованы не в повышении эффективности предприятия, а в быстром личном обогащении, то и менеджеров они будут подбирать соответствующих.

If these new property owners are interested not in increasing the factory's efficiency, but in personal profit they will select their managers accordingly.

(Adapted from *Вопросы экономики*)

Now that you have arguments for and against, which point of view do you share?

KEY TERMS

Экономи́ческие показа́тели – ци́фры, по кото́рым мо́жно суди́ть о разви́тии предприя́тия, его́ ро́сте.
Economic indicators: figures from which one can judge a company's development or growth.

Производи́тельность труда́ – коли́чество проду́кта, произведённое за определённый пери́од вре́мени.
Productivity of labour: amount produced in a given period of time.

Рента́бельность – показа́тель эффекти́вности рабо́ты предприя́тия, измеря́емой че́рез отноше́ние при́были к затра́там.
Profitability: an indicator of a company's working efficiency measured by the relationship between profit and costs.

Экономи́ческая эффекти́вность – спо́соб де́йствий, обеспе́чивающий получе́ние наилу́чшего результа́та.
Economic efficiency: a method of working which guarantees achieving the best result.

Task 2

Study this analysis of the relative efficiency of state-owned and privatised companies:

Ана́лиз эффекти́вности госуда́рственных и приватизи́рованных предприя́тий

1. Сравни́тельный ана́лиз экономи́ческих результа́тов рабо́ты предприя́тий разли́чных форм со́бственности провели́ по зада́нию Госуда́рственной ду́мы экспе́рты из Москвы́ и Санкт-Петербу́рга. Иссле́довалась дина́мика экономи́ческих показа́телей госуда́рственных и приватизи́рованных объе́ктов в 1993–1995 года́х. Бы́ло иссле́довано 2438 предприя́тий 8 о́траслей промы́шленности – машинострое́ния, чёрной и цветно́й металлу́ргии, хими́ческой, лёгкой, пищево́й и медици́нской промы́шленности, промы́шленности строймате́риалов. Сравне́ние результа́тов проводи́лось по трём гру́ппам – 575 ГП, 596 АО с до́лей госуда́рства бо́лее 25% и 1257 АО с до́лей госуда́рства ме́нее 25% .

A comparative analysis of economic performance of the different types of ownership was carried out on the orders of the State Duma by experts from Moscow and St. Petersburg. They were to investigate the dynamics of economic indicators from state and privatised enterprises in the period 1993–5. They looked at 2438 enterprises from 8 sectors: engineering, ferrous and non-ferrous metallurgy, chemicals, light industry, foodstuffs, medical products and building materials. Comparison of results were made in three groups: 575 state-owned companies, 596 joint-stock companies with over 25% state-owned stake ('partially privatised') and joint stock companies with less than 25% state-owned stake ('heavily privatised').

2. Исследование показало, что по основны́м экономическим показа́телям приватизи́рованные предприя́тия значи́тельно опереди́ли госуда́рственные. Причём, чем ме́ньше до́ля госуда́рства в предприя́тии, тем вы́ше экономи́ческие показа́тели. Ра́зница приватизи́рованных предприя́тий осо́бенно велика́ в эффекти́вности произво́дства.

The research showed that on basic economic indicators privatised companies were significantly ahead of state-owned ones. Moreover, the smaller the state's stake in a company, the better its economic indicators. Privatised enterprises stood out particularly for production efficiency.

3. По фина́нсовым показа́телям ра́зница была́ ме́ньше. Так, наприме́р, о́бщий показа́тель экономи́ческой эффекти́вности в 1995 году́ у «глубокоприватизи́рованных» предприя́тий соста́вил 1 (макси́мальное значе́ние), а у госпредприя́тий он был почти́ в 20 раз ме́ньше – 0,051. Фина́нсовые показа́тели вы́глядели сле́дующим о́бразом – «глубоко-приватизи́рованные» – 0,813, «среднеприватизи́рованные» – 0,411, госуда́рственные – 0,266.

The difference was smaller according to the financial indicators. So, for example, assuming a maximum level of 1 for the 1995 overall indicator of economic efficiency for 'heavily privatised' enterprises, then that of state enterprises was almost 20 times less – 0·051. The financial indicators looked like this: for 'heavily privatised' companies – 0·813, for 'partially privatised' – 0·411, and for state – 0·266.

4. Производи́тельность труда́ та́кже была́ вы́ше на ча́стных пред-прия́тиях. В компа́ниях, где до́ля госуда́рства была́ ни́же 25%, произво-ди́тельность оказа́лась ра́вной 43,405 млн. рубле́й в расчёте на 1 рабо́тника. Рабо́тники госкомпа́ний смогли́ произвести́ проду́кции то́лько на 39,93 млн. рубле́й на челове́ка.

Labour productivity in private enterprises was also higher. In companies where the state's stake was less than 25% productivity amounted to 43·405 million roubles per worker. Workers in state-owned companies were able to produce 39·93 million roubles worth of goods per person.

5. Рента́бельность произво́дства на «глубоко́-» и «среднеприватизи́рованных предприя́тиях» оказа́лась приме́рно одина́ковой – 15,85% и 15,44%. Госпредприя́тия рабо́тали себе́ в убы́ток – рента́бельность их проду́кции оказа́лась отрица́тельной – ми́нус 10%.

Profitability of production in 'heavily' and 'partially privatised' companies was almost identical: 15·85 and 15·44% respectively. State companies operated at a loss – their profitability amounted to a negative – minus 10%.

6. Экспе́рты, проводи́вшие иссле́дование, констати́руют, что 1995 год не был исключе́нием из пра́вила. Дина́мика показа́телей в 1993 – 1995 года́х пока́зывает, что ра́зница увели́чивается с тече́нием вре́мени. Ана́лиз экономи́ческих показа́телей предприя́тий разли́чных форм со́бственности показа́л, что приватизи́рованные предприя́тия в це́лом в 1995 году́ по сравне́нию с 1994 да́ли наибо́льший приро́ст объёмов произво́дства и при́были. Так, е́сли в госсе́кторе в це́лом произошёл спад на 17%, то на «среднеприватизи́рованных» предприя́тиях объём проду́кции вы́рос на 12,5%, а на «глубокоприватизи́рованных» предприя́тиях рост соста́вил 16,1%.

The experts who conducted this investigation state that 1995 was no exception to the rule. The dynamics of the indicators from 1993 to 1995 show that the difference is increasing with time. Analysis of the economic indicators for enterprises with different forms of ownership showed that on the whole the largest growth in volume in production and profit in 1995 compared to 1994 came from privatised enterprises. So where an overall fall of 17% occurred in the state sector, the volume of production in 'partially privatised' enterprises increased by 12·5%, and that in 'heavily privatised' enterprises by 16·1%. (Adapted from *Деловы́е лю́ди*)

Now answer these questions in English and in Russian:

Who initiated the investigation?

По чьей инициати́ве проводи́лось иссле́дование?

What was the purpose of the investigation?

Какова́ была́ цель иссле́дования?

Which industrial enterprises were under investigation?

В каки́х предприя́тиях проводи́лись иссле́дования?

How did labour productivity of state-owned enterprises compare with privatised ones?

Какова́ была́ производи́тельность труда́ в госуда́рственных и ча́стных предприя́тиях?

Which indicator demonstrated the greatest difference?

Какóй показáтель продемонстрúровал наибóльшую рáзницу?

To what extent did the size of state-owned stake influence an enterprise's economic performance?

В какóй стéпени размéр дóли госудáрства влияΔл на эффектúвность рабóты предприΔтия?

What was the investigation's main conclusion?

К какúм вΔводам пришлú экспéрты, проводúвшие исслéдование?

Task 3

On the basis of the information in the text fill the gaps in the table to reflect the performance of state-owned and privatised enterprises:

Итóги исслéдования эффектúвности госудáрственных и приватизúрованных предприΔтий

Вид пред-приΔтия	Óбщий показáтель эффектúв-ности	Финáнсо-вые показá-тели	Произво-дúтель-ность трудá	Рентáбель-ность продýк-ции	Прирóст в цéлом
Госпред-приΔтие					
Приват. Пред. (гос. Дóля бóлее 25%)					
Приват. Пред. (гос. Дóля мéнее 25%)					

Task 4

Find the right information in the text and replace the words and phrases in English by their equivalents in Russian:

Неда́внее иссле́дование показа́ло, что *privatised enterprises* значи́тельно опереди́ли *state enterprises*. Причём чем ме́ньше *state stake*, тем вы́ше *economic indicators*. Экономи́ческая эффекти́вность приватизи́рованных предприя́тий была́ *20 times higher* госуда́рственных. *Labour productivity* та́кже была́ значи́тельно бо́льше на ча́стных предприя́тиях. А *profitability* госпредприя́тий оказа́лась отрица́тельной. Причём *the difference* увели́чивалась с тече́нием вре́мени. *Private companies* в це́лом в 1995 году́ да́ли *the biggest growth*, а *in the state sector* произошёл *a drop*.

UNIT 5
Проце́сс приватиза́ции в Росси́и

Текст 5.1
Ма́лая и больша́я приватиза́ция

акционе́р, держа́тель а́кций	shareholder
акциони́ровать	to transform into a joint-stock company
бытово́е обслу́живание	household services
ва́учер (приватизацио́нный чек)	voucher
вну́тренний валово́й проду́кт (ВВП)	gross national product
возглавля́ть/возгла́вить	to head
выдава́ть в обме́н	to give in exchange
выпуска́ть/вы́пустить а́кции	to issue shares
гла́дко	smoothly
Госкомиму́щества	State Property Commission
(= Госуда́рственный комите́т иму́щества)	
дели́ть на до́ли	to divide into portions
ко́нкурс	competition
ничто́жная су́мма	negligible sum
пра́чечная	laundry
равня́ться	to be equal to
совладе́лец	co-owner
учи́тывать/уче́сть	to take into consideration
це́нные бума́ги	securities
чино́вник	official

Российская программа приватизации включала малую и большую приватизацию. Процесс начался с малой приватизации в 1992 году. Для проведения приватизации был создан Государственный Комитет имущества – «Госкомимущества», возглавляемый Анатолием Чубайсом.

В процессе малой приватизации продавались через аукционы предприятия, относящиеся к сфере торговли, общественного питания, бытового обслуживания (булочные, магазины, рестораны, ремонтные мастерские, прачечные). Они стали собственностью частных лиц и разного рода товариществ, кооперативов. За 11 месяцев с января 1993 года из государственной в частную собственность перешли 80% малых предприятий, в некоторых районах вообще не осталось государственных магазинов. Малая приватизация не вызывала много проблем и прошла относительно гладко.

Более сложной оказалась «большая приватизация». Она происходила в крупной промышленности, в транспорте, в строительстве. Но сначала каждое приватизируемое предприятие должно было стать акционерным обществом. Акционирование означало, что основные фонды предприятия (основной капитал) должны быть поделены на доли, которые в виде ценных бумаг (акций) передаются или продаются будущим держателям акций (акционерам).

Для приобретения акций были выпущены ваучеры (приватизационные чеки). Первые акции выдавались в обмен на ваучеры. То есть каждый россиянин получал ваучер, который он мог обменять на акции. Таким образом каждый россиянин становился акционером, собственником акций, то есть совладельцем предприятия. Ваучерный этап приватизации (1992–1994гг.) сменился денежным, когда государство стало продавать за деньги оставшиеся предприятия крупным инвесторам на специальных конкурсах.

К началу 1995 года 40 миллионов россиян стали собственниками. В негосударственном секторе производилось теперь 62 процента внутреннего валового продукта (ВВП), был создан рынок ценных бумаг, обеспечивающий продажу акций приватизированных предпри-ятий, образованы инвестиционные институты.

Конечно, собственниками и акционерами большинство россиян стали только на бумаге, если учесть, что стоимость ваучера равнялась в то время бутылке водки, и акции, приобретённые на него, составили ничтожную сумму. Реальными акционерами и собственниками стали государственные чиновники, администрация, рэкет.

Now answer these questions:

What do you understand by «ма́лая приватиза́ция»?

Как вы понима́ете «ма́лую приватиза́цию»?

How successful was it?

Наско́лько успе́шна она́ была́?

What were the preconditions for «больша́я приватиза́ция»?

Каковы́ бы́ли усло́вия для «большо́й приватиза́ции»?

What do you understand by «ва́учер»?

Что тако́е «ва́учер»?

What was the purpose for issuing 'vouchers'?

Какова́ была́ цель вы́пуска «ва́учеров»?

KEY TERMS

Приватизацио́нный чек (ва́учер) – госуда́рственная це́нная бума́га, беспла́тно выдава́вшаяся всем гра́жданам Росси́и в 1992 – 1993гг. в подтвержде́ние пра́ва стать совладе́льцем иму́щества вы́бранного и́ми госуда́рственного предприя́тия.

A Privatisation Cheque or 'Voucher' was a security issued free by the state to all Russian citizens in 1992–3 as confirmation of their right to become a co-owner of the property of a state-owned enterprise of their choice.

Ва́учер (приватизацио́нный чек): сто́имость 10.000 рубле́й.

Ценные бумаги – обязательства государства вернуть одолженную сумму плюс процент за использование этих денег.

Securities: state obligations to return a sum borrowed plus a percentage for the use of the money.

Акция – ценная бумага, подтверждающая, что её владелец является одним из собственников компании и имеет право на получение части её прибыли.

Share: a security confirming that its owner is one of the proprietors of a company and has a right to receive a part of its profits.

Акция «ЛУКойлфонд»: стоимость одной акции 10.000 рублей.

Акционеры – владельцы акций компании и, следовательно, её собственники.

Shareholders: owners of shares in a company and, consequently, its proprietors.

Акционерное общество – хозяйственная организация, совладельцами которой может быть неограниченное число владельцев капитала. При этом каждый из них имеет право на часть имущества и доходов АО, а некоторые – и на участие в управлении им.

Joint-stock company: an economic organisation whose co-owners may be an unlimited number of owners of its capital. Moreover every one of them has a right to part of the company's property and income, and some to take part in running it.

Дивиде́нды – часть при́были акционе́рной фи́рмы, кото́рая ежего́дно распределя́ется среди́ акционе́ров.
Dividends: the part of the joint-stock company's profits which is shared out annually among the shareholders.

Task 5

Two years after the launch of privatisation in Russia in 1994 experts from the 'Reforma' International Fund prepared a report entitled Приватиза́ция в Росси́и – ито́ги пе́рвого эта́па и перспекти́вы дальне́йшего разви́тия *('Privatisation in Russia – first-stage results and prospects for further development') in which they stated their opinions on what was being achieved. Here are some excerpts from this report. Summarise the main points in English and in Russian.*

Note:

до́вод	argument
задо́лженность	debts
замыка́ться	to focus, be focussed
налицо́	present, in evidence
однозна́чный	straightforward
очеви́дно	obviously, clearly
проеда́ние	spending, using up
разры́в свя́зей	loss of, breakdown in communication
реализова́ть	to sell
юриди́ческое лицо́	legal entity

1. **Формирова́ние сло́я ча́стных со́бственников**

В э́той о́бласти, по мне́нию Госкомиму́щества, благодаря́ ва́учерной приватиза́ции, дости́гнуты наибо́льшие успе́хи. Гла́вный до́вод – в Росси́и тепе́рь деся́тки миллио́нов акционе́ров. Ме́жду тем очеви́дно, что ме́лкие акционе́ры, владе́ющие не́сколькими а́кциями, не мо́гут рассма́триваться как реа́льные со́бственники.

Практи́чески никто́ из них не мо́жет принима́ть управле́нческих реше́ний, кото́рые подтвержда́ли бы, что они́ мо́гут действи́тельно распоряжа́ться иму́ществом. Интере́сы большинства́ из них замыка́ются не на хозя́йственной де́ятельности АО и их разви́тии, а исключи́тельно на получе́нии дивиде́ндов. Они́ заинтересо́ваны не в ро́сте капита́ла, а в его́ «проеда́нии». Наконе́ц, их ста́тус со́бственника ста́вится под сомне́ние и чрезвыча́йно ни́зкими разме́рами получа́емых дохо́дов. Нема́лую часть акционе́ров составля́ют «со́бственники», нужда́ющиеся в социа́льной защи́те и не спосо́бные выполня́ть фу́нкции реа́льных со́бственников.

The creation of a class of private property owners

The greatest success has been achieved in this area, in the opinion of the State Property Commission, thanks to privatisation by voucher. The main argument is that there are now tens of millions of shareholders in Russia. At the same time it is obvious that small shareholders who own a few shares cannot be seen as real property owners.

In practice none of them can make the boardroom decisions which would confirm that they really are in charge of their property. The interests of most of them are focussed not on the economic activity of the joint-stock companies and their development, but exclusively on receiving dividends. They are interested not in capital growth, but in using it up. Finally their status as property owner is made questionable by the exremely low size of the income received. Quite a large number of the shareholders is made up of 'property owners' who are in need of social security and who are incapable of performing the functions of real property owners.

2. Повыше́ние эффекти́вности де́ятельности предприя́тий

Эта цель была́ определена́ на 1992 – 1993 го́ды в числе́ основны́х. Согла́сно да́нным Госкомиму́щества, объём реализо́ванной проду́кции с одного́ квадра́тного ме́тра торго́вой пло́щади у приватизи́рованных предприя́тий в сре́днем вы́ше в 3–4 ра́за, чем у госуда́рственных. Ча́стные магази́ны, свиде́тельствует Госкомста́т, получа́ют при́быль в расчёте на одного́ рабо́тника в 1,75 ра́за бо́льше, чем муниципа́льные.

Одна́ко в сфе́ре «большо́й приватиза́ции» положе́ние ино́е. Согла́сно опро́сам гру́ппы «Росси́йский экономи́ческий баро́метр», проведённым на 150 предприя́тиях ра́зных о́траслей и регио́нов Росси́и, це́ны на выпуска́емую проду́кцию у госпредприя́тий росли́ ме́дленнее, чем у негосуда́рственных. Паде́ние реа́льного объёма произво́дства у приватизи́рованных предприя́тий оказа́лось бо́льшим, чем у госуда́рственных. При бо́лее бы́стром ро́сте зарпла́ты на негосуда́рственных предприя́тиях их задо́лженность ба́нкам росла́ быстре́е, чем на госуда́рственных. Одна́ко в це́лом число́ предприя́тий, зако́нчивших 1993 год с при́былью, бы́ло вы́ше среди́ негосуда́рственных предприя́тий.

Из э́тих да́нных сле́дует, что однозна́чной и очеви́дной корреля́ции ме́жду экономи́ческой эффекти́вностью и фо́рмой со́бственности среди́ кру́пных и сре́дних росси́йских предприя́тий промы́шленности пока́ не наблюда́ется.

Increasing efficiency of performance in enterprises

This was among the main goals defined for 1992–3. According to the State Property Commission's data the volume of produce sold from one square metre of trading area was 3–4 times greater on average for privatised enterprises than for state-owned. Private shops, the State Statistical Commission attests, make a profit 1·75 times greater per employee than the municipal ones.

In the area of 'large-scale' privatisation, however, the situation is different. According to polls conducted by the 'Russian Economic Barometer' group in different sectors of industry in different regions, prices on the goods they produced rose more slowly in state-owned enterprises than in non-state-owned. And the fall in the actual volume of output in privatised enterprises proved greater than in state-owned. With the faster growth in wages in non-state-owned enterprises, their debt to the banks has grown faster than the state-owned ones. On the whole, however, the number of enterprises which finished 1993 with a profit was higher among the non-state-owned.

From these data it follows that no simple, obvious correlation can yet be observed between economic efficiency and form of ownership among Russia's large- and medium-sized industrial enterprises.

3. Созда́ние конкуре́нтной среды́ и соде́йствие демонополиза́ции эконо́мики

Ра́ди достиже́ния э́той це́ли предприя́тиям в проце́ссе приватиза́ции предоста́вили возмо́жность стать самостоя́тельными юриди́ческими ли́цами. После́дствия тако́го реше́ния бы́ли неоднозна́чны.

В торго́вой се́ти и сфе́ре услу́г элеме́нты конкуре́нции заме́тны. Налицо́ ценова́я и ассортиме́нтная дифференциа́ция. Но в «большо́й приватиза́ции», по мне́нию экспе́ртов, вы́ход предприя́тий из соста́ва еди́ных ко́мплексов привёл к разры́ву сложи́вшихся свя́зей, а в ря́де слу́чаев – к усиле́нию монополи́зма. Приватиза́ция кру́пных и сре́дних предприя́тий не приво́дит пока́ к коренно́му измене́нию мотива́ции хозя́йственной де́ятельности, и тем бо́лее – к измене́нию их поведе́нческой страте́гии.

Creation of a competitive environment and its assistance in demonopolising the economy

To attain this goal enterprises in the course of privatisation were offered the chance to become independent legal entities. The consequences of this decision were not straightforward.

Some elements of competition are visible in the trade and service sectors. Differentiation by price and assortment is evident. But in 'large-scale privatisation', according to expert opinion, when enterprises left unified structures it led to the breaking of established ties and in some cases to the strengthening of monopolies. Privatising large- and medium-sized enterprises does not lead to radical change of motivation in their economic performance, let alone to any change in their behavioural strategy.

(Adapted from *Деловы́е лю́ди*)

Now answer these questions in English and Russian:

What does the International Fund think about private property-owners in Russia?

Каково́ мне́ние Междунаро́дного фо́нда о ча́стных со́бственниках в Росси́и?

Has the main goal of privatisation been achieved? If so, in which areas?

Была́ ли дости́гнута гла́вная цель приватиза́ции? Éсли да, то в каки́х областя́х?

What were the findings of the survey carried out by the 'Russian Economic Barometer' group?

Каковы́ бы́ли результа́ты опро́са?

What was the International Fund's conclusion?

К како́му заключе́нию пришёл Междунаро́дный фонд?

What opportunity was given to enterprises in the course of privatisation?

Каку́ю возмо́жность получи́ли предприя́тия во вре́мя приватиза́ции?

In which sector can increased competition be observed?

В како́м се́кторе наблюда́ется рост конкуре́нции?

What happened to industrial enterprises when they left unified structures?

Что произошло́ с предприя́тиями, когда они́ вы́шли из соста́ва еди́ных ко́мплексов?

What was the International Fund's conclusion on this point?

Каково́ заключе́ние Междунаро́дного фо́нда по э́тому вопро́су?

. . . and summarise the main points of the report in Russian.

Task 6

Replace the words and phrases in English by their equivalents in Russian:

Российские *shareholders*, к сожалению, не мóгут рассмáтриваться как реáльные *property owners*. Их интересýет not *growth* капитáла, а егó *spending*. К томý же их *incomes* óчень нúзкие. Мнóгие дáже нуждáются в *social security*. Мóжно сказáть, что *the aim* of *privatisation* сформировáть слой of *private property owners* не былá достúгнута. *Small-scale privatisation* считáется успéшной, ведь чáстные предприя́тия *receive profit* почтú *two times* бóльше, чем *state-owned enterprises*. Наибóлее замéтна *competition* в торгóвой сéти.

Task 7

Small-scale privatisation which usually occurred in the service sector in Russia was relatively successful and resulted in greater efficiency. Read how privatisation of the hotel and shops affected the small provincial town of Ostashkov:

Note:

первоначáльная стóимость	starting price
преобразúться	to be transformed
путёвка	travel voucher
скрывáть/скрыть	to hide, conceal
торгú	auction
турбáза	camp site, hiking base
убы́точный	loss-making
уéздный	provincial

В уéздном Остáшкове Тверскóй óбласти за год приватизúровано 90% предприя́тий сфéры обслýживания. В мáе 1992 гóда городскóй Фонд имýщества объявúл пéрвые торгú. Продавáлась едúнственная в гóроде гостúница «Селигéр», котóрая к томý врéмени давнó кáмнем висéла на шéе городскóго бюджéта. Первоначáльная ценá э́той пострóйки 70-х годóв состáвила всегó 700 ты́сяч рублéй. На торгáх онá поднялáсь до 38 млн. Купúла гостúницу петербýргская фúрма «Дéйта» и срáзу вложúла в её благоустрóйство 10 млн. рублéй. Конéчно, э́тих средств я́вно недостáточно, но на них удалóсь произвестú ремóнт пяти-этáжного здáния. В гостúнице не выключáют тепéрь на лéто горя́чую вóду, как э́то прúнято по всей Россúи.

Есть и мúнусы. Дирéктор гостúницы Владúмир Мáлков не скрывáет, что глáвное для негó – дéньги. Поэ́тому нóвые хозя́ева решúли ориентúроваться на обслýживание организóванных турúстов.

Тепе́рь, е́сли вы прие́дете в Оста́шков без путёвки, вас про́сто мо́гут не пусти́ть да́же на поро́г гости́ницы «Селиге́р». Мест для индивиду-а́льных тури́стов про́сто нет. Но зато́ значи́тельно возросла́ при́быль.

Фонд иму́щества занима́ется ма́лой приватиза́цией – распродаёт объе́кты сфе́ры услу́г. Неприватизи́рованных магази́нов в Оста́шкове оста́лось – хва́тит па́льцев одно́й руки́ пересчита́ть. Приватизи́рованные отличи́шь сра́зу – по приве́тливым ли́цам и улы́бкам продавцо́в, бога́тому ассортиме́нту. Зарпла́та в ча́стной торго́вле значи́тельно вы́ше, а це́ны на 5–10 проце́нтов ни́же, чем в муниципа́льной. Пе́рвый магази́н в го́роде купи́ла за 1,5 млн. рубле́й одна́ петербу́ргская фи́рма. Мно́го среди́ владе́льцев пи́терских, моско́вских капитали́стов. Но бо́льше полови́ны всё же оста́ши.

Фонд иму́щества продаёт та́кже жильё (сто́имость до́ма на берегу́ о́зера ле́том составля́ла 3–8 млн. руб.), турба́зы. Ско́ро на торги́ бу́дет вы́ставлен пивозаво́д, кото́рый ны́не явля́ется убы́точным.

В це́лом мо́жно сказа́ть, что го́род за год преобрази́лся. Появи́лись ча́стные заку́сочные и ба́ры, столо́вые и магази́ны. Обслу́живание, хотя́ и не совсе́м отвеча́ет мирово́м станда́ртам, но всё же лу́чше, чем в госсе́кторе.

(Adapted from *Делов́ые лю́ди*)

Summarise the progress of privatisation in Ostashkov in Russian in approx. 100 words. Answering these questions in English and Russian first should help you:

What was the first object to be privatised in Ostashkov?

Како́в был пе́рвый объе́кт приватиза́ции в Оста́шкове?

What was the new owners' policy?

Какова́ была́ поли́тика но́вых владе́льцев?

How did the service sector in Ostashkov improve as a consequence of privatisation?

Наско́лько улу́чшилась сфе́ра услу́г в Оста́шкове в результа́те приватиза́ции?

Has privatisation changed the face of the town?

Измени́ла ли приватиза́ция лицо́ го́рода?

Explain these expressions used in the text:
Ка́мнем висе́ла на ше́е. Хва́тит па́льцев одно́й руки́ пересчита́ть.

UNIT 6
Вопрос собственности

Текст 6.1
Какие собственники лучше – инсайдеры или аутсайдеры?

внедрять/внедрить	to introduce
дело обстояло	the matter stood
манера хозяйствования	style of management
опережать/опередить	to outstrip
определиться	to emerge, be defined
по поводу	concerning
преобладание	predominance
препятствовать	to hinder
препятствие	obstacle
преходящее явление	temporary phenomenon
разногласие	disagreement
сопротивляться до последнего	to resist to the last

После приватизации на российских предприятиях определились следующие виды собственников. Самую большую группу составили инсайдеры (персонал предприятия, либо руководящий менеджмент), вторую – аутсайдеры (внешние инвесторы, финансовые, нефинансовые институты), и третью – государство. Причём с самого начала приватизации наблюдалось преобладание собственности инсайдеров. Например, в 1997 году на 52% приватизированных предприятий доминировали инсайдеры, тогда как на 40% – аутсайдеры (на оставшихся 8% – государство). Поэтому можно сказать, что российская приватизация была инсайдеровской, и инсайдеры с преобладанием либо менеджеров, либо работников стали владельцами предприятий. На практике власть оказалась в руках директоров бывших государственных предприятий, которые, используя приватизацию, установили свой контроль.

С самого начала приватизации у большинства экономистов не было разногласий по поводу того, что приватизированные предприятия опережают государственные по экономической эффективности. Сложнее обстояло дело с тем, какой вид собственности влияет на поведение предприятия, на повышение его эффективности? Какие собственники, инсайдеры или аутсайдеры, создают лучшие условия для эффективной работы предприятий? Правда ли, что инсайдеры менее эффективные собственники, чем аутсайдеры, и инсайдеровский контроль управляющих препятствует реорганизации предприятия, и только контроль аутсайдеров обеспечивает экономическую эффективность предприятия? Действительно ли предприятия с доминированием аутсайдеров, особенно финансовых, активнее внедряют новое оборудование и технологии, вкладывают больше средств в производство, как это обычно происходит в рыночных экономиках?

Исследования показали, что в России, по крайней мере, во время перехода к рыночной экономике картина пока недостаточно ясная. И контроль инсайдеров не всегда препятствие для развития предприятий. Например, согласно исследованиям, на первом месте по эффективности использования ресурсов находились инсайдеровские предприятия с доминированием менеджеров. При доминировании менеджеров рост инвестиций шёл быстрее, чем в случае с доминированием работников. В области занятости, однако, доминирование инсайдеров служило серьёзным препятствием по пути реконструирования занятости. Предприятия с доминированием работников до последнего сопротивлялись сокращениям.

Российские «приватизаторы» однако считают, что собственность инсайдеров представляет собой преходящее явление, и рано или поздно права собственников перейдут к внешним инвесторам, которые изменят манеру хозяйствования российских предприятий, сделав их более эффективными. Надо сказать, что изменения в сфере собственности уже происходят на многих российских предприятиях, и собственность инсайдеров начинает снижаться. По-видимому, эта тенденция будет продолжаться.

(Adapted from *Вопросы экономики*)

Check that you can answer these questions:

Who gained control of Russian enterprises after privatisation?

Кто установил контроль над российскими предприятиями после приватизации?

What do you understand by «инсайдеровская приватизация»?

Что вы понимаете под «инсайдеровской приватизацией»?

In your opinion which kind of control is more efficient – 'insider' or 'outsider'?

По вашему мнению, какой контроль более эффективный – «инсайдеров» или «аутсайдеров»?

Task 8

Study this table showing the distribution of shares at enterprises dominated by different types of owners (МП – предприятие ∙с доминированием ме́неджеров; РП – с доминированием рабо́тников; НП – нефина́нсовые аутса́йдеры; ФП – фина́нсовые аутса́йдеры) *and decide what kind of property owners are most common in Russia*:

Распределе́ние а́кций на предприя́тиях с ра́зным ти́пом доминиру́ющих со́бственников, 1997 г. (в %)

Катего́рии акционе́ров	МП	РП	НП	ФП
Инса́йдеры, всего́	77,5	73,1	29,1	26,8
Ме́неджеры	53,0	14,6	7,8	8,9
Рабо́тники	24,5	58,5	21,3	17,9
Нефина́нсовые аутса́йдеры, всего́	11,6	18,4	61,9	12,1
Сторо́нние физи́ческие ли́ца	10,1	13,7	19,8	7,7
Други́е предприя́тия и фи́рмы	1,5	4,7	42,1	4,4
Фина́нсовые аутса́йдеры, всего́	2,5	4,6	5,5	57,1
Комме́рческие ба́нки	0,7	0,7	0,8	2,9
Инвестицио́нные фо́нды	0,0	2,8	3,9	16,7
Хо́лдинговые компа́нии	0,0	1,1	0,8	23,5
Иностра́нные инве́сторы	1,8	0,0	0,0	14,0
Госуда́рство	1,8	3,0	2,8	3,0
Про́чие акционе́ры	6,6	0,9	0,7	1,0
Итого́	100	100	100	100

Task 9

A dairy company in Izhevsk[*] *, «АО Ижмолоко́», formerly «Йжевский моло́чный комбина́т», is an example of a successfully privatised enterprise. Its main owners are insiders: workers and managers. In this dialogue with a journalist the Managing Director, Gennadii Filippovich Krasnoperov, explains the reasons for its success; you may interpret for them:*
Note:

внедря́ться на ры́нок	to penetrate the market
вы́купить	to buy out
обвини́ть	to accuse
оборо́нное предприя́тие	defence enterprise

---

[*] Izhevsk: capital of Udmurtiya in the Urals, home of the Kalashnikov.

окупа́ться	to justify itself, pay for itself
превосходи́ть	to surpass
устаре́ть	to become obsolete

Journalist: Your enterprise was one of the first in Izhevsk to be bought from the state. Were you confident of success?

Krasnoperov: Больши́х сомне́ний вы́купить заво́д у нас не́ было. На́ша проду́кция по́льзуется спро́сом в го́роде, её цена́ никогда́ не была́ сли́шком высо́кой. Но пробле́мы у нас бы́ли, нас обвини́ли в монополиза́ции ры́нка, хотя́ мы не явля́емся еди́нственным производи́телем моло́чной проду́кции в Удму́ртии. Мы стреми́мся выходи́ть на но́вые ры́нки, за преде́лы респу́блики. Вот почему́ мы при́няли реше́ние созда́ть отде́льную фи́рму для реализа́ции на́ших това́ров – «Иммар». Вско́ре к ней доба́вилась ещё ТОО – «Имол», зате́м ТОО «АМТ», ЗАО «Ижпрод» и СП «Великоросс», кото́рые име́ют бо́лее ты́сячи акционе́ров.

J: In accordance with the law on joint-stock companies the managing director is elected annually. You have been elected for the third time and you still continue investing 70–80% of your profits into improvement of the enterprise. Why do you think your workers give you a free hand in all your activities?

K: Осо́бенности на́шей о́трасли ни одному́ руководи́телю не позволя́ют чу́вствовать себя́ споко́йно. Реше́ния на́до принима́ть бы́стро, молоко́ ждать не ста́нет. На на́шем комбина́те рабо́чие э́то сего́дня понима́ют и без меня́. В настоя́щее вре́мя они́ получа́ют дивиде́нды ежеме́сячно, и ка́ждый понима́ет, из чего́ формиру́ется та и́ли ина́я су́мма. Е́сли «Ижмолоко́» переста́нет выделя́ть сре́дства на но́вые произво́дственные ли́нии, че́рез не́которое вре́мя обору́дование устаре́ет. Сего́дня мы произво́дим свы́ше 40 наименова́ний това́ров – 12 ви́дов йогу́рта, бо́лее 10 сорто́в моро́женого, сли́вочного ма́сла. Е́сли мы переста́нем расширя́ть свой ассортиме́нт, мы мо́жем потеря́ть ры́нок. Поэ́тому мы должны́ постоя́нно вкла́дывать часть при́были в разви́тие.

J: Does this mean that you are giving preference to short-term projects?

K: Скоре́е мы отдаём предпочте́ние прое́ктам, кото́рые окупа́ются быстре́е. Наприме́р мы закупи́ли но́вую ли́нию для произво́дства моро́женого «Те́тра Лава́ль Фуд Хо́йер». В неё бы́ло вло́жено о́коло 700 ты́сяч до́лларов, и она́ окупи́лась че́рез 7–8 ме́сяцев. Зато́ на́ше моро́женое досто́йно конкури́рует с и́мпортным по ка́честву и упаковке, а по цене дешевле. Сейчас мы вырабатываем йогурт и сметану, которые по качеству превосходят аналогичные европейские товары.

J: So most of your activities are concentrated on development?

К: Да, можно сказать так. Когда мы видим, что наша упаковка плохо смотрится в сравнении с зарубежной, мы сразу решаем – надо изменить дизайн. К сожалению, в России производство упаковочных материалов не на должном уровне, и не всегда они могут конкурировать с западными. Держать ради этого филиал нам не выгодно, поэтому мы создали совместное предприятие «Великоросс» с английской фирмой, обеспечивающей нас всем необходимым. Две трети прибыли получает АО «Ижмолоко».

J: Your product is sold everywhere: not just in Udmurtia, but in the Urals, Siberia, even in Magadan[*]. Do you have any problems with delivery of your produce?

К: Доставка может быть проблемой, но у нас сейчас есть собственный автопарк. Это помогает решить многие проблемы. А для доставки молочной продукции на внутреннем рынке Ижевска мы создали своё автотранспортное предприятие «АМТ». А вообще я уже давно понял, что предприятие не должно иметь только один вид деятельности. Сейчас мы создали своё кондитерское производство «Ижевские продукты». Рынок кондитерских изделий с очень высокой конкуренцией. Нелегко конкурировать с московскими фабриками, имеющими большой авторитет. Приходится внедряться на него за счёт более низкой цены, высокого качества. Наши конфеты более свежие, более качественные.

J: You have created six major enterprises out of one dairy combine: 'Izhmoloko', 'Immar', 'Imol', 'Izhprodukty', 'Velikoross' and 'AMT'. Are you no longer frightened of competition? Can your production levels be compared to European ones?

К: Мы можем себя сравнить с зарубежными фирмами, но нам сложнее. У нас гораздо больше в экономике нерешённых вопросов, которые в Европе не мешают работать. Снижение покупательской

---

[*] Магадан: town on Far East Coast of Siberia; has grim connotations with the Gulag in Stalin era.

спосо́бности в го́роде, где о́чень мно́го оборо́нных предприя́тий с фина́нсовыми пробле́мами, заставля́ет нас сокраща́ть объёмы производи́мой проду́кции. Я ду́маю, что е́сли э́ти предприя́тия зарабо́тают че́рез год, друго́й, наш заво́д без уси́лий смо́жет увели́чить произво́дство.

(Adapted from *Делово́е лю́ди*)

Answer these questions in English and Russian and then write a summary of this dialogue incorporating your answers:

Did the firm have any doubts concerning privatisation?

Бы́ли ли у фи́рмы сомне́ния по по́воду приватиза́ции?

Why does the firm invest its profits in development?

Почему́ фи́рма вкла́дывает при́быль в разви́тие?

What is the firm's range of produce?

Како́в ассортиме́нт проду́кции фи́рмы?

Why did the company decide to create the "Velikoross" joint enterprise with a British firm?

Почему́ предприя́тие реши́ло созда́ть с англи́йской фи́рмой совме́стное предприя́тие «Великоро́сс»?

Where is the firm's produce sent to?

Куда́ отправля́ется проду́кция предприя́тия?

Why did the company decide to create the "АМТ" road transport enterprise?

Почему́ фи́рма реши́ла созда́ть автотра́нспортное предприя́тие «АМТ»?

Why did the firm decide to go into sweet production?

Почему́ фи́рма реши́ла заня́ться конди́терским произво́дством?

What do you think, can this firm compete with Western production levels?

Как вы ду́маете, э́та фи́рма мо́жет конкури́ровать с за́падным произво́дством?

Task 10

Replace the words and phrases in English by their Russian equivalents:

Проду́кция «Ижмолоко́» *is much in demand* по всей стране́.

Предприя́тие не явля́ется *the only producer* моло́чной проду́кции в Удму́ртии.

Е́сли *not to invest the profit* в разви́тие, обору́дование устаре́ет.

Проду́кция фи́рмы *is competing successfully* с за́падными фи́рмами.

The *"Velikoross" joint enterprise* специализируется *in the production* упаковочных материалов.

Thanks to the high quality продукции, предприятие выдерживает *any competition.*

A majority of defence enterprises в России имеют финансовые проблемы.

Из-за финансового кризиса *purchasing power* в городе резко снизилась.

Task 11

See what the Russians themselves think about privatisation:

1. «Программа имела успех, класс собственников в России сейчас самый большой в мире. Мы успели сделать самое главное. Несмотря на огромное количество противников, мы сделали этот процесс необратимым. Никто никогда в стране не сумеет вернуть обратно то, что на сегодняшний день передано в руки российских граждан».

(from an interview given by Анатолий Чубайс).

'The programme was successful, the class of property owners in Russia is now the largest in the world. We managed to do what was most important. Despite the huge number of opponents we made this process irreversible. Nobody in this country will ever be able to turn back what by now has been put in the hands of the Russian people.'

2. «Приватизация ничего не изменила. Продажа предприятий за бесценок создала криминальную основу для роста преступности. Предприятия передавались работающим на них практически бесплатно, тогда как государство испытывало огромную нужду в средствах. Заниженная стоимость приватизировавшегося имущества привела к тому, что контроль над ним оказался в руках прежней управленческой элиты, спекулянтов, криминальных структур, которые не намерены вкладывать средства в купленные по дешёвке предприятия.»

(from *Литературная газета*)

'Privatisation has changed nothing. Selling enterprises for next to nothing has created a basis for the rise in the crime rate. Enterprises were transferred to those working in them virtually free just when the state was experiencing a huge need for funds. The diminished cost of property which had been privatised led to control over it being put in the hands of the former managerial elite, speculators and criminal groups who had no intention of investing funds in the enterprises which had been bought cheap.'

3. «Грабительская приватизация по Чубайсу» обманула ожидания неселения. Образовался слой сверхбогатых, олигархи стали влиять на власть в своих корыстных интересах. Самое главное – не появились эффективные собственники. Богатство государства растаскивается по частным карманам, ресурсы утекают за рубеж, экономика уходит в тень» (Е. Ясин in *Вопросы экономики*).
'"Predatory privatisation à la Chubais" deceived the population's expectations. A class of super-rich has been formed, and oligarchs began to influence the government in their own selfish interests. The main thing is that effective property owners have not emerged. The country's wealth is disappearing into private pockets, its resources are draining away abroad and the economy is going into the shadows [i.e. the black market].'

4. «Несомненно, мы получили «номенклатурную приватизацию». Экономическая власть сейчас в первую очередь у тех, у кого была и раньше – у прежней управленческой элиты. Новый частный сектор по существу паразитирует на государственной и полугосударственной экономике. «Новые русские» действуют в криминальной среде» (Г. Явлинский in *Московские новости*).
'Without doubt we have "*nomenklatura* privatisation". Economic power is now primarily in the hands of those who had it before – the former managerial elite. The new private sector is essentially a parasite on the state and quasi-state economy. The "new Russians" are operating in a criminal environment.'

As can be seen most Russians have an unfavourable attitude to privatisation; which of these points of view do you share? How does this compare to people's attitude to privatisaion in your country?

ACTIVITIES (Units 4 – 6)

Task 12
Complete each sentence using an appropriate word from the same root as the word in brackets:

(приватизация) Считается, что ..... предприятия эффективнее государственных.

(конкуренция) Российские предприятия всё ещё не могут успешно ..... на мировом рынке.

(собственный) Экономисты утверждают, что в России до сих пор нет эффективных ......

(áкция))   Большинство крупных предприятий стáли . . . . . обществами.

(прибыль)   . . . . . предприятия мóжно пересчитáть по пáльцам.

(госудáрство)   Во всём мире есть . . . . . сéктор, котóрый не мóжет быть приватизирован.

(вмéшиваться)   Я прóтив . . . . . госудáрства в экономическую жизнь.

(отвéтственность)   Предприятия не дóлжны быть . . . . . за содержáние социáльной сфéры.

(пóльза)   Отсýтствие конкурéнции не óчень . . . . . для бизнеса.

(производить)   Предприятие «Ижмолокó» является сáмым большим . . . . . молóчных продýктов в респýблике.

Task 13

Choose the most appropriate answer by ticking its number:

Основнáя причина приватизáции

1. повысить эффективность предприятий
2. остановить безрабóтицу
3. улýчшить социáльную сфéру

Приватизированные предприятия бóлее эффективны, потомý что они

1. заинтересóваны в получéнии прибыли
2. не спосóбны конкурировать на рынке
3. мóгут создáть нóвые рабóчие местá

Мáлая прватизáция происходила

1. в оборóнной промышленности
2. в сфéре услýг
3. на трáнспорте

Росс́ийские предприятия по-прéжнему несýт отвéтственность за

1. содержáние социáльной сфéры
2. пóлную зáнятость
3. выполнéние плáна

Было решено выпустить ваучеры, чтобы
1. создать рынок собственности
2. поощрять иностранные инвестиции
3. создать рынок ценных бумаг

Собственники-аутсайдеры более эффективны, потому что они
1. сокращают рабочую силу
2. развивают социальную сферу
3. внедряют новую технику

Чтобы сделать предприятия более эффективными, надо
1. допустить вмешательство государства
2. сохранить социальную сферу
3. увеличить инвестиции

Task 14

Complete the following sentences by supplying a suitable preposition in each blank space:

Многие предприятия стремятся . . . . . выходу на новые рынки.

Россия хотела бы присоединиться . . . . . Европейскому Сообществу.

В бывшем СССР государство вмешивалось . . . . . экономику.

Уживаться . . . . . политиками предприятиям становится всё труднее.

Интересы собственников сосредоточены . . . . . получении прибыли.

Многие директора обвинялись . . . . . получении взяток.

Правительство должно нести ответственность . . . . . отсутствие законов.

Продукция некоторых предприятий успешно конкурирует . . . . . зарубежной продукцией.

Эту фирму можно сравнить . . . . . западной фирмой.

Как вы относитесь . . . . . приватизации?

Можно рассчитывать . . . . . получение дивидендов в этом году?

Task 15

Translate the words in italics and decide which case to use – dative or instrumental:

40 млн. россиян стали *shareholders*. Приватизация должна способствовать *efficiency* предприятий. В СССР предприятия постоянно подвергались *interference* со стороны государства. Многие россияне теперь владеют *property*. Обслуживание во многих магазинах не совсем отвечает *international standards*. Продукция фирмы пользуется *demand*

по всей стране. Управля́ть *an enterprise* в росси́йских усло́виях нелегко́. На́ша фи́рма тепе́рь отдаёт *preference* долгосро́чным прое́ктам. Ра́ньше фи́рма явля́лась *the only producer* моло́чных проду́ктов.

Task 16

Valentin Stepankov, a member of the Duma and at present a successful entrepreneur, answers a journalist's questions on privatisation. Translate or interpret their conversation:

Journalist: One of the goals of privatisation in Russia was the creation of effective property owners. Do you think that this goal has been achieved?

Valentin Stepankov: Нет, э́та цель не дости́гнута.

J: So does that mean that those who are saying that privatisation has failed are right?

V.S: Дава́йте посмо́трим. Да, эффекти́вного со́бственника ещё нет. Пока́ мы попыта́лись созда́ть усло́вия для его́ оформле́ния. И, ска́жем, в торго́вле, сфе́ре услу́г что-то удало́сь. А вот на   промы́шленных предприя́тиях ситуа́ция ина́я. О́чень мно́гим но́вым владе́льцам каза́лось, что предприя́тия как рабо́тали, так и бу́дут рабо́тать – сами́ по себе́. А предприя́тие, оно́ же как ребёнок – растёт и тре́бует постоя́нных вложе́ний. Вкла́дывать же ма́ло кто хоте́л и был спосо́бен. Но нельзя́ же во всём вини́ть то́лько тех, кто пожела́л стать со́бственником. Больша́я до́ля вины́ за положе́ние в эконо́мике лежи́т на госуда́рстве.

J: One hears various statements: for instance, that privatisation was illegal.

V.S: Ни в ко́ем слу́чае. Бо́льшей ча́стью ва́учерная приватиза́ция проходи́ла по зако́нам. Они́ бы́ли разрабо́таны прави́тельством. А програ́мма приватиза́ции осуществля́лась на основа́нии ука́зов президе́нта. Мо́жно утвержда́ть, что зако́ны бы́ли неуда́чны и несоверше́нны. Но отве́тственность за э́то должны́ нести́ все, в том числе́ и законода́тели.

J: There is one common phrase you hear about privatisation – 'criminal predatory privatisation'.

V.S: К сожале́нию, приватиза́ция проходи́ла в кра́йне нестаби́льной обстано́вке. При отсу́тствии контро́ля над огро́мным коли́чеством со́бственников произошёл ди́кий всплеск корру́пции. И всё на глаза́х у люде́й. Коне́чно, э́то повлия́ло на их отноше́ние к само́й приватиза́ции.

J: Do we have anything left to privatise?

V.S: Осталось очень мало, чтобы рассчитывать на серьёзное пополнение бюджета. У нас большой ВПК, но это малоликвидная доля госимущества.

J: But maybe we should not privatise MIC? Should there be 'no-go' areas for privatisation.

V.S: Каждое государство тут ведёт себя по-разному. Дело не только в экономике, но и в политике. Во многих странах есть отрасли, которые остаются в собственности государства. По-моему, не надо отдавать в частные руки отрасли, работающие на оборону, и те отрасли, где мы технологически опережаем Запад. Можно допустить частичную приватизацию, но только на инвестиционной основе и чтобы у государства остался контрольный пакет.

(Adapted from *Литературная газета*)

With this interview and your previous knowledge in mind, summarise the progress of privatisation in Russia and the problems it still faces. How far has the situation changed? Can the Russians create an efficient economy and how much will remain under state control?

Task 17

On the basis of what you have learned in this Unit answer the following questions in Russian:

1.   Может ли быть переход от плановой к рыночной экономике без приватизации?

2.   Какое предприятие, по-вашему, более эффективное – частное, или государственное? Почему?

3.   Стоит ли приватизировать все секторы экономики?

4.   Из чего состоит государственный сектор в вашей стране?

5.   Как вы думаете, могут ли быть приватизированы таможня, оборонная промышленность, железные дороги, национальные парки?

6.   Почему россияне так чувствительны к приватизации ВПК?

7.   Как вы думаете, госсектор необходим?

8.   Правда ли, что в мире сейчас идёт повальная приватизация?

РОССИЙСКИЙ РЫНОК ТРУДА

> In this chapter you will find out about the Russian labour market, its specific features and problems:
> * the mobility of labour
> * the appearance of unemployment
> * changes in labour relations in Russian industrial enterprises
> * gender discrimination in the Russian job market
> * how to apply for a job in Russia

UNIT 7
Проблемы занятости

Текст 7.1
Мобильность труда по-российски

бухгалтерские курсы	accountancy course
дачный участок	plot of land for building a dacha
дефицитные льготы	scarce benefits
достоин презрения	worthy of derision
заработок	earnings
конструкторское бюро	design bureau
мобильность труда	mobility of labour
научно-исследовательский институт	research institute
не в состоянии	in no condition, unfit
переобучение	retraining
пожизненная занятость	lifetime employment
поощрение	encouragement
поощрять	to encourage
преодолеть	to overcome
привязать к	to tie to
прописка	residence permit
рынок жилья	housing market
снимать/снять ограничение	to remove a restriction
социальное обеспечение	social security
трудовая книжка	employment record
трудовой стаж	length of service
удовлетворять/удовлетворить спрос	to satisfy demand

В бывшем СССР поощрялась пожизненная занятость. Вся система социального обеспечения была направлена на то, чтобы привязать рабочего к месту работы «на всю жизнь». Этому служила прописка, трудовая книжка, неразвитость рынка жилья, система материального поощрения, связанная с трудовым стажем. Самые дефицитные льготы (жильё, автомобили, дачные участки) могли получить только те, кто отработал на одном месте 10, 15 и более лет. Человек, который часто менял место работы и специальность, был достоин только презрения, а уважение вызывал тот, кто всю жизнь проработал на одном месте, на одном и том же предприятии.

С переходом к рыночной экономике ситуация изменилась, появился спрос на новые профессии, и профессиональная мобильность начала расти. Например, в 1992-93 годах в России был бум бухгалтерских курсов. Масса работников научно-исследовательских институтов, конструкторских бюро и различных государственных контор пошли переучиваться на бухгалтеров. Они надеялись найти работу в коммерческих организациях и получить более высокий заработок, чем на прежнем месте работы.

Несколько лет назад был громадный спрос на специалистов по маркетингу, на хватало хороших менеджеров. Этот спрос невозможно было удовлетворить из числа имеющихся свободных работников, и государство начало организовывать переобучение и переквалификацию рабочей силы, увеличив таким образом профессиональную мобильность.

С территориальной мобильностью сложнее. Хотя ограничения на смену места работы сняты, остались многие барьеры на пути развития рынка труда. Важнейшие из них – дефицит жилья и слабая развитость рынка жилья. Человек, проработавший много лет ради получения бесплатной квартиры, практически, привязан к одному месту. Продажа и купля жилья до сих пор связаны с такими сложными проблемами, что не каждый в состоянии преодолеть их.

Check that you can answer these questions in both English and Russian:
What do you understand by 'mobility of labour'?
Что вы понимаете под «мобильностью труда»?
What means did the Soviet government use to hinder labour mobility?
Какие средства использовало советское правительство, чтобы остановить мобильность труда?
What were the consequences of this policy?
Каковы были последствия такой политики?
What changes are now taking place in the Russian labour market?

Какие изменения происходят на российском рынке труда в настоящее время?

Do you have any problems with labour mobility in your country? What are they?

Есть ли у вас проблемы с мобильностью труда в вашей стране? Какие?

KEY TERMS

Профессиона́льная моби́льность – спосо́бность челове́ка овладева́ть ра́зными профе́ссиями, переу́чиваться в тече́ние жи́зни, меня́ть рабо́ту.

Professional mobility is a person's capacity to master various professions, to retrain in the course of their life and to change jobs.

Территориа́льная моби́льность – спосо́бность и гото́вность люде́й меня́ть ме́сто жи́тельства ра́ди получе́ния рабо́ты.

Geographical mobility is people's capacity and readiness to move for the sake of a job.

N.B.: In most developed countries labour mobility is common. For example, according to economists: «америка́нские рабо́чие и слу́жащие за свою́ жизнь меня́ют ме́сто рабо́ты 10 и бо́лее раз, из-за чего́ сре́дний срок рабо́ты на одно́м ме́сте сократи́лся в США до 3,6 го́да.»

Even in Japan with their tradition of employment for life «в 1989 году́ со ста́рой рабо́ты ушли́ почти́ 3 млн япо́нцев, а опро́сы показа́ли, что гото́вы бы́ли к перехо́ду 41% мужчи́н в во́зрасте от 20 до 29 лет.» (*Вопро́сы эконо́мики*)

How many people in your country are prepared to change their jobs? What holds them back in your opinion?

Task 1

Replace the words and phrases in English by their equivalents in Russian:

Low mobility была́ характе́рной черто́й росси́йского *labour market. Demand for new professions* спосо́бствует профессиона́льной моби́льности в стране́. *Retraining of the labour force* помо́жет реши́ть пробле́му безрабо́тицы. В Росси́и *the housing market* ра́звит о́чень сла́бо, что, коне́чно, *does not encourage* моби́льность труда́. В Росси́и рабо́чий всё ещё *is tied to* одному́ ме́сту, *buying a flat or house* свя́зана с больши́ми пробле́мами. Не ка́ждый в состоя́нии *to overcome them.* По существу́, лю́ди рабо́тали *for the sake of getting a free state flat.* По-мо́ему, в бу́дущем лю́ди *will change their place of work* не́сколько раз в жи́зни.

Текст 7.2
Неполная занятость или «скрытая» базработица

выплата	payment
допускать/допустить	to allow
зарабатывать/заработать	to earn
избыток	surplus, excess
избыточная занятость	overmanning
трудоизбыточный	excess labour
неоплачиваемый отпуск	unpaid leave
неполная занятость	partial, incomplete employment
обретать/обрести	to acquire
поддержание	support
пособие по безработице	unemployment benefit
предоставлять/предоставить	to offer
перечислять/перечислить	to list
продолжительность	duration
скрытая безработица	hidden unemployment
служба занятости	department of employment
сокращённый рабочий день	reduced working day
стесняться	to be ashamed
стоять на учёте	to be registered
теневая зона	shadow section (of the economy)
увольнение	dismissal, redundancy
увольнять/уволить	to dismiss
числиться	to be recorded, down on paper as

Специфичное явление российского рынка труда – «неполная» или «избыточная» занятость. Типичные примеры – предоставление работникам неоплачиваемых отпусков, введение сокращённого рабочего дня или рабочей недели. Люди, находящиеся в таком положении, не стоят на учёте в службе занятости и не получают пособия по безработице. Формально их безработными назвать нельзя. Однако нередко они находятся в худшем положении, чем официальные безработные.

Вот, что утверждает Сергей Калашников, председатель Комитета по труду и социальной политике: «проблема занятости обрела у нас парадоксальный характер – люди зарабатывают не там, где работают и получают не там, где зарабатывают. Сфера трудовых отношений – самая теневая зона российской экономики. По данным статистики, половина страны уже давно должна бы умереть от голода и нужды. А она почему-

67

то живёт. Та же статистика сообщает, что сегодня только 30 процентов реальных доходов люди получают там, где формально числятся на работе, а 70 процентов – в свободном поиске. Как такого человека классифицировать. Кто он – частично работающий или преимущественно безработный?» (*Литературная газета*)

Корни российской неполной занятости уходят во времена командной системы. Именно тогда в России возникла так называемая «скрытая» безработица. Поскольку коммунистическая идеалогия не допускала возможности существования в социалистическом государстве безработицы, число рабочих мест планировалась так, чтобы даже был некоторый их избыток. На стенах заводов висели объявления: «Заводу требуются работники следующих специальностей . . .» Можно сказать, что формальная ликвидация безработицы была куплена дорогой ценой – поддержанием на предприятиях избыточных работников.

К сожалению, и сейчас трудоизбыточные предприятия не исчезли. Они составляют 2/3 всех промышленных предприятий. По данным экономистов, продолжительность рабочего дня в российской промышленности составила не 8 часов, а всего 5,9; на транспорте – 6,6; в строительстве – 6,4; а в среднем 6,6.

Даже сегодня российские предприятия не всегда могут или хотят уволить избыточных работников. Проблема в том, что после увольнения работников их заработная плата в течение нескольких месяцев перечисляется службе занятости. Но у многих предприятий нет денег на такие выплаты, для них дешевле не увольнять работника, а держать его в состоянии скрытой безработицы. Кроме того, многие россияне стесняются быть «безработными» и предпочитают где-то «числиться», даже ценой отказа от пособия по безработице. К тому же, избыточная занятость позволяет рабочим сохранить связь с предприятием, что препятствует дисквалификации и даёт надежду на получение работы.

(Adapted from *Вопросы экономики*)

Now answer these questions in English and in Russian:

What do you understand by 'hidden' unemployment?

Что вы понимаете под «скрытой» безработицей?

What are the reasons for its existence in Russia?

Каковы причины её существования в России?

Give examples of the system of 'incomplete employment' in Russia.

Приведите примеры системы «неполной занятости» в России.

Why do factories still prefer to have surplus workers?

Почему́ предприя́тия всё ещё предпочита́ют име́ть избы́точных рабо́тников?

Do you have similar forms of employment in your country?

Есть ли у вас в стране́ подо́бные фо́рмы за́нятости?

Is it possible to achieve full employment?

Мо́жно ли дости́чь по́лной за́нятости?

Why do you think unemployment has not reached a critical level in Russia?

Почему́, по-ва́шему, росси́йская безрабо́тица ещё не дости́гла крити́ческого у́ровня?

What is more efficient: to retain or dismiss surplus workers in a factory?

Что бо́лее эффекти́вно: сохраня́ть и́ли сокраща́ть избы́точную рабо́чую си́лу на предприя́тии?

KEY TERMS

Непо́лная за́нятость – ситуа́ция, при кото́рой рабо́тник форма́льно чи́слится за́нятым, но за́работной пла́ты не получа́ет, потому́ что нахо́дится в вы́нужденном о́тпуске и́ли получа́ет лишь часть свое́й норма́льной опла́ты, так как тру́дится непо́лный рабо́чий день.

Partial employment is a situation when a worker is formally listed as employed, but receives no pay because he or she is on compulsory leave or is receiving only part of their normal wage since they are on a reduced working day.

Безрабо́тица – нали́чие в стране́ люде́й, кото́рые спосо́бны и жела́ют труди́ться, но не мо́гут найти́ рабо́ту по свое́й специа́льности и́ли трудоустро́иться вообще́.

Unemployment – when there are people who are able and wish to work, but who cannot find a job in their field or any job at all.

Comment on the following анекдо́т:

Встре́тились одна́жды два дире́ктора заво́да – япо́нец и ру́сский. О́ба выпуска́ют одну́ и ту же проду́кцию. Ру́сский спра́шивает:

– Ско́лько челове́к у тебя́ рабо́тает?

– Де́сять, – отвеча́ет япо́нец. – А у тебя́?

У ру́сского рабо́тало 300 челове́к, но ему́ бы́ло неудо́бно, и он отве́тил:

– Оди́ннадцать.

Че́рез год япо́нец спра́шивает:

– Слýшай, я никáк не поймý, чем у тебя́ оди́ннадцатый занимáется? (from *Аргумéнты и фáкты*)

[*По оцéнкам экспéртов, в Росси́и из кáждых десяти́ рабóтников чéтверо могли́ бы на рабóту не выходи́ть.*]

Task 2

Replace the words and phrases in English by their equivalents in Russian:

Full employment былá дости́гнута в бы́вшем СССР, благодаря́ существовáнию *of hidden unemployment*. На мнóгих предприя́тиях ввóдится *a reduced working day*. Мнóгие рабóчие предпочитáют брать *unpaid leave*, чем стать *unemployed*. К сожалéнию, вы́жить *on unemployment benefit* невозмóжно. *Unemployment has not reached* в Росси́и ещё крити́ческого ýровня. *Many unemployed people* предпочитáют не регистри́роваться *with the department of employment*. Дáже сегóдня в Росси́и существýют предприя́тия *with an excess labour force*. *The length of a working day* в росси́йской промы́шленности составля́ет 6 часóв. К сожалéнию, предприя́тие должнó *dismiss excess work force*, éсли онó хóчет быть эффекти́вным.

Task 3

The first Russian Law on Employment was passed in April 1991. According to this:

1. Кáждый граждани́н имéет прáво свобóдно распоряжáться свои́м трудóм, а поэ́тому никтó не мóжет принуждáть егó к трудý и́ли накáзывать егó за незáнятость.

Every citizen has the right to dispose of his labour as he likes, therefore nobody can force him to work or punish him for not working.

2. Безрабóтным считáется граждани́н, котóрый не имéет рабóты и зáработка, зарегистри́рован в слýжбе зáнятости в цéлях пóиска подходя́щей рабóты и готóв приступи́ть к ней, éсли рабóчее мéсто для негó бýдет нáйдено.

A citizen is considered unemployed if he does not have a job or earnings, is registered with the employment service with the aim of seeking a suitable job and is prepared to start on it if a suitable position is found for him.

3. Предлагáемая безрабóтному рабóта не мóжет считáться для негó подходя́щей, éсли онá трéбует перемéны мéста егó жи́тельства без егó соглáсия, а предлагáемый зáработок ни́же срéднего зáработка на прéжнем мéсте егó рабóты.

70

A job offered to an unemployed person cannot be considered suitable for him if it requires a change of residence without his consent, and the wage proposed is lower than the average wage at his previous place of work.

4. Граждане России имеют право работать за рубежом и искать там работу.

Russian citizens have the right to work abroad and to look for work there.

5. Для помощи безработным создаётся Государственный фонд занятости населения, в который все работодатели обязаны ежемесячно отчислять средства в размере, составляющем 1% общей суммы средств, расходуемых на заработную плату в этом месяце.

To help the unemployed a State Fund for Employment of the Population is being created into which all employers are obliged to pay a sum monthly amounting to 1% of the overall sum spent on wages that month.

6. Безработные имеют право на получение пособия по безработице, определяемого как часть оплаты их труда на последнем месте работы, но не ниже минимальной заработной платы. Пособие устанавливается и для молодёжи, впервые ищущей работу.

The unemployed have the right to unemployment benefit calculated as part of their earnings at their last place of work, but not lower than the minimum wage. Unemployment benefit is also laid down for young people looking for work for the first time.

7. Пособие по безработице выплачивается не более 12 месяцев с момента потери работы.

Unemployment benefit is paid for no more than 12 months from the time of losing the job.

8. Помощь в поиске работы оказывают службы Государственного комитета по занятости.

The services of the State Commission for Employment provide assistance in the search for a job.

(Russian text quoted from: Липсиц, И.В. *Экономика.* Москва, 1998, p.165)

Consider each point in this law and contrast it with the Soviet Labour Code (see below) which was in force until 1991. Compare it with the labour laws in your country; are the definition of 'unemployed' and the rules concerning payment of unemployment benefit similar?

Сове́тский трудово́й код был осно́ван на сле́дующих при́нципах:
1. Ка́ждый име́ет пра́во на труд.
2. Госуда́рство гаранти́рует рабо́ту ка́ждому.
3. Ка́ждый обя́зан труди́ться (труд есть долг и обя́занность ка́ждого сове́тского граждани́на.
4. Тот, кто не рабо́тает без уважи́тельной причи́ны, мо́жет быть объя́влен тунея́дцем (parasite) и подлежи́т уголо́вному наказа́нию (is subject to punishment as a criminal).

Task 4

Economists distinguish two kinds of unemployment: frictional (фрикцио́нная безрабо́тица) and structural (структу́рная). Study their definitions:

1. Фрикцио́нная безрабо́тица – результа́т постоя́нных измене́ний на ры́нке труда́. Рабо́тнику всегда́ тре́буется не́которое вре́мя, что́бы найти́ но́вое рабо́чее ме́сто. К тому́ же, всегда́ существу́ют безрабо́тные, кото́рые и́щут рабо́ту в пе́рвый раз. Фрикцио́нная безрабо́тица обы́чно кратковре́менна и неизбе́жна в эконо́мике.

Frictional unemployment is a result of constant changes in the labour market. A worker always needs some time to find a new job, added to which there are always some unemployed people looking for work for the first time. Frictional unemployment is usually short-term and inevitable in the economy.

2. Структу́рная безрабо́тица – результа́т нау́чно-техни́ческого прогре́сса, сокраща́ющего спрос на одни́ профе́ссии и увели́чивающего спрос на други́е. Она́ возника́ет, когда́ о́бщество избавля́ется от устаре́вших предприя́тий, о́траслей, что приво́дит к исчезнове́нию большо́го числа́ рабо́чих мест для тех, кто там рабо́тал ра́ньше. Вме́сте с тем, структу́рная перестро́йка эконо́мики ведёт к появле́нию но́вых рабо́чих мест.

Structural unemployment is a result of scientific and technical progress which reduces demand for some professions and increases it for others. It emerges when a society is discarding obsolete enterprises and branches of industry which leads to the disappearance of a large number of jobs for those who had previously been working there. At the same time structural unemploynemt leads to the appearance of new jobs.

Give examples of this kind of unemployment in your country. When did it last experience structural unemployment? Bearing in mind likely scientific and technical progress in the future what changes do you foresee in the labour market? Which professions will be in most demand and which are likely to disappear?

UNIT 8
Трудовы́е отноше́ния

Текст 8.1
Росси́йская моде́ль ры́нка труда́

бескоры́стный	disinterested, unmercenary
догова́риваться/договори́ться	to reach an agreement
до́ступ	access
жёсткая пози́ция	firm position
защищённость	security
избавля́ться/изба́виться от	to get rid of
неотъе́млемая часть	integral part
отождествля́ть/отождестви́ть	to equate
по́дданный	subject
подчинённость	subordination
полага́ться на себя́	to rely on oneself
привя́занность	devotion
сде́рживать/ сдержа́ть увольне́ния	to delay redundancies
сохраня́ть/сохрани́ть коллекти́в	to preserve the collective
рассчи́тывать на	to count on
распределя́ть/распредели́ть бла́га	to distribute the benefits

Для росси́йской моде́ли труда́ характе́рна высо́кая сте́пень коллективи́зма по сравне́нию с за́падной моде́лью. Предприя́тие отождествля́ется с трудовы́м коллекти́вом, к кото́рому принадлежи́т ка́ждый рабо́чий, и кото́рое явля́ется неотъе́млемой ча́стью жи́зни рабо́чего. Че́рез предприя́тие рабо́чий получа́ет до́ступ ко всем социа́льным бла́гам: беспла́тный о́тдых, беспла́тное медици́нское обслу́живание, возмо́жность приобрести́ дефици́тные проду́кты и това́ры, он мо́жет беспла́тно получи́ть жильё, садо́вый уча́сток. Жизнь рабо́чего те́сно свя́зана с коллекти́вом и не то́лько во вре́мя рабо́ты; с коллекти́вом он прово́дит и своё свобо́дное вре́мя, свой о́тпуск. Така́я систе́ма спосо́бствовала привя́занности рабо́чего к коллекти́ву.

Предприя́тием руководи́л дире́ктор, кото́рый был своего́ ро́да прези-де́нтом «ми́ни-госуда́рства», отцо́м свои́х «по́дданных» – дли́тельное вре́мя он отвеча́л за у́ровень их образова́ния, рацио́н пита́ния, жи́зненные усло́вия, обще́ственное поведе́ние. Така́я «патернали́стская систе́ма» создава́ла чу́вство защищённости у рабо́чих, но тре́бовала от них подчинённости трудово́му коллекти́ву и во́ле дире́ктора предприя́тия. Подо́бная моде́ль труда́ до сих пор сохраня́ется в Росси́и, хотя она изменяется в условиях рынка. И то, что происходит сейчас на российском предприятии, во многом объясняется этой системой.

Например, директор предприятия, по-прежнему, испытывает лояльность по отношению к своему трудовому коллективу и ожидать от него жёсткой политики в области занятости по западному рыночному образцу нереально. Директор обычно не собирается избавляться от избыточных занятых, а наоборот, всеми силами старается сохранить их. Сохранение коллектива – одна из причин его отказа сокращать избыточных занятых.

К тому же большинство директоров (их часто называют «красными директорами») всё ещё ассоциируют престиж своего предприятия со своим трудовым коллективом, надеются на лучшие времена. Вот почему они готовы отправлять рабочих в неоплачиваемые отпуска, переводить их на сокращённый режим работы. Часто можно слышать, что они делают это, потому что они чувствуют ответственность перед трудовым коллективом.

Однако их действия нередко объясняются менее бескорыстными причинами. В стремлении избежать безработицы в своём регионе, они нередко договариваются с местной администрацией сдерживать увольнения работников в обмен на получение разных льгот в виде кредитов и субсидий. Сохранится ли подобная модель в рыночных условиях? Это покажет время, но многие считают, что да.

С другой стороны, в России уже существует противоположный тип предприятий и, соответственно, директоров, которые занимают жёсткую рыночную позицию и готовы следовать законам рынка. Они увольняют рабочих в массовом масштабе, демонтируют социальную инфраструктуру, перестраивают систему управления. Они не рассчитывают на получение государственных субсидий, полагаясь только на себя. Они уверены, что если платить рабочим достаточно высокую зарплату, они сами смогут удовлетворить свои нужды, предприятие не обязано предоставлять все социальные блага. Даже если предприятие строит дома для рабочих, оно не распределяет их бесплатно по типично советской традиции, а предпочитает продать их за довольно высокую плату.   (Adapted from *Вопросы экономики*)

Answer these questions in both English and Russian:
What are the specific features of the Russian model of the labour market?
Каковы специфичные черты российской модели рынка труда?
What are the explanations for these?

Как вы мо́жете объясни́ть их?

What were the responsibilities of a Soviet enterprise manager?

Каковы́ бы́ли обя́занности дире́ктора сове́тского предприя́тия?

What are the advantages anfd disadvantages of paternalism in your opinion?

Каковы́ преиму́щества и недоста́тки патернали́зма, по ва́шему мне́нию?

Would it work in your country?

Бу́дет ли рабо́тать э́та систе́ма в ва́шей стране́?

Why is it so difficult to dismantle the paternalistic system in Russian industry?

Почему́ так тру́дно демонти́ровать патернали́стскую систе́му в росси́йской промы́шленности?

How do you explain the reluctance of Russian managers to get rid of their surplus workers?

Как вы объясня́ете нежела́ние росси́йских ме́неджеров избавля́ться от избы́точной рабо́чей си́лы?

What changes are taking place in the Russian labour market?

Каки́е измене́ния происхо́дят на росси́йском ры́нке труда́?

KEY TERMS

Патернали́зм – моде́ль произво́дственных отноше́ний ме́жду работода́телем и рабо́тниками, постро́енная по при́нципу большо́й семьи (патриарха́льной ру́сской общи́ны) и характеризу́ющаяся стро́гой вну́тренней иера́рхией и призна́нием главе́нства коллекти́ва.

Paternalism is a form of working relationship between employer and workers modelled on the principle of a large family (a patriarchal Russian commune) and characterised by a strict internal hierarchy and acceptance of the primacy of the collective.

Трудово́й коллекти́в – произво́дственный коллекти́в, включа́ющий всех рабо́тников предприя́тия, как и вспомога́тельный персона́л.

A labour collective means all the staff of a production unit including auxiliaries.

Task 5

Replace the words and phrases in English by their equivalents in Russian:

Че́рез предприя́тие рабо́чий получа́л до́ступ *to all social benefits,* включа́я *housing.* По сове́тской тради́ции дире́ктор предприя́тия *was answerable for the well-being* свои́х рабо́чих. Мно́гие директора́ в Росси́и, по-прéжнему, старáются *to preserve their labour collective*, надéясь на *improvements in the Russian economy*. Ужé есть в Росси́и директорá, котóрые занимáют *a tough market position* и готóвы *to follow the laws of the market*. *Dismissals of workers* распространены́ на таки́х предприя́тиях. Есть мнéние, что рабóчие мóгут сáми *satisfy their needs*, éсли они́ получáют *high wages*. *To dismantle the paternalistic system* на предприя́тиях óчень трýдно. Большинствó рабóчих *are for its preservation*.

Task 6
What qualities are needed for the manager of an enterprise in your opinion? Which of these qualities seem most important to you? Which of them can be taught?
1. Реши́тельность и эффекти́вность (умéние бы́стро принимáть решéние и доводи́ть дéло до концá)
Decisiveness and effectiveness (the ability to make quick decisions and see the job through).
2. Общи́тельность, коммуникáбельность (умéние рабóтать в комáнде)
Social and communication skills (ability to work in a team).
3. Авторитéт, увéренность в себé (умéние руководи́ть, убеждáть и вдохновля́ть свои́х подчинённых)
Authority and self-confidence (the ability to lead, convince and inspire one's subordinates).
4. Инициати́вность и твóрческий подхóд к дéлу (умéние испóльзовать нóвые идéи, не боя́ться идти́ на риск)
Initiative and a creative approach to the job (the ability to employ new ideas and not be afraid to take risks).
5. Целеустремлённость (умéние я́сно представля́ть цель и стреми́ться к ней)
Determination (the ability to see the goal clearly and to drive towards it).
6. Компетéнтность и профессионали́зм (как в отношéнии к себé, так и к свои́м подчинённым)
Competence and professionalism (both in relation to oneself and to one's subordinates).
7. Стрессоусто́йчивость (умéние рабóтать в стрéссовой ситуáции)
Stress resistance (the ability to work in a stressful environment).
8. Прия́тная внéшность, хари́зма
A pleasant appearance and charisma.
9. Крéпкое здорóвье
Good health
Which of these qualities do you possess?

UNIT 9
В поисках работы

Текст 9.1
Советы тем, кто начинает искать работу

агентство по трудоустройству	employment agency
блат	personal connections
выделять/выделить	to single out
запрос	enquiry; requirement
кадры	personnel
наём	hire
нарваться на мошенника	to be caught out by a crook
обращаться/обратиться в	to turn into, be transformed
пользователь Интернета	Internet user
работодатель	employer
секретарь-референт	office manager
составлять/составить резюме	to compile a c.v.
трактовать опыт	to interpret experience
устраиваться/устроиться на работу	to get a job

1. Прежде всего, составьте резюме, лучше в разных вариантах, чтобы работодатель увидел то, что ему требуется. Один и тот же профессиональный опыт можно трактовать по-разному. Для одних организаций можно делать акцент на одном профессиональном опыте, для других – на другом. Например, если вы работали секретарём-референтом и хорошо знаете английский язык, то в резюме может быть выделена или работа секретаря, или работа переводчика.

2. Самым верным способом устроиться на работу в России, по-прежнему, остаётся устройство «по блату», когда вас порекомендуют родственники или знакомые. Э тому способу отдаёт предпочтение не менее 50% российских работодателей. «Своему человеку», работнику с рекомендацией доверяют больше, так что, если вы ищете работу, сообщите об этом самому широкому кругу лиц.

3. По статистике 80% всех фирм и предприятий подбирают себе кадры в агенствах по трудоустройству. Если вы решили искать работу с их помощью, обращайтесь, прежде всего, в крупные. Они могут предложить около 500–800 вакансий в месяц, тогда как мелкие – около 10. К тому же в мелких больше риска нарваться на мошенников, которые зарабатывают деньги на безработных.

4.   Если поиск работы с помощью агенств вам не подходит, начинайте поиск самостоятельно. Купите как можно больше газет с объявлениями о найме. В среднем, 30% компаний дают о себе информацию в прессе. В большинстве газет и журналов есть разделы «Частные объявления». Одним из недостатков объявлений в газете является то, что из-за недостатка места вы не имеете возможности представить свой профессиональный потенциал. Работодателю трудно остановить свой выбор на том или ином претенденте. Все предложения похожи друг на друга.

5.   Вы избавитесь от этих недостатков, если опубликуете ваше резюме в интернете. Комитет труда и занятости Правительства Москвы открыл своё официальное интернет-представительство www.labor.ru, и теперь многие пользуются услугами этого сервера. В отличии от газетных публикаций все предложения в интернете – актуальные. На публикацию в интернете уходят секунды, а чтобы опубликовать объявление в газете, требуются дни и недели.

К тому же, как показал опыт, на предложение, опубликованное в интернете, в месяц приходит от 3 до 6 запросов. В печатных изданиях меньше. Конечно, всё зависит от спроса на вашу специальность. Были случаи, когда специалист устраивался на работу на другой день после опубликования резюме в интернете. Но обычно на поиски работы уходит от одного до двух-трёх месяцев.

(Adapted from *Аргументы и факты* and *Приглашаем на работу*)

Answer these questions in English and Russian:

What is the first step you have to take before looking for a job?

Каков первый шаг перед поиском работы?

What is the best way to compile a c.v.?

Как лучше составить резюме

What is the most reliable way of finding a job?

Каков самый верный способ устроиться на работу?

Which are the best employment agencies to turn to in looking for a job?

В какие агентства по трудоустройству лучше обращаться в поисках работы?

What are the possible disadvantages of placing your announcement in the press?

Каковы возможные недостатки объявлений в прессе?

What are the advantages of using the Internet?

Каковы преимущества пользования интернетом?

Task 7

Replace the words and phrases in English by their equivalents in Russian:
    The search for work в наше время становится всё сложнее. Дело даже не в недостатке рабочих мест. *The demand for* квалифицированных специалистов всегда большой. Но как найти подходящую работу, как сообщить *to an employer* информацию о себе, как дать ему знать, что вы его идеальный *employee*, как правильно *to compile a c.v.?* Это сделать нелегко, особенно в условиях конкуренции, когда ваши *competitors* тоже *are looking for work*. Здесь есть разные каналы. Одни предпочитают *to use* печатные издания и *to place adverts* в газетах, другие рекомендуют *to turn to* специальные агентства, третьи *use the Internet*. Число *of Internet users* растёт, и надо сказать, что это очень удобный и быстрый метод *of searching for work*. Были случаи, когда человек *found a job* на другой день после опубликования объявления в интернете.

Task 8

Complete each sentence using an appropriate noun from the verbs in brackets:

(устраиваться)	Специальные агентства занимаются . . . . . на работу.
(составлять)	Они также могут помочь вам в . . . . . бизнес-плана.
(обращаться)	Его . . . . . в агентство оказалось успешным: он нашёл работу.
(предлагать)	Много . . . . . о работе представлено в интернете.
(рекомендовать)	Многие работодатели предпочитают брать работников с . . . . . .
(нанимать)	Во всех газетах можно найти объявления о . . . . . .
(пользоваться)	. . . . . интернетом имеет многие преимущества.
(приглашать)	Во многих журналах теперь есть раздел «. . . . . на работу».
(трудоустраивать)	Лучше обращаться в крупные агентства по . . . . . , они более надёжны.
(искать)	Не всегда . . . . . работы заканчиваются успешно.
(опубликовать)	Мой друг нашёл работу через два дня после . . . . . своего резюме в интернете.
(подбирать)	Агентство «Фрегат» – это агенство по . . . . . персонала.

Task 9

Help these people to find a job: look at the job adverts and at the c.v.*s from six applicants. Match each* c.v. *with the corresponding advert:*

Вака́нсии аге́нтства «Фрега́т»

1. Гла́вный бухга́лтер, до 40 лет, в/о, валю́тные опера́ции, э́кспортно-импортные опера́ции, бухга́лтерский учёт, о́пыт рабо́ты гла́вным бухга́лтером от 3 лет, ПК, (пропи́ска в Москве́), т/ф (095) 207–15–72.

2. Зам. комме́рческого дире́ктора с фу́нкциями веду́щего ме́неджера (сырьё для пищево́й промы́шленности), мужчи́на от 26 лет. Пропи́ска – Москва́ и́ли Моско́вская о́бласть, вы́сшее образова́ние (жела́тельно техни́ческое), о́пытный по́льзователь ПК (Word, Excel, жела́т. Access). О́пыт прода́ж, руково́дство людьми́, веде́ние догово́ров, неформа́льный подхо́д к рабо́те, уме́ние рабо́тать в кома́нде. Гра́фик рабо́ты с 9.00 до 17.00. З/пл. $500–700.

3. Ба́нковский специали́ст, до 40 лет, муж/жен. Вы́сшее образова́ние, фина́нсовые/экономи́ческие/внутриба́нковские опера́ции, о́пыт рабо́ты в ба́нке от 2 лет, пропи́ска в Москве́, т/ф (095) 207–15–72.

4. Юри́ст, муж/жен. 25–40 лет, вы́сшее образова́ние юриди́ческое, ПК, хозя́йственное пра́во, ба́нковское пра́во и кредитова́ние, англи́йский и́ли неме́цкий разгово́рный, З/пл. от 2000 у.е., т/ф (095) 207–15–72.

5. Руководи́тель рекла́много отде́ла, жела́тельно мужчи́на, вы́сшее образова́ние, о́пыт в ка́честве руководи́теля рекла́много отде́ла от 3 лет, ПК по́льзователь, англ. яз. – хорошо́. Обя́занности – управле́ние всем рекла́мным отде́лом, контро́ль рабо́ты ме́неджеров, прода́жа рекла́мных площаде́й, по́иск клие́нтов, заключе́ние догово́ров, жела́тельно со свое́й клие́нтской ба́зой. Хоро́шие коммуникацио́нные на́выки, уме́ние разгова́ривать по телефо́ну. Гра́фик рабо́ты 10.00–18.00. Пропи́ска в М. и́ли М.О. З/пл от $600+15% от до́говора (+б/п), т.ф. 915–80–96.

6. Секрета́рь-помо́щник руководи́теля в рекла́мный отде́л торго́вой компа́нии. Делопроизво́дство, маши́нопись, приём посети́телей, прису́т-ствие на перегово́рах, жен., 20–27 лет, в/о (жела́тельно), ПК – о́фисные програ́ммы, высо́кая культу́ра обще́ния, прия́тные вне́шние да́нные, пропи́ска моско́вская, з/пл от $200 (по договорённости). т.ф. 207–95–74.

Glossary:
б/п – беспла́тное пита́ние; в/о – вы́сшее образова́ние; зак-во – законода́тельство; з/пл – за́работная пла́та; М – Москва́; М.О. – Моско́вская о́бласть; ПК – персона́льный компью́тер; т/ф – телефо́н; у.е. – усло́вная едини́ца (= $).

МИ́НИ-РЕЗЮМЕ́
Note:

добросо́вестный	conscientious
с делово́й хва́ткой	with a grasp for business
исполни́тельный	efficient
легкообуча́емый	adaptable

1. Гла́вный бухга́лтер
Же́нщина, 1956 го́да рожде́ния. Образова́ние вы́сшее, институ́т сове́тской торго́вли. Ку́рсы бухга́лтерского учёта в кооперати́вах, дипло́м по междунаро́дному бухга́лтерскому учёту (GAAP) при МГУ. О́пыт рабо́ты гла́вным бухга́лтером – 10 лет, все ви́ды бухучёта. Бухга́лтерские програ́ммы + Windows 95, Word, Excel, свой ПК, води́тельские права́. Отве́тственна, аккура́тна, добросо́вестна. т/ф 415–15–90 Наде́жда Петро́вна.

2. Комме́рческий дире́ктор
Мужчи́на, 30 лет, в/о по специа́льности марке́тинг и комме́рция. Стаж рабо́ты на руководя́щих должностя́х в о́бласти о́птовой и ро́зничной торго́вли проду́ктами пита́ния, това́рами медици́нского назначе́ния, радиоте́хники, ме́бели, в том числе́ созда́ние «с нуля́» – 7 лет, свя́зи в Западносиби́рском регио́не, в Москве́, возмо́жны командиро́вки. Энерги́чный, коммуника́бельный, с делово́й хва́ткой. Кре́пкое здоро́вье. З/пл от $1500. т/ф 198–40–82 Константи́н Вади́мович.

3. Специали́ст по рекла́ме, диза́йнер
Мужчи́на, 1967 го́да рожде́ния. Образова́ние вы́сшее, Моско́вский авиацио́нный институ́т (МАИ), аспиранту́ра, ку́рсы «PR и рекла́ма» Америка́нского институ́та ме́неджмента. Предыду́щая рабо́та – изда́тельско-рекла́мное аге́нтство «Артос», диза́йнер, зате́м нача́льник отде́ла рекла́мы; рекла́мное аге́нтство «Моза́ика», диза́йнер; журна́л «Приглаша́ем на рабо́ту», гл. худо́жник. Профессиона́льные на́выки – плани́рование рекла́мных кампа́ний, написа́ние рекла́мных те́кстов, стате́й, пресс-рели́зов, рабо́та на вы́ставках (организа́ция, оформле́ние

стéнда, рабóта на стéнде). Компьютер PC/Mac; CorelDraw 5–7; Adobe PhotoShop 4; QuarkXpress 3.32–4; PageMaker 5–6,5; Corel Xara 1,2; WinWord, Excel, Access и т.д. Могý рабóтать ненормúрованный рабóчий день, éздить в командирóвки. Актúвен, коммуникáбелен, дисциплинúрован, т.ф. 400–15–87, Белóв Úгорь.

4. Бáнковский специалúст (специалúст кредúтного отдéла)
Жéнщина, 30 лет, в/о (МГУ). Óпыт рабóты 5 лет в бáнковской сфéре, в кредúтном отдéле, составлéние межбáнковских соглашéний, валютно-рублёвые операции, бáнковская бухгалтéрия. Англúйский и францýзский языкú. ПК (Windows, Excel, Word, специáльные бáнковские прогрáммы). Делопроизвóдство, машúнопись. Актúвная, трудолюбúвая, исполнúтельная. Респектáбельная внéшность. Есть óпыт рабóты в коммéрческой структýре.

5. Юрúст
Жéнщина, 26 лет, прописка в Москвé, в/о юридúческое. Óпыт рабóты юрúстом-консультáнтом 3 гóда. Обязанности – составлéние договóров, заключéние трудовых и другúх контрáктов, налóговые провéрки. Óпыт рабóты слéдователем 4 гóда. ПК – пóльзователь (Word, Excel), загранпáспорт. Возмóжны командирóвки.

6. Секретáрь-референт/óфис-мéнеджер
Москвúчка, 29 лет, в/о (Педагогúческий институт), англúйский язык – хорóший разговóрный + деловóй, ПК (Word, Excel), делопроизвóдство, машúнопись рус. 250 удáров/мин., лат. 200 уд/мин. Стаж рабóты в инофúрмах 3 гóда. Приём постетúтелей, организáторские спосóбности. Легкообучáема, неконфлúктна. Приятная внéшность. Светлáна. т/ф 184–55–05.

Read through the advertisements again and make a list of all the words and expressions used to describe the job requirements (трéбования).
Did you notice any signs of age, gender or residence discrimination (дискримингáция по вóзрасту, по пóлу, по мéсту жúтельства)? Give examples.
Which of the people described is suitable for a job in your opinion, and who do you think will experience difficulty in getting a job?

Task 10

Complete your own c.v. form in Russian:

АНКЕ́ТА-РЕЗЮМЕ́

Ф.И.О._____

ЖЕЛАЕМАЯ ДОЛЖНОСТЬ_____

Предполага́емая зарабо́тная пла́та (в $): _____

Конта́ктный телефо́н и вре́мя свя́зи:_____

Да́та и ме́сто рожде́ния: Пол: мужско́й/же́нский

Гражда́нство: Пропи́ска:Москва́ Подмоско́вье Друга́я

Семе́йное положе́ние:_____

Образова́ние: _____

_____

Го́ды учёбы, назва́ние уче́бного заведе́ния,специа́льность,квалифика́ция

_____

_____

Зна́ние иностра́нного языка́:

англи́йский   неме́цкий францу́зский   друго́й _____

Сте́пень владе́ния англи́йским языко́м:

свобо́дный   разгово́рный   пи́сьменный   техни́ческий

Зна́ние компью́тера на у́ровне:

по́льзователя   программи́ста   администра́тора

Зна́ние програ́мм_____

Нали́чие води́тельских прав: име́ю   не име́ю

Нали́чие ли́чного автомоби́ля: име́ю   не име́ю

Трудова́я де́ятельность (два после́дних ме́ста рабо́ты):

Дополни́тельные све́дения: _____

Да́та поступле́-ния и увольне́ния	Назва́ние организа́ции	До́лжность	Причи́на увольне́ния

Да́та заполне́ния: По́дпись:

UNIT 10
Женщина и рынок труда

Текст 10.1
Проблемы женской занятости

бытовые услуги	services for consumers
возлагать/возложить надежду	to pin one's hopes on
вторжение	intrusion
единогласно	unanimously
истинный	true, genuine, actual
отражать/отразить	to reflect
охрана труда	job protection
хвастаться/похвастаться	to boast

Дискриминация женщин в сфере труда стала обычным явлением в России. Из 9 миллионов безработных, насчитывающихся в России, (статистика 1999 года) две трети составляют женщины. Их, по-прежнему, увольняют первыми, а на работу принимают последними. Многие работодатели вообще смотрят на женщину, как на «товар» малопривлекательный на рынке труда. Необходимость особой охраны труда, действие разных социальных льгот снижает их конкурентоспособность. К тому же рабочие места в таких областях, как финансы, экономика (по традиции они всегда считались менее престижными и были заняты женщинами) теперь всё больше и больше начинают занимать мужчины. С переходом к рыночной экономике профессии бухгалтера, банковского работника стали престижными и высокооплачиваемыми.

А ведь более трети безработных женщин, зарегистрированных в органах Государственной службы занятости населения, имеют высшее или среднее образование. Среди безработных мужчин таким образовательным уровнем может похвастаться лишь пятая часть. Статистика, конечно, не отражает реального положения дел. Истинные цифры хуже. Многие не регистрируются в службе занятости, поскольку не надеются на помощь.

Большая надежда для решения проблемы женской занятости возлагается сейчас на развитие малого предпринимательства. По данным Госкомстата РФ, уже сейчас среди совладельцев товариществ с ограниченной ответственностью 35% женщин. В предпринимательство обычно идут женщины с высшим образованием (0,9 – со средним,

34,9% – со специа́льным и 64,2% – с вы́сшим), то есть, как раз гру́ппа потенциа́льно безрабо́тных же́нщин.

Профессиона́льный про́филь же́нского предпринима́тельства в основно́м традицио́нен – лёгкая промы́шленность, обще́ственное пита́ние, торго́вля, уче́бная де́ятельность, здравоохране́ние, бытовы́е услу́ги и пр.

Одна́ко же́нщины, кото́рые уже́ име́ют со́бственное де́ло, единогла́сно утвержда́ют, что вы́жить в ми́ре преиму́щественно «мужско́го би́знеса» стано́вится всё трудне́е. В сфе́ре кру́пного би́знеса, наприме́р, е́сли же́нщина дости́гла пози́ции топ-ме́неджера, её прису́тствие ча́сто воспринима́ется мужчи́нами как вторже́ние на «мужску́ю террито́рию». И далеко́ не ка́ждой предпринима́тельнице удаётся вы́держать конкуре́нцию по по́лу. Мо́жет быть, поэ́тому же́нское предпринима́тельство но́сит пока́ элита́рный, а не ма́ссовый хара́ктер. И большинство́ же́нщин предпочита́ют, по-пре́жнему, труди́ться в госуда́рственном се́кторе за гаранти́рованную за́работную пла́ту, преоблада́я на ни́зших у́ровнях иера́рхии.

(Adapted from *Вопро́сы эконо́мики*)

Answer these questions in English and Russian:

Why do Russian employers prefer employing men to women?

Почему́ росси́йские работода́тели предпочита́ют нанима́ть мужчи́н?

What advantages do women possess?

Каки́е преиму́щества у же́нщин?

Can the development of small enterprise help solve the problem of the employment of women in your opinion?

Как вы ду́маете, разви́тие ма́лого предпринима́тельства мо́жет помо́чь реши́ть пробле́му же́нской за́нятости?

In which fields of entrepreneurship do women predominate?

В каки́х областя́х предпринима́тельства преоблада́ют же́нщины?

What problems do women entrepreneurs face?

С каки́ми пробле́мами ста́лкиваются предпринима́тельницы?

How difficult is it for a woman to reach a high-level management position?

Как тру́дно для же́нщины дости́чь пози́ции топ-ме́неджера?

Task 11

Replace the words and phrases in English by their equivalents in Russian:
Мно́гие *employers* предпочита́ют *to employ men. With the transition to the market economy* профе́ссия бухга́лтера ста́ла прести́жной. *The educational level* среди́ же́нщин обы́чно вы́ше, чем среди́ мужчи́н. Одна́ко же́нщины *predominate* на ни́зших у́ровнях иера́рхии. *To reach the position of top manager* гора́здо сложне́е для же́нщины, чем для мужчи́ны. *Traditional forms of employment* среди́ же́нщин – торго́вля, *service sector and public catering. Sex discrimination* – распространённое явле́ние на росси́йском ры́нке труда́. *The development of small enterprises* должно́ помо́чь трудоустро́йству мно́гих же́нщин.

Task 12

The organisers of a survey conducted among women entrepreneurs came to the following conclusions:
1. У же́нщин бо́льше оптими́зма, чем у мужчи́н (75% опро́шенных предпринима́тельниц счита́ют, что они́ дости́гли поста́вленных це́лей. Э́то втро́е превыша́ет соотве́тствующий показа́тель у мужчи́н.)
Women are more optimistic than men (75% of women entrepreneurs polled believe that they have achieved the goals set. This is three times the corresponding figure for men.)
2. Же́нщины стара́тельнее мужчи́н. Они́ проявля́ют бо́льшую отве́тственность и чётко представля́ют це́ли свои́х фирм
Women are more assiduous than men. They are more responsible and perceive their firms' goals clearly.
3. Же́нщины ме́нее скло́нны к па́нике, осо́бенно на нача́льной ста́дии созда́ния предприя́тия, они́ охо́тно испо́льзуют сове́ты о́пытных колле́г.
Women are less prone to panic, especially in the initial stages of setting up a business, and they are willing to take experienced colleagues' advice.
4. Же́нщины ле́гче впи́сываются в но́вую среду́, что весьма́ ва́жно для предпринима́теля.
Women adapt easily to a new environment which is extremely important for an entrepreneur.
5. Же́нщины гора́здо смеле́е, чем мужчи́ны, иду́т на диверсифика́цию произво́дства, понима́я, что сего́дня на одно́м ви́де де́ятельности вы́жить невозмо́жно.
Women are much bolder than men and go for diversification of production, realising that it is impossible to survive nowadays on one type of activity.

(Adapted from *Вопро́сы эконо́мики*)

What is your opinion?

According to a survey among male managers the ideal woman manager should possess the following qualities in the following order:

1. Женственность, физическая привлекательность, обаяние.
2. Компетентность, профессионализм.
3. Умение найти общий язык с людьми.

In what order would you place them?

Task 13

Examine this advert from the «Фрегат» agency; whom is it aimed at?

- Вы нуждаетесь в новом персонале?
- Мы знаем где и как найти лучших!

■ Компания «Фрегат»
- это агенство по подбору персоналу и кадровому консалтингу, созданное при участии газеты «Московский Комсомолец» и французского агентства «ORC»

■ В нашем Распоряжении:
- постоянно пополняющийся банк данных специалистов; опыт экспертов и психологов в подборе кадров.

■ Наша область деятельности:
- подбор персонала среднего и руководящего звена;
- проведение рекламных кампаний по набору персонала низшего звена;
- диагностика и решение кадровых проблем;
- все виды тестирования персонала

**Москва,
Лялин переулок, дом 20.
Телефон/Факс:
(095) 917-48-29**

Task 14

Women in Russia have different salary expectations to men; consider these average demands from highly qualified applicants in 1996 (information from the «Фрегат» agency):

Сре́дний у́ровень зарпла́ты, на кото́рый претенду́ют квалифици́рованные специали́сты в Москве́ (в до́лларах)

Наименова́ние вака́нсии	Тре́бования, предъявля́емые к специали́сту	Запро́сы мужчи́н	Запро́сы же́нщин
Ауди́тор	*до 40 лет, в/о фин.-эко́н., о́пыт ауди́торских прове́рок от 3 лет в о́бласти торго́вли и произво́дства*	1200	900
Гла́вный бухга́лтер	*до 40 лет, в/о фин.-эко́н. Все ви́ды бухучёта, валю́тные опера́ции, налогообложе́ние, бухучёт на ПК, о́пыт рабо́ты от 10 лет*	1100	900
Ме́неджер по рекла́ме	*до 35 лет, в/о, о́пыт рабо́ты в рекла́ме от 3 лет, марке́тинг в рекла́ме, свя́зи со СМИ, рабо́та на презента́циях, ПК*	730	650
Ме́неджер по марке́тингу	*до 40 лет, в/о эко́н, о́пыт проведе́ния марке́тинговых иссле́дований 3 го́да, созда́ние ди́лерской се́ти по Москве́ и регио́нам, ПК, ин. язы́к разгово́рный*	740	560
Топ-ме́неджер	*до 40 лет, в/о, о́пыт руководя́щей рабо́ты от 5 лет, созда́ние филиа́лов, представи́тельств, марке́тинг, продвиже́ние това́ра на ры́нке, ПК, ин. язы́к разгово́рный*	750	900
Перево́дчик	*до 35 лет, в/о., пи́сьменный и у́стный перево́д, рабо́та в о́фисе и на презента́циях, 1-й язы́к свобо́дный, 2-й разгово́рный*	600	600
Юри́ст	*до 45 лет, в/о юрид., о́пыт рабо́ты от 8 лет, арбитра́ж (проце́ссы), хоз. и гражд. пра́во, ПК*	1200	700

The following explanations are offered by the agency «Фрегáт» when women actually demand higher or equal salaries:

1. **Рабóта перевóдчика.** Это мóжно объяснйть тем, что в дáнной óбласти цéнятся конкрéтные профессионáльные нáвыки, а ймeннo, мóжет ли человéк переводйть йли нет. Бóлее того, работодáтель чáще всего не в состоянии окончáтельно решйть, когó бы он хотéл вйдеть у себя на фйрме в кáчестве перевóдчика – мужчйну йли жéнщину.

Translating and interpreting. This can be explained by the fact that clearly defined professional skills are valued in this field, i.e., is the person able to translate or not. Moreover, the employer very often cannot decide whom he would like to see in his firm as a translator/interpreter – a man not woman.

2. **Óбласть топ-мéнеджмента** (генерáльный мéнеджер, стáрший мéнеджер и пр.) Здесь жéнщины в срéднем трéбуют бóлее высóкую зáработную плáту. Такýю ситуáцию мóжно объяснйть слéдующим: в óбласть руководящего мéнеджмента мужчйны и жéнщины прихóдят рáзными путями. Мужчйна быстрéе идёт на повышéние от однóй высóкой дóлжности к другóй, в то врéмя как жéнщина добивáется своéй цéли дóльше, чáсто от секретáрского ýровня до референтского, от референтского до заместйтеля и, наконéц, дохóдит до руководящего ýровня. И вот, добйвшись своегó, онá начинáет трéбовать за свой трудь́ (как настоящие, так и прóшлые).

The field of top management (general manager, senior manager, etc.) Here women demand higher salaries on average. This situation can be explained by the following: men and women reach the field of senior management by different routes. Men are promoted more quickly, while it takes longer for a woman to reach her goal, often from secretarial level to office manager, from office manager to assistant manager and finally reaching the senior management level. At this point, having achieved her goal, she begins to demand what she is owed for her labours, both present and past.

(Adapted from «Блокнóт деловóго человéка» in *Деловы́е лю́ди*)

Can you detect similar tendencies in the labour market in this country? Can women's expectations of lower salaries be explained only by the fact that discrimination against women still exists in Russia?

Task 15

Lyudmila Kazieva, president of OAO Kazieva & Hermes Holding is a rare, if not unique phenomenon on the Russian business scene. Her main fields of operation are thought strictly masculine preserves in most of the world: oil trading, defence conversion and the aerospace industry. Nevertheless she has been successful in these fields thanks to her original organisational approach, which she discusses in her interview. Interpret or translate this interview with a journalist:

Note:

авиакосми́ческий сало́н	aerospace show
благотвори́тельность	charity
вне́шность	(physical) appearance
логи́ческий трафаре́т	logical cliché, conventional logic
многохо́довые комбина́ции	combinations of several moves
надёжный	reliable
находи́ться в плену́	to be a prisoner
оборо́нное предприя́тие	defence enterprise
сокраще́ние	down-sizing, redundancy
в соотве́тствии	in accordance
сосредото́читься на	to concentrate, focus on
чередова́ться	to alternate

Journalist: As a woman, how did you manage to achieve such outstanding success in so short a time? Why did you decide to go into the defence and aerospace industries? Why were you, a woman, drawn into the arms trade? Could it be that your (striking) appearance gives you an advantage in business?

L.Kazieva: Я не ду́маю, что моя́ вне́шность даёт мне преиму́щества пе́ред конкуре́нтами-мужчи́нами. Всё зави́сит от пра́вильности при́нятого реше́ния. И в э́том мне повезло́. Наибо́лее ва́жные реше́ния, при́нятые мной, ока́зывались уда́чными. И они́ не всегда́ совпада́ли с тем, что де́лали мои́ колле́ги-мужчи́ны. А что каса́ется моего́ интере́са к ору́жию, э́то не совсе́м так. Я не торгу́ю та́нками и раке́тами. Я специализи́руюсь на ми́рных спу́тниках, самолётах, аэронавигаци́онных прибо́рах. . . А вообще́ оборо́нные заво́ды всегда́ бы́ли са́мыми лу́чшими, здесь са́мое лу́чшее обору́дование, са́мые квалифи́-ци́рованные специали́сты.

J: Nevertheless one has to know something about these things.

L.K: Тут как раз всё в поря́дке. Я ведь по образова́нию «техна́рь», око́нчила Ба́уманский институ́т*. Впро́чем, мои́х зна́ний, коне́чно,

---

* prestigious Moscow technical university

недостаточно для того, чтобы оценивать финансовую перспективность многих инновационных проектов. Но у меня достаточно денег, чтобы содержать штат квалифицированных экспертов.

J: Still, ultimately the choice between one project and another rests with you. What sort of projects do you prefer?

L.K: Крупномасштабные. Уж если играть, то по-крупному. К примеру, сейчас мы работаем над совместным с Министерством обороны Украины проектом, в соответствии с которым мы покупаем у них 70 грузовых самолётов.

J: Wouldn't it be better to buy Boeings? They are more reliable than Russian planes. . .

L.K: Я с вами не согласна. Российская техника вполне надёжна и ещё может служить стране многие годы. Конечно, проблем в авиа-строении достаточно. Но они разрешимы. Причём разрешимы при помощи иностранных же производителей. Надо только из конкурентов превратить их в партнёров. Моя компания, например, в союзе с западными фирмами, которые специализируются на выпуске авиационного и аэрокосмического оборудования, создаёт совместные предприятия в Красноярске и Омске, в Дагестане и в Украине. Мы уже дали работу, по крайней мере, пяти заводам СНГ.

J: What advantage do you hope to gain from financing satellite launch programmes that in the foreseeable future can only bring losses? And why do you act as sponsor of expensive air shows where big deals are not usually concluded and people just establish contact?

L.K: Вы сами ответили на свой вопрос – ради новых контактов, ради формирования имиджа. Большой бизнес нельзя построить по принципу, когда каждый ваш шаг должен приносить пусть крохотную, но обязательную прибыль. В игре по-крупному срабатывают многоходовые комбинации. Солидные западные корпорации подыскивают партнёров известных, проверенных. Именно поэтому мы выступили в 1993 году спонсором первого Международного авиационно-космического салона в Москве. Именно поэтому мы стали организатором и спонсором XXI Европейского вертолётного форума в Санкт-Петербурге. По той же причине мы профинансировали первый в истории СНГ коммерческий запуск двух исследовательских спутников Земли, получивших название «Пион-Гермес».

J: Of course, one has to make oneself known. But you have already built your image, your reputation anyway: your contributions to charitable causes are well-known, among them aid to large families, Afghan veterans and the construction of an orphanage, to name only a few.

L.K: Благотворительность для крупного бизнеса необходима. Один из принципов всех моих компаний – часть прибыли мы всегда направляем на благотворительность. Благотворительность – лучший вид рекламы. Но мы занимаемся не только формированием имиджа. Недавно в ОАО «Казиева и Гермес-Холдинг» произведена реорганизация, что позволило значительно улучшить управляемость компанией, повысить качество и эффективность работы. Достаточно сказать, что штат компании сокращён с 400 до 70 человек.

J.: That kind of down-sizing usually means that a company is in bad shape.

L.K: Мне кажется, что вы опять находитесь в плену логического трафарета. Чтобы жить и нормально функционировать, любой компании требуется время от времени переживать этапы сокращений, которые чередуются со столь же неизбежными этапами расширения штата. Я, например, решила отказаться от сети небольших магазинов, которые приносили доход, но мешали сосредоточиться на более важных для меня направлениях бизнеса – на торговле нефтью, на аэрокосмических делах. (Adapted from *Деловые люди*)

Answer these questions in English and Russian:

In which branches of industry do Kazieva's main interests lie?

В каких отраслях промышленности лежат интересы Казиевой?

What kind of business does she prefer?

Каким бизнесом она предпочитает заниматься?

What kind of education did she receive?

Какое она получила образование?

What is she doing to help the Russian aviation industry?

Чем она помогает авиационной промышленности в России?

What is her attitude to large-scale business?

Каково её отношение к крупному бизнесу?

Why is she financing the launch of scientific satellites?

Почему она финансирует запуск исследовательских спутников?

How is she improving the quality and efficiency of her company's work?

Какими средствами она улучшает качество и эффективность работы своей компании?

What do you think of Kazieva's achievements in business?

Как вы оце́ниваете достиже́ния Казие́вой в би́знесе?

Does she have the right qualities to be a high-level manager in your opinion?

Есть ли у неё ка́чества необходи́мые для топ-ме́неджера, по-ва́шему?

Does the fact that she is a woman create problems for her?

Создаёт ли факт, что она́ же́нщина, пробле́мы для неё?

Is it difficult for a woman to achieve success in business in this country?

Тру́дно ли же́нщине в э́той стране́ доби́ться успе́ха в би́знесе?

Explain in Russian the following phrases used by Lyudmila Kazieva:

Я по образова́нию «техна́рь».

Уж е́сли игра́ть, то «по-кру́пному».

В игре́ «по-кру́пному» сраба́тывают многохо́довые комбина́ции.

Находи́ться в плену́ логи́ческого трафаре́та.

Task 16

Translate into Russian the words and phrases which characterise Kazieva's approach to business:

Казие́ва предпочита́ет занима́ться *big business*. Её компа́ния специализи́руется на вы́пуске *of aviation and aerospace equipment*. Она́ счита́ет, что успе́х в би́знесе зави́сит *on the correctness of decisions taken*. Она́ не бои́тся име́ть де́ло *with Russian technology*. *Her joint enterprises* да́ли рабо́ту мно́гим заво́дам СНГ. Для формирова́ния и́миджа она́ гото́ва финанси́ровать *satellite launch programmes* и быть спо́нсором *of an international aerospace show*. Чтобы повы́сить эффекти́вность рабо́ты она́ гото́ва идти́ на *downsizing of staff*. Она́ хо́чет сосредото́читься *on trade in oil*. Она́ счита́ет, что мо́жно разреши́ть пробле́мы в авиастрое́нии *with the help of foreign partners*. *Charity* – лу́чший вид рекла́мы.

ACTIVITIES (Units 7 – 10)

Task 17

As in most developed countries the job market in Russia is changing all the time; familiarise yourself with the changes resulting from the financial crisis of August 1998:

По́сле кри́зиса

в разга́р кри́зиса	at the height of the crisis
де́лать/сде́лать ста́вку на	to back, attach importance to
намёк	hint
о́птовая компа́ния	wholesale company

отéчественная продýкция	domestic (Russian) product
персонáл срéднего ýровня	middle-ranking personnel
продвижéние продýкции	product promotion
рáвен нулю́	equal to zero
раскрýтка торгóвых мáрок	trademark promotion
составля́ть/состáвить	to constitute, amount to

Экономи́ческий кри́зис в áвгусте 1998 гóда рéзко измени́л ситуáцию на ры́нке трудá. Сокращéния в рáзных сéкторах ры́нка, в срéднем, состáвили от 40 до 70 процéнтов, ýровень оплáты трудá упáл пример́но вдвóе. Без рабóты остáлся кáждый трéтий специали́ст. Бóльше всех пострадáли брóкеры, трéйдеры, портфéльные мéнеджеры, специали́сты по цéнным бумáгам. По дáнным рекру́тинговых агéнтств, спрос на них упáл на 90%. Не лýчше положéние и в бáнковском сéкторе. Спрос на бáнковский персонáл срéднего ýровня практи́чески рáвен нулю́.

Однáко экономи́сты считáют, что ничегó стрáшного в самóм кри́зисе нет. Кри́зис нýжен би́знесу, но бесконéчно он продолжáться не мóжет. Пóсле кри́зиса, наприме́р, неожи́данно нáчал расти́ спрос на брендмéнеджеров – специали́стов по «раскру́тке» торгóвых мáрок. Но тóлько таки́х, котóрые спосóбны занимáться продвижéнием не и́мпортной, а росси́йской продýкции. Как тóлько появи́лись пéрвые намёки на возмóжную стабилизáцию экономи́ки, заработáла торгóвля – и óптовые компáнии нáчали восстанáвливать свой би́знес, ориенти́руясь тепéрь ужé на товáры, произведённые внутри́ страны́. Рабóтающие в Росси́и инострáнные фи́рмы дéлают стáвку на росси́йские мáрки. Так, в разгáр кри́зиса табáчная компáния «RJR» реклами́ровала сигарéты «Пётр Пéрвый», раздавáя покупáтелям бесплáтные сувени́ры. Вскóре появи́лся спрос на мéнеджеров по продáжам продýкции отéчественных предприя́тий, осóбенно в торгóвле продýктами питáния, фармацéвтикой, парфюмéрией, промы́шленным оборýдованием. Они́ сейчáс трéбуются буквáльно кáждой компáнии, зáнятой продáжами чегó-либо. Увели́чивается спрос на специали́стов по тури́зму. У работодáтелей вновь повы́сился интерéс к óфисному персонáлу.

(Adapted from *Коммерсáнтъ*)

Answer these questions in English and Russian:
   What was the immediate effect of the financial crisis on the Russian job market?
   Какóв непосрéдственный эффéкт финáнсового кри́зиса на росси́йский ры́нок трудá?

Which professions suffered most as a result of the crisis?

Какие профéссии пострадáли бóльше всегó в результá те крúзиса?

What do you see as a positive side of the crisis?

Каковы́, по-вáшему, положúтельные стóроны крúзиса?

Which professions were in demand after the crisis?

Какúе профéссии трéбуются пóсле крúзиса?

Find the right information in the text and translate into Russian the phrases in English:

Сокращéния в нéкоторых сéкторах ры́нка *amounted to between 40 and 70 percent.* Кáждый трéтий специалúст *was left without work.* Спрос на брóкеров, трéйдеров *has fallen by 90%.* Спрос на бáнковский персонáл *is equal to zero.* Иностáнные фúрмы *are backing* россúйские мáрки. Пóсле крúзиса появúлся *a demand for sales managers.* Увелúчивается *the demand for experts in tourism.* У работодáтелей повы́сился *an interest in office personnel.*

Task 18

Complete each sentence using an appropriate form of the word in brackets:

(занять)	Закóн о ..... был прúнят в 1991 годý, тогдá же был сóздан Госудáрственный комитéт по ...... Всем ..... на предприя́тии повы́сили зарплáту.
(труд)	Рáньше рабóчий ..... на однóм и том же предприя́тии всю жизнь. Егó жизнь былá тéсно свя́зана с ..... коллектúвом.
(развивáть)	Ры́нок жилья́ в Россúи, по-прéжнему, ... недостáточно. Нáдо трáтить бóльше срéдств на егó .....
(рынок)	Неизвéстно скóлько врéмени продлúтся перехóд к ..... эконóмике.
(управля́ть)	..... предприя́тием старáются сдéрживать безрабóтицу. ..... предприя́тием трéбует большóго профессио-налúзма.
(безрабóтный)	..... имéют прáво на получéние посóбия по ......
(производúть)	..... трудá на россúйском предприя́тии былá óчень нúзкой. После крúзиса бóльше внимáния стáли уделя́ть

95

	отечественному . . . . . .
(увольнять)	Экономический кризис привёл к росту . . . . . среди
	женщин.
	. . . . . женщины оказались без средств к существованию.
(сокращать)	Многие предприятия вводят . . . . рабочую неделю.
	Обычны . . . . . рабочего дня до 3 часов.
(работа)	Большинство российских предприятий испытывают
	трудности с . . . . . силой.
	Многие . . . . . проходят сейчас переподготовку.
(льгота)	Для женщин с маленькими детьми надо ввести . . . . .
	рабочие условия.

Task 19

Choose the most appropriate answer by ticking the number; you may tick more than one:

Трудовой коллектив включает
1. только рабочих, работающих на предприятии
2. рабочих и директора предприятия
3. весь персонал предприятия

Патернализм – это
1. система социальных мер по защищённости рабочих
2. подчинённость рабочих менеджменту
3. доступ к социальным благам

Для российской модели труда характерны
1. высокая мобильность труда
2. низкая производительность труда
3. высокая степень коллективизма

Неполная занятость включает следующие меры
1. предоставление неоплачиваемых отпусков
2. введение сокращённой рабочей недели
3. отказ платить зарплату

Предприятие станет более эффективным, если оно
1. сократит число работников
2. сохранит социальные льготы
3. модернизирует производство

Безработица в России объясняется
1. приватизацией
2. конверсией
3. развитием предпринимательства

Директор предприятия отказывается сокращать рабочих, потому что он хочет
1. избежать социальных волнений
2. сохранить трудовой коллектив
3. повысить производительность труда

Task 20

Как называется по-русски человек, который . . . . . ?
(торгует, покупает, владеет чем-то, переводит с иностранного языка, руководит чем-то, заказывает что-то, даёт работу, продаёт что-то, занимается предпринимательством)
Use this model for your answer:
Тот, кто торгует – торговец.

Как называется по-русски менеджер в области . . . . . ?
(продажи продуктов, рекламы, маркетинга, сбыта продукции, сервиса компьютеров, продвижения товаров, туризма, закупок, реализации алкогольной продукции, персонала)
Use this model for your answer:
Менеджер в области продажи продуктов – это менеджер по продаже продуктов

Task 21

In a television interview with a journalist I. E. Zaslavsky, Moscow's director of labour and employment, answers questions on the state of employment and unemployment in Russia; interpret or translate the interview:

Journalist: Soviet labour policy was characterised by full employment. The Soviet Constitution guaranteed the right to work. Every person had to work. We had the slogan: 'He who does not work, does not eat'. But was full employment in the USSR beneficial to society?

I. Zaslavsky: Полная занятость в СССР, навряд ли, была благом для общества, ибо она включала занятость на рабочих местах, где ничего полезного не производилось. У нас существовали миллионы должностей никому не нужных управленцев, были сотни тысяч рабочих мест для резе́рвных рабо́чих на кру́пных предприя́тиях. Ведь изве́стно, что обы́чно рабо́ту де́лали три челове́ка вме́сто одного́. Таку́ю систе́му, навря́д ли, мо́жно назва́ть эффекти́вной.

J: But at the same time enterprises were always short of workers.

I.Z:Де́ло в том, что ка́ждое предприя́тие бы́ло заинтересо́вано име́ть как мо́жно бо́льше рабо́чих; ведь фонд зарпла́ты, распределя́емый из бюдже́та, зави́сел от коли́чества рабо́чих, и дире́ктор был заинтересо́ван в его́ увеличе́нии и увеличе́нии числа́ рабо́чих. У дире́ктора не́ бы́ло сти́мула эконо́мить на рабо́чей си́ле. Рабо́чие ему́ бы́ли нужны́ для выполне́ния пла́на.

J: With the transition to a market economy unemployment became part of Russian life. Guarantee of work has disappeared. Some loss-making enterprises had to close down, while others cannot afford to have surplus labour. Is unemployment still growing?

I.Z:Безрабо́тица в Росси́и стано́вится ма́ссовой. В 1996г. 6,8 миллио́нов челове́к (9,4 проце́нта от экономи́чески акти́вного населе́ния) не име́ли рабо́ты и акти́вно иска́ли её. В 1999г. число́ безрабо́тных соста́вило 9 миллио́нов челове́к.

J: Doesn't this suggest that unemployment in Russia has already exceeded its natural level? According to economic theory the normal reserve for economic expansion is 4–6% of labour reserves. Everything that exceeds this number brings unpleasant social consequences.

I.Z: Де́ло в том, что и́стинный потенциа́л безрабо́тицы, е́сли мы бу́дем учи́тывать её скры́тые фо́рмы, в Росси́и гора́здо бо́льше. Ведь мно́гие заво́ды стара́ются «до после́днего» не увольня́ть персона́л. Одни́х они́ отправля́ют в неопла́чиваемые отпуска́, други́х перево́дят на непо́лный рабо́чий день. Таки́х «отдыха́ющих» рабо́тников да́же бо́льше, чем безрабо́тных. Причём мно́гие из них не получа́ют ни копе́йки.

J: I've heard that a lot of unemployed people don't bother to register in the employment service since the benefits which the status of unemployed person gives you are very poor and unemployment benefit is very low.

I.Z: Да, э́то ве́рно. И к тому́ же, что́бы име́ть пра́во претендова́ть на посо́бие, рабо́тник до́лжен юриди́чески офо́рмить своё увольне́ние с предприя́тия. Но так как свя́зи с предприя́тием обы́чно даю́т челове́ку серьёзные льго́ты, как предоставле́ние жилья́, бо́лее дешёвые проду́кты пита́ния, дешёвый о́тдых, медици́нские услу́ги, то мно́гие рабо́тники чи́слятся в шта́те своего́ предприя́тия, да́же е́сли не получа́ют там заработную пла́ту.

Task 22
Russian managers are still reluctant to release surplus labour; study their reasons for retaining their workforce:
Note:
выходно́е посо́бие   severance, redundancy payment

Почему́ избы́точная рабо́чая си́ла до сих пор не сокращена́?
(отве́ты директоро́в трудоизбы́точных предприя́тий, в %)

	1995 г.	1996 г.	1997г.
Сохране́ние колле́ктива; сохране́ние квали-фици́рованных ка́дров	28	36	52
Рабо́тники не смо́гут найти́ рабо́ту в регио́не	14	9	5
Надее́мся на рост объёмов произво́дства; необходи́м резе́рв рабо́тников ввиду́ нестаби́льности спро́са	34	36	33
Нет необходи́мости	6	5	3
Специ́фика труда́ инвали́дов	5	2	-
Нет де́нег на вы́плату выходно́го посо́бия	2	2	2
Не име́ем пра́ва сокраща́ть в пери́од приватиза́ции	2	0	-
Друго́е	9	10	5

(from *Вопро́сы эконо́мики*)

How might the responses differ in your country?

Task 23
On the basis of what you have covered in this chapter answer the following questions in Russian:
1.   Каки́е фо́рмы безрабо́тицы существова́ли и ещё существу́ют в Росси́и?
2.   Мо́жно ли доби́ться по́лной за́нятости? Каким о́бразом СССР добива́лся по́лной за́нятости?
3.   Каки́е преиму́щества дава́ла предприя́тию кома́ндно-администрати́вная систе́ма?

4. Что бóлее эффектúвно – сохранять úли сокращáть рабóчую сúлу на предприятии?
5. Какúм дóлжен быть идеáльный дирéктор предприятия?
6. Какúм должнó быть эффектúвное предприятие?
7. Какóй мéтод пóиска рабóты вы предпочлú бы в Россúи, и почемý?
8. Что вам извéстно об агéнтствах по трудоустрóйству в Россúи?
9. Как, вы дýмаете, мóжно решúть проблéму жéнской зáнятости в Россúи?
10. Какúе вúды дискриминáции мóжно наблюдáть на россúйском рынке трудá?
11. Как трýдно для жéнщины достúчь позúции топ-мéнеджера в Россúи и в этой странé?
12. Слышали ли вы о жéнщинах, достúгших высóких позúций в Россúи и в этой странé?

4

РЕКЛА́МНЫЙ РЫ́НОК В РОССИ́И

> In this chapter you will learn about advertising in Russia:
> * the types of advertising which have developed
> * the creation of Russian brands
> * Russian advertising agencies
> * controls on advertising
> * public attitudes to advertising
> * designing your advertising campaign

UNIT 11
Заче́м рекла́ма?

Текст 11.1
Иностра́нные и росси́йские фи́рмы на рекла́мном ры́нке

бренд	brand name
выходи́ть/вы́йти на ры́нок	to enter the market
потреби́тель	consumer
приспоса́бливаться/приспосо́биться к	to adapt to
продвига́ть/продви́нуть това́р	to promote a product
продвиже́ние	promotion
созда́ние бре́нда	brand creation
това́рный знак	trademark

В Росси́и рекла́мный би́знес на́чал развива́ться совсе́м неда́вно, но он уже́ ока́зывает влия́ние на эконо́мику страны́. Рекла́ма в Росси́и сейча́с ориенти́руется на два противополо́жных по́люса. На одно́м по́люсе – иностра́нные фи́рмы, продвига́ющие свои́ хорошо́ изве́стные (но не в Росси́и) бре́нды това́ров и услу́г, на друго́м – росси́йские фи́рмы, выходя́щие на ры́нок и создаю́щие свои́ това́рные ма́рки – бре́нды.

Для иностра́нной фи́рмы, выходя́щей на росси́йский ры́нок, о́чень ва́жно знать, как приспосо́биться к росси́йскому ры́нку, а для э́того на́до поня́ть росси́йского потреби́теля, знать его́ менталите́т, осо́бенности его́ культу́ры. И́бо иностра́нная фи́рма, де́йствующая в Росси́и нере́дко должна́ по́лностью измени́ть страте́гию свое́й рекла́мы, е́сли она́ хо́чет име́ть успе́х на росси́йском ры́нке.

101

Для росси́йской фи́рмы в да́нный моме́нт гла́вное – как созда́ть свой о́браз това́ра, свой «бренд», как дать своему́ това́ру и́мидж, това́рный знак. Проце́сс созда́ния това́рного зна́ка, «бре́нда» – дли́тельный проце́сс, кото́рый тре́бует мно́го вре́мени и рабо́ты.

Answer these questions both in English and in Russian:
What are the main functions of Russian advertising?
Каковы́ основны́е фу́нкции росси́йской рекла́мы?
What do Western firms have to do to advertise effectively in Russia?
Что тре́буется от за́падной фи́рмы, выходя́щей на рекла́мный ры́нок в Росси́и?
Do you need to change your approach to a Russian consumer?
Ну́жно ли изменя́ть подхо́д к росси́йскому потреби́телю?
Is it difficult for a Russian firm to achieve recognition in its home market?
Тру́дно ли для росси́йской фи́рмы доби́ться призна́ния на оте́чественном ры́нке?
What is the main thing for a Russian firm at present?
Что са́мое гла́вное для росси́йской фи́рмы в да́нный моме́нт?

Task 1
Here are a few examples of taking into account the specifically Russian consumer. How convincing do they sound to you?
1. При проведе́нии в Росси́и рекла́мной кампа́нии лека́рства «Панадо́л» упо́р был сде́лан на его́ ка́честве «безопа́сный». Э́ то ка́чество оказа́лось са́мым ва́жным для росси́йских потреби́телей.
In the course of running an advertising campaign for 'Panadol' in Russia emphasis was laid on its safety. This was seen to be the most important quality for Russian consumers.

2. Рекла́мная кампа́ния кра́ски для воло́с «Л'Ореа́ль» ориенти́ровалась на све́тлые тона́ с золоты́м, рыжева́тым отте́нком. Росси́йские же́нщины ме́ньше всего́ хотя́т вы́глядеть «зно́йными» брюне́тками.
The campaign for 'L'Oréal' was directed towards promoting light tones with a golden reddish shade. Russian women are less keen on looking like 'sultry' brunettes.

3. Компа́ния «Procter & Gamble» реши́ла продава́ть свои́ стира́льные порошки́ не в карто́нных коро́бках, а в полиэтиле́новых паке́тах,

аргументи́руя тем, что в Росси́и стира́льные маши́ны устана́вливают обы́чно в ва́нных ко́мнатах, а карто́нные коро́бки под возде́йствием вла́ги бы́стро расклеива́ются, и порошо́к высыпа́ется.

Procter & Gamble decided to sell their washing powders in Russia not in cardboard boxes but in plastic packets, arguing that in Russia washing machines are usually installed in bathrooms, and cardboard boxes quickly come unstuck with the effects of moisture and the powder spills out.

(по материа́лам журна́ла *Рекла́мные техноло́гии*)
What other examples do you know?

Task 2

Replace the words and phrases in English by their equivalents in Russian:

Число́ иностра́нных фирм, занима́ющихся *promotion of their goods*, уме́ньшилось. *Brand creation* тре́бует мно́го вре́мени и рабо́ты. Для иностра́нной фи́рмы нелегко́ *to adapt to the Russian market*. Мно́гие за́падные фи́рмы должны́ по́лностью *to change their approach* к росси́йскому потреби́телю. Э́то не случа́йно, ведь росси́йский потреби́тель *differs from a Western one*. *In the course of running an advertising campaign* фи́рма не́сколько раз меня́ла свою́ страте́гию. *The most important thing* для росси́йской фи́рмы – как дать своему́ това́ру това́рный знак.

Task 3

Until recently the concept of 'brand' did not exist in Russia. Now the importance of brand names is being understood not only by the experts involved in promoting the brands, but by the producers themselves. Comment on the following definition and decide if you agree with the characteristics identified by this Russian commentary; give examples of the creation of successful and unsuccesful brand names:

1. Бренд – э́то не про́сто како́е-то отли́чие одного́ проду́кта от друго́го, брэ́нд – э́то усто́йчивый о́браз това́ра, со́зданный людьми́ на осно́ве их со́бственного о́пыта потребле́ния и́менно э́того това́ра, и́менно в э́той упако́вке, и́менно с э́той этке́ткой.

A brand is not simply one product's difference from another. A brand is its permanent image, created by people on the basis of their own experience of using precisely this product, in precisely this packaging, with precisely this label.

2. Успе́шное существова́ние ма́рки на ры́нке зави́сит от мно́гого, но успе́х производи́теля бу́дет недо́лгим, е́сли он не суме́ет созда́ть у

потреби́теля его́ це́льный о́браз. На созда́ние тако́го о́браза рабо́тают три основны́х элеме́нта – запомина́ние ка́чества, назва́ния, упако́вки и этике́тки това́ра. Необходи́мо подде́рживать уника́льность това́ра, не должно́ снижа́ться его́ ка́чество, не должны́ хаоти́чески меня́ться его́ вне́шние опознава́тельные при́знаки (назва́ние, упако́вка, этике́тка).

A product's market success depends on many things, but a producer will not be successful for long if he is unable to create a clear image in the consumer's mind. Three basic elements contribute towards the creation of this image: remembering the quality, the name and the packaging and labelling of the product. It is essential to maintain its uniqueness; its quality must not drop and its outward recognition signs must not be changed randomly (its name, packaging and labelling).

3. Есть мно́гие слу́чаи разруше́ния и ги́бели бре́нда, когда́ потреби́тель ухо́дит к но́вой ма́рке и́ли теря́ет свою́ былу́ю лоя́льность. В Росси́и сложи́лась така́я ситуа́ция с грузи́нскими ви́нами, ра́нее популя́рными, и со знамени́тыми армя́нскими коньяка́ми, где в трёх слу́чаях из четырёх жи́дкость, продава́емая как армя́нский конья́к, не име́ет к нему́ никако́го отноше́ния. Среди́ минера́льных вод похо́жая судьба́ у изве́стного когда́-то «Боржо́ми»: как бренд, «Боржо́ми» стои́т на гра́ни своего́ исчезнове́ния.

There are many cases of the ruin and extinction of a brand when the consumer goes over to a new product or loses his former loyalty. A similar situation occurred in Russia with Georgian wines which were previouly popular and with the famous Armenian cognacs, where in three cases out of four the liquid sold bears no relation to it at all. The once famous 'Borzhomi' mineral water has had a similar fate; as a brand 'Borzhomi' is on the edge of extinction.

(Adapted from *Литерату́рная газе́та*)

Текст 11.2
Росси́йские бре́нды перешли́ в наступле́ние

ажиота́жный интере́с	frenzied interest
дорожа́ть/подорожа́ть	to become more expensive
завоёвывать/завоева́ть	to gain
зарубе́жный	foreign
захва́т	seizure
захва́тывать/захвати́ть	to seize
маркето́лог	marketing expert
наступле́ние	attack

не́когда	at one time
обновля́ть/обнови́ть	to renew, renovate
оте́чественный	domestic, home produced
пивова́реный заво́д (пивозаво́д)	brewery
поставщи́к	supplier
превраща́ться/преврати́ться	to be transformed
пусту́ющая ни́ша	empty niche
созрева́ть/созре́ть	to mature, ripen
состоя́вшаяся ма́рка	newly created brand
счита́ться дурны́м то́ном	to be considered poor taste
хладокомбина́т	cold-storage depot

Фина́нсовый кри́зис 1998 го́да ре́зко измени́л ситуа́цию на рекла́мном ры́нке. Упа́ла покупа́тельная спосо́бность населе́ния, мно́гие за́падные поставщики́ ста́ли уходи́ть с росси́йского ры́нка, подорожа́л и́мпорт. Наприме́р, у «Ко́ка-Ко́лы» прода́жи упа́ли на 60%. Всё э́то со́здало но́вые возмо́жности для продвиже́ния ма́рок оте́чественных заво́дов и фа́брик. В нача́ле 90-х годо́в все предпочита́ли зарубе́жные проду́кты, и покупа́ть оте́чественные счита́лось дурны́м то́ном. Одна́ко, попро́бовав иностра́нные проду́кты, покупа́тели ста́ли возвраща́ться к ме́стным това́рам. К тому́ же, к э́тому вре́мени мно́гие оте́чественные ма́рки уже́ вполне́ созре́ли для захва́та пусту́ющих ниш ры́нка по́сле ухо́да мно́гих за́падных производи́телей и удорожа́ния и́мпорта.

Коне́чно, захвати́ть свою́ ни́шу на ры́нке и преврати́ться в бренд нелегко́. По статисти́ческим да́нным, за не́сколько лет с росси́йских прила́вков исче́зло о́коло 80–90% това́ров, кото́рые появи́лись на ры́нке. Исче́зла, наприме́р, во́дка «До́вгань», а та́кже знамени́тая не́когда «Кремлёвская во́дка». Состоя́вшиеся но́вые росси́йские ма́рки прошли́ тру́дный путь становле́ния, пре́жде чем завоева́ть симпа́тии покупа́телей. И ва́жную роль в их становле́нии сыгра́ла привлека́тельная рекла́ма. В ка́честве успе́шного приме́ра мо́жно привести́ вы́пуск моро́женого «Ла́комка», кото́рое тепе́рь популя́рнее и́мпортных ана́логов. Его́ выпуска́ет компа́ния «Айс-Фили́», со́зданная на ба́зе моско́вского Хладокомбина́та № 8.

Уже́ к середи́не 90-х иностра́нные инве́сторы ста́ли понима́ть, что Росси́я теря́ет ажиота́жный интере́с к иностра́нным ма́ркам и сно́ва возвраща́ется к национа́льным. Маркето́логи тут же предложи́ли создава́ть но́вые ма́рки с ру́сскими назва́ниями и́ли обновля́ть ста́рые изве́стные ма́рки.

Я́рким приме́ром явля́ется пи́во «Ба́лтика», выпуска́емое пивова́ренным заво́дом «Ба́лтика», постро́енным в Петербу́рге в 1991 году́ шве́дско-фи́нским конце́рном Baltic Beverages Holding.

В таба́чном се́кторе приме́р обновлённой иностра́нными инве́сторами ста́рой ма́рки – э́то «Я́ва», ку́пленная вме́сте с одноимённой фа́брикой в Москве́ компа́нией British American Tobacco (BAT).

А сигаре́ты «Пётр Пе́рвый» выпуска́ются на петербу́ргской фа́брике «РДжР-Петро», кото́рая принадлежи́т америка́нской компа́нии Japan Reynolds Tobacco, реши́вшей созда́ть но́вую ма́рку с росси́йским назва́нием. Что каса́ется компа́нии Philip Morris, то росси́йскую ма́рку она́ выпуска́ет давно́ – «Сою́з-Аполло́н».

Плю́сом для становле́ния но́вых оте́чественных бре́ндов (незави́симо от национа́льности капита́ла в компа́ниях) явля́ется их бо́лее ни́зкая цена́. Наприме́р, е́сли сравни́ть «Я́ву», «Пётр I» с Marlboro, а пи́во «Ба́лтика» с Bavaria, Tuborg и Miller, то росси́йская проду́кция значи́тельно деше́вле.   (Adapted from *Делов́ые лю́ди*)

* По да́нным аге́нтства «Бизнес-Анали́тик», на конди́терском ры́нке за 9 ме́сяцев 1999 го́да до́ля «Кра́сного октября́» увели́чилась с 12 до 16%, АО «Баба́евское» – с 7 до 11%, до́ля швейца́рской фи́рмы Nestlé оста́лась, практи́чески, на том же у́ровне, а америка́нской фи́рмы Mars уме́ньшилась с 13,5 до 9,6%.

Answer these questions in English and in Russian:

What changes took place in the advertising market after the crisis in 1998?

Каки́е измене́ния произошли́ на рекла́мном ры́нке по́сле кри́зиса в 1998 году́?

What were the positive consequences of the financial crisis?

Каковы́ положи́тельные после́дствия фина́нсового кри́зиса?

How difficult is it for Russian goods to be transformed into brands?

Как тру́дно для росси́йских това́ров преврати́ться в бре́нды?

Why are new Russian brands becoming more popular?

Почему́ но́вые росси́йские бре́нды стано́вятся бо́лее популя́рными?

Task 4

Маркетóлоги дéлят торгóвые мáрки на локáльные (извéстные в своём райóне), национáльные (популя́рные в рáмках страны́) и глобáльные (мультинациональные) брéнды. To which category would you assign: Coca-Cola, Pepsi, Marlboro, Mercedes, Panasonic, Boeing, Macdonalds, «Аэрофлóт», «Столи́чная», «Ру́сская икрá», папирóсы «Беломóр», сигарéты «Я́ва», «Мáйский чай», минерáльная водá «Святóй истóчник», «Нéвская космéтика», «Пётр Пéрвый», коньяки́ «Арарáт», «Краснодáр», морóженое «Айс-Фили́», конфéты «Красный Октя́брь».

Task 5

Replace the words and phrases in English by their equivalents in Russian:

The purchasing power россий́ского населéния рéзко сни́зилась пóсле кри́зиса. Рáньше россия́не предпочитáли инострáнные проду́кты *to domestic ones.* Пóсле кри́зиса и́мпортные товáры *became more expensive. Among the new domestic brands* óчень популя́рно пи́во «Бáлтика». *The positive consequences* финáнсового кри́зиса бы́ло возрождéние россий́ского произвóдства. *Attractive advertising* игрáет большу́ю роль в становлéнии россий́ских мáрок. Нéкоторые фи́рмы предпочитáют *to renew* стáрые извéстные мáрки.

Task 6

Complete each sentence using a word formed from the same root as the word in brackets:

(выпускáть) Фи́рма «Айс-Фили́» стáла изве́стна пóсле . . . . . морóженого «Лáкомка».

(называ́ть) Бы́ло решенó создáть нóвую мáрку сигарéт с рýсским . . . . . .

(потребля́ть) Кри́зис способствовал укрепле́нию росси́йских мáрок на . . . . . ры́нке.

(продвигáть) Пóсле кри́зиса появи́лись нóвые услóвия для . . . . . росси́йских мáрок.

(уходи́ть) Пóсле . . . . . зáпадных фирм ры́нок стáли занимáть отéчественные фи́рмы.

(производи́ть) Пивовáренный завóд «Бáлтика» стал крупнéйшим . . . . . пи́ва.

(обновля́ть) Сигарéты «Я́ва» явля́ются . . . . . стáрой мáркой.

(поставля́ть) Мнóгие зáпадные . . . . . ушли́ с росси́йского ры́нка.

(продавáть) Рéзко упáла . . . . . зáпадных продýктов.

Текст 11.3
Рекла́мные аге́нтства

конкурéнт, конкурéнция	competitor, competition
конкурентоспосóбность	competitiveness
нарýжная реклáма	outdoor advertising, advertisement
передáча	broadcast
представлéние о товáре	concept of the product
проводи́ть/провести́ кампáнию	to conduct a campaign
размещáть реклáму	to place an advert
размещéние	placing
расцвéт	blossoming, flourishing
реклáмный рóлик (клип)	clip
рекламопроизводи́тель	advertiser
сбыт	sales
спóсоб выражéния	way of expressing
спосóбствовать продвижéнию товáра	to assist in product promotion

Рекла́мный би́знес невозмóжен без реклáмных агéнтств, производя́щих реклáму по закáзам фирм и таки́м óбразом спосóбствующих продвижéнию товáров на ры́нке. В реклáмном агéнтстве изучáются тúпы потенциáльных потребúтелей товáров и услýг. Там же проводится маркéтинговая разработка и определяются потребúтельские характерúстики товáра úли услýги, их конкуренто-способность. Реклáма должнá обратúть на себя внимáние и убедúть человéка. Онá должнá способствовать сбыту товáра.

Все крýпные реклáмные агéнтства дéйствуют по однóй схéме. Клиéнт получáет пóлный кóмплекс услýг – от изготовлéния реклáмного рóлика и размещéния егó в удóбное для клиéнта врéмя до разработки и проведéния реклáмной кампáнии.

Расцвéт реклáмных агéнтств в Россúи наступúл в середúне 90-х годóв, когдá россúйский реклáмный рынок стал трéбовать бóлее профессионáльного подхóда; тогдá же началáсь специализáция реклáмных агéнтств. Однú предпочитáют размещáть реклáму в печáти, другúе в теле- и радиопередáчах, трéтьи специализúруются на нарýжной реклáме. Мнóгие имéют своúх постоянных клиéнтов, установúли свои индивидуáльные территóрии. Началáсь жёсткая конкурéнция рекламопроизводúтелей. Реклáмное агéнтство «Премьéр-СВ» пóлностью контролúрует на телевúдении канáл ОРТ, агéнтство «Видео Интернéшнл» – канáлы РТР, НТВ.

А москóвское отделéние транснационáльной корпорáции DMB&B обслýживает клиéнтов, имéющих глобáльные интерéсы, способствуя продвижéнию глобáльных брéндов. Для такúх клиéнтов óчень вáжно, чтóбы представлéние об их товáре было одинáковым во всех странáх, но способы выражéния учúтывали бы мéстную специфику.

(Adapted from *Деловые люди*)

Answer these questions in English and in Russian:

What do advertising agencies do?

Чем занимáются реклáмные агéнтства?

What is the function of an advertisement?

Каковá фýнкция реклáмы?

When did the need for advertising appear in Russia?

Когдá появúлась необходúмость в реклáме в Россúи?

What are the main areas of specialisation in advertising in Russia?

Каковы глáвные вúды специализáции в реклáме в Россúи?

Are any Western advertising agencies operating in Russia?

Есть ли зáпадные реклáмные агéнтства в Россúи?

What is their function?

Каковá их фýнкция?

Task 7

Complete each sentence using one of the words in brackets:

(рекла́ма, реклами́ст, реклами́ровать(ся), реклами́рование, рекла́мный.)

На гла́вных магистра́лях Москвы́ . . . . . но́вая ма́рка маши́ны «Святого́р».

. . . . . ры́нок в Росси́и на́чал развива́ться совсе́м неда́вно.

Бы́ло организо́вано . . . . . проду́кта по телеви́дению.

Росси́йские . . . . . да́же получи́ли приз за лу́чшую . . . . . по телеви́дению.

(покупа́ть, покупа́тель, покупа́тельный, ку́пля.)

По́сле кри́зиса . . . . . спосо́бность населе́ния ре́зко упа́ла.

Мно́гие . . . . . ста́ли возвраща́ться к ме́стным това́рам.

Увели́чилась . . . . . конди́терских изде́лий с ру́сскими назва́ниями.

Ма́ло кто тепе́рь . . . . . шокола́дные бато́нчики за́падного произво́дства.

(конкуре́нт, конкуре́нция, конкурентоспосо́бность, конкури́ровать.)

Уже́ существу́ет жёсткая . . . . . на рекла́мном ры́нке.

На́до хорошо́ изучи́ть свои́х . . . . . , пре́жде чем начина́ть рекла́мную кампа́нию.

Все аге́нтства . . . . . друг с дру́гом.

. . . . . но́вого проду́кта оказа́лась о́чень высо́кой.

Task 8

In 1991 the advertising agency DMB&B conducted a survey called 'The Russian Consumer'. They identified the following types of Russian consumer; comment on the division and compare the various types of Russian consumer with your impressions of Western ones:

«Купцы́» – те, кто це́нит в това́рах добро́тность и надёжность.

'Shoppers' are the ones who appreciate quality and reliability in the goods.

«Казаки́» – те, кто на слова́х наска́кивает на всё иностра́нное, а на де́ле, и́менно иностра́нные това́ры и предпочита́ет.

'Cossacks' are the ones who jump at the mere mention of anything foreign but who actually prefer foreign goods.

«Студе́нты» – те, у кого́ кошелёк то́нок, поэ́тому вы́нуждены покупа́ть низкосо́ртное.
'Students' are those who are hard up and therefore have to buy low-quality goods.

«Бизнесме́ны» – те, кто не име́ет мно́го вре́мени на беготню́ по магази́нам и предпочита́ет ка́чественные функциона́льные това́ры.
'Businessmen' are those who do not have much time for running around shops and who prefer high-quality, functional goods.

«Ру́сская душа́» – те, кто везде́ чу́вствует подво́х и пло́хо себя́ ощуща́ет в ситуа́ции вы́бора; им ну́жен приме́р други́х покупа́телей.
'Russian Souls' are those who always feel that they are being cheated and feel uneasy in a situation where they have to choose; they need the example of other shoppers.

(Russian text quoted from: Шко́льник, Л. *Уро́ки рекла́мных короле́й*, Москва, 1998г. p.24.)

To which category do you and your friends belong?
How would this categorisation help in organising an advertising campaign?
Think how you might rewrite the phrases:
наска́кивать на всё иностра́нное; кошелёк то́нок; везде́ чу́вствовать подво́х.

Task 9
Read and decide whether you agree with what academics think distinguishes Russian advertising:
1.   Учёные полага́ют, что росси́йская рекла́ма отража́ет психоло́гию челове́ка авторита́рного о́бщества. Наприме́р, то, как испо́льзуются не́которые о́бразы (же́нщина, геро́й, живо́тные) в росси́йской рекла́ме говоря́т о преоблада́нии в Росси́и авторита́рных тоталита́рных норм.
Academics think that Russian advertising reflects the psychology of a person from an authoritarian society. For example, the way some images are used in Russian advertising (woman, hero, animal) reveals the predominance of authoritarian, totalitarian norms in Russia.

2.   Улы́бка характе́рна лишь для 15% же́нских лиц, в то вре́мя как в за́падной рекла́ме э́та до́ля составля́ет 60%. Улы́бка на рабо́те, при встре́че клие́нтов не характе́рна для Росси́и, где сложи́лся друго́й поведе́нческий стереоти́п – исполне́ние служе́бных обя́занностей

111

тре́бует серьёзности. Поэ́тому попы́тки измени́ть э́тот стереоти́п воспринима́ются негати́вно. Америка́нская же улы́бка в но́вых ру́сских магази́нах, согла́сно иссле́дованиям, оце́нивается, как нейскренняя.

A smile is typical for only 15% of women's faces while in Western advertising the proportion is 60%. Smiling at work or on meeting clients is not typical in Russia where a different behavioural stereotype has emerged: performance of official duties requires seriousness. Attempts to change this stereotype are not welcomed: according to research, the 'American' smile in new Russian shops is perceived as insincere.

3. В росси́йской рекла́ме популя́рны о́бразы си́льной, вла́стной ли́чности (Пётр Вели́кий, Наполео́н, Це́зарь), о́браз богатыря́, геро́я-во́ина. Популя́рность о́браза во́ина в рекла́ме учёные объясня́ют сло-жи́вшимся в усло́виях авторита́рного о́бщества ку́льтом вождя́, си́лы.

Images of a strong, authoritative personality are popular in Russian advertising (Peter the Great, Napoleon, Caesar), or the figure of a mythical warrior hero. Academics explain the popularity of the image of a warrior in advertising by the cult of the leader which developed in the climate of an authoritarian society.

4. А е́сли характеризова́ть испо́льзуемых в рекла́ме живо́тных, то в росси́йской рекла́ме, по мне́нию учёных, преоблада́ют львы, ти́гры, мифологи́ческие персона́жи (драко́ны, сфи́нксы и т.д.). Учёные полага́ют, что изображе́ние хи́щников популя́рно в Росси́и в связи́ с тоталита́рной психоло́гией её населе́ния. Угнетённой ли́чности тре́буется демонстра́ция си́лы.

If we try to describe the animals used in Russian advertising we see – according to academics – that lions, tigers and mythological beings (dragons, sphinxes, etc.) predominate. Academics suggest that the popularity of the depiction of predators in Russia is connected with the population's totalitarian psychology. A repressed personality needs a demonstration of strength.

5. Ни́зкая сте́пень испо́льзования ю́мора в совреме́нных рекла́мных те́кстах (всего́ 2%) то́же подтвержда́ет ва́жность авторита́рных психологи́ческих характери́стик для росси́ян.

The low-level use of humour in modern advertising (only 2%) also confirms the importance of authoritarian psychological characteristics for the Russians.

(Russian text quoted from: Шко́льник, Л. *Уроки рекламных королей*, Москва, 1998г. pp.178-9.)

Сильный банк для сильной страны

Do you think that opinions like these are still typical for Russian advertising?
Have you noticed any changes in the imagery used?

UNIT 12
Размещёние реклáмы

Текст 12.1
Реклáма и СМИ

мы́льная ópera	soap opera
обходи́ться доро́же	to cost more
обще́ственное мне́ние	public opinion
подавля́ющее большинство́	overwhelming majority
подпи́счик	subscriber
расце́нка	tariff, rate
рассчи́танный на	meant for
ски́дка	discount
тира́ж	circulation figure, print run
уступáть/уступи́ть	to yield, give way to

113

Чтобы решить, где разместить рекламу, необходима информация о тиражах газет, рейтингах телепрограмм. Информацию о рейтингах телепрограмм российского телевидения и читателях газет готовит Всероссийский центр по изучению общественного мнения ВЦИОМ. По данным ВЦИОМ, наибольшей популярностью в России пользуются информационные программы и мыльные оперы. Информационные программы «Вести» смотрят, например, 60% телезрителей, «ИТА-Новости» – 34,8%. Мыльные оперы, особенно латиноамериканские собирают 37,4% телезрителей. Наибольшей популярностью они пользуются у пожилых людей. Естественно, размещение рекламы в этих программах с высоким рейтингом обходится дороже. Вообще, на ТВ есть специальные прайс-листы, в которых зафиксирована стоимость рекламного времени. Но бывают и скидки. Например, на канале РТР с апреля 1999 года действует специальный прайс-лист, направленный на поддержку отечественных производителей. Он имеет более низкую стоимость рекламного времени и рассчитан на помощь средним и малым предприятиям, занятым в сфере производства, услуг и торговли.

Вот данные ВЦИОМ о читательской аудитории самых популярных газет:

«Аргументы и факты» (39%); читают газету, в основном, люди с высшим образованием, руководители, особенно пожилые женщины.

«Спид-Инфо» (21%); читатели – молодые люди, особенно образованные.

«Комсомольская правда» (18%); читатели – люди с высшим образованием, мужчины зрелого возраста, женщины старшего возраста.

«Труд» (14%); газету предпочитают читать пожилые мужчины со средним образованием.

«Известия» (8%); среди читателей преобладают образованные женщины.

В 1997 году в Москве самой популярной газетой стал «Московский комсомолец». Он занял первое место среди газет России по количеству подписчиков. Не случайно, что расценки размещения рекламы в газете сразу стали выше, чем в других периодических изданиях.

Журналы, однако, наиболее регулярно в России теперь читают люди до 55 лет, люди с высшим или неоконченным высшим образованием, руководители предприятий и главные специалисты, то есть люди с достаточным заработком.

(Adapted from *Деловые люди* and *Аргументы и факты*)

Answer the questions in English and Russian:

Who provides information on ratings of TV programmes in Russia?

Кто гото́вит информа́цию о ре́йтингах телепрогра́мм в Росси́и?

Which TV programmes are most popular in Russia?

Каки́е телевизио́нные програ́ммы наибо́лее популя́рны в Росси́и?

Are there special discounts on Russian TV, and who is entitled to them?

Есть ли специа́льные ски́дки на росси́йском ТВ, и кто мо́жет и́ми по́льзоваться?

Which newspapers attract most advertisers in Russia and why?

Каки́е газе́ты привлека́ют внима́ние большинства́ реклами́стов в Росси́и и почему́?

Which is the most popular newspaper in Russia?

Кака́я са́мая популя́рная газе́та в Росси́и?

Who reads magazines in Russia now?

Кто тепе́рь чита́ет журна́лы в Росси́и?

Task 10

Using this information about TV ratings and readership of newspapers and magazines, decide where you place adverts for the following goods and services and explain why:

но́вая ма́рка стира́льной маши́ны; о́тдых на Бага́мских острова́х; курс англи́йского языка́; прода́жа стройматериа́лов; медици́нские услу́ги; видеоте́хника; знако́мства; пенсио́нный фонд; откры́тие но́вого спорти́вного ко́мплекса; продово́льственные това́ры; компью́тер.

Текст 12.2
Нару́жная рекла́ма

воспринима́ть/восприня́ть	to perceive
ёмкое изображе́ние	pithy image
запомина́ться/запо́мниться	to stick in one's mind
наводня́ть/наводни́ть щита́ми	to swamp with billboards
на пути́ сле́дования	on the usual route
нару́жная рекла́ма (нару́жка)	outdoor advertising
ограниче́ние	restriction
охва́тывать/охвати́ть	to take in, cover
подверга́ть/подве́ргнуть	to subject
располага́ть/расположи́ть	to situate, place
рекла́мный щит	billboard, hoarding
скопле́ние	concentration
скро́мный разме́р	modest size

115

состоя́тельный клие́нт	wealthy client
устано́вка	placing

Нару́жная рекла́ма («нару́жка») счита́ется одни́м из са́мых эффекти́вных рекла́мных средств. Во-пе́рвых, для неё характе́рна ма́ссовость: она́ воспринима́ется ты́сячами люде́й в коро́ткий срок. Все, кто идёт по у́лице ми́мо стены́ до́ма, не мо́жет не заме́тить огро́много рекла́много щита́ на ней.

Во-вторы́х, моби́льность: размести́ть «нару́жку» мо́жно, практи́чески, в любо́м ме́сте у́лицы. Мо́жно, наприме́р, сконцентри́ровать рекла́му в места́х пребыва́ния ну́жной аудито́рии, в эли́тных места́х, в места́х скопле́ния иностра́нцев, на пути́ сле́дования домохозя́ек и́ли деловы́х люде́й.

В-тре́тьих, она́ легко́ запомина́ется – ведь у́личные те́ксты всегда́ кра́ткие, а изображе́ния ёмкие. Мно́гие да́же счита́ют «нару́жку» эффекти́внее телевизио́нной рекла́мы.

О́пыт ра́звитых стран пока́зывает, что там нару́жная рекла́ма ориенти́рована на челове́ка, кото́рый нахо́дится в автомоби́ле. В Росси́и же на автомобили́стов и пешехо́дов. Не случа́йно у́лицы Москвы́, осо́бенно Арба́т и Тверска́я, наводнены́ щита́ми огро́мных разме́ров (3х6 ме́тров), ведь и́менно в автомоби́лях разъезжа́ют по го́роду состоя́тельные клие́нты, а их внима́ние щито́м скро́мных разме́ров не привлечёшь.

К тому́ же, нару́жная рекла́ма ме́нее подве́ржена ограниче́ниям. Изве́стно, что в Росси́и сейча́с всё бо́льше ограни́чиваются возмо́жности реклами́рования алкого́ля и таба́ка. Им запрещено́ появля́ться на телеви́дении, в пре́ссе, по ра́дио, но не в «нару́жке». Вот что говори́т ме́неджер фи́рмы IDV по марке́тингу во́дки Smirnoff Дми́трий Журавко́в: «Мы вы́нуждены бы́ли уйти́ с телеви́дения, так как мы не мо́жем говори́ть с экра́на, что во́дка Smirnoff „са́мая чи́стая во́дка в ми́ре". Сейча́с мы ведём кампа́нию че́рез нару́жную рекла́му. Она́ идёт практи́чески по всей Росси́и. Охва́чено шесть крупне́йших региона́льных це́нтров – размеща́ем щиты́ на магистра́лях и поме́ньше на у́лицах.»

Пра́вда, с устано́вкой рекла́мы сигаре́т и алкого́льной проду́кции на́до быть осторо́жнее. Существу́ют ограниче́ния на устано́вку тако́й рекла́мы. Её располага́ют не бли́же 100 ме́тров от де́тских, культу́рных и други́х обще́ственных мест.

(Adapted from *Аргуме́нты и фа́кты* and *Рекла́мный мир*)

Now answer the questions in English and Russian:
What makes outdoor advertising effective?
Что де́лает нару́жную рекла́му осо́бенно эффекти́вной?
What factors influence the siting of advertising hoardings?
Что влия́ет на размеще́ние рекла́мных щито́в?
At whom is outdoor advertising aimed in Russia?
На кого́ ориенти́руется нару́жная рекла́ма?
How has the law affected television advertising in Russia?
Как поде́йствовал зако́н на телевизио́нную рекла́му в Росси́и?
What restrictions are there on outdoor advertising in Russia?
Каки́е ограниче́ния существу́ют на устано́вку нару́жной рекла́мы в Росси́и?
Which outdoor advertisement has particularly stayed in your mind?
Кака́я нару́жная рекла́ма осо́бенно запо́мнилась вам?

Task 11
Replace the words and phrases in English by their equivalents in Russian:
Soap operas по́льзуются популя́рностью на росси́йском телеви́дении. На не́которых телевизио́нных кана́лах существу́ют *discounts for domestic firms*. Мно́гие счита́ют *outdoor advertising* эффекти́внее телевизио́нной. Гла́вные магистра́ли Москвы́ *are swamped by huge billboards. Restrictions were introduced* на рекла́му табака́ и алкого́ля. Рекла́мы на сигаре́ты *should not be placed* о́коло школ. Размеще́ние рекла́мы *in television programmes with a high rating* сто́ит доро́же.

если будешь
    есть ПЕЛЬМЕНИ,
        станешь вечно жить,
            как ЛЕНИН
            Ульянов-Колпин

How tempted are you by this advert?

117

Task 12

Look at a Russian advertising hoarding for cigarettes. Do you think the health warning (Минздра́в[*] предупрежда́ет: куре́ние опа́сно для ва́шего здоро́вья) *adequate to help people to stop smoking?*

МИНЗДРАВ ПРЕДУПРЕЖДАЕТ: КУРЕНИЕ ОПАСНО ДЛЯ ВАШЕГО ЗДОРОВЬЯ

---

[*] Минздрав: Министе́рство здравоохране́ния – the Ministry of Health.

Task 13
Complete each sentence using one of the words in brackets:

(размещáть, размещéние)

Прéжде чем . . . . . реклáму в СМИ, нáдо знать рéйтинг большинствá газéт.

. . . . . реклáмы в прогрáммах с высóким рéйтингом óчень дóрого.

(потребля́ть, потреблéние)

В Росси́и . . . . . вóдки намнóго вы́ше, чем в други́х стрáнах.

Бóльше всегó табáк . . . . . молодёжь.

(ограни́чивать(ся), ограничéние)

В Росси́и всё бóльше . . . . . возмóжности реклами́рования алкогóля.

Существýют . . . . . на устанóвку реклáмы сигарéт.

(запрещáть(ся), запрещéние)

. . . . . реклами́ровать вóдку по телеви́зору, но э́ти . . . . . не отнóсятся к нарýжной реклáме.

(создáть, создáние)

При . . . . . реклáмы слéдует учи́тывать национáльный менталитéт россия́н.

Росси́йским реклами́стам удалóсь . . . . . нéсколько удáчных брéндов росси́йских товáров.

(устанáвливать, устанóвка)

Реклáму сигарéт обы́чно . . . . . подáльше от школ.

Не разрешáется . . . . . реклáмных щитóв эроти́ческого содержáния.

UNIT 13
Контрóль над реклáмой

Текст 13.1
Общéственный совéт по реклáме

Антимонопóльный комитéт	Anti-monopoly Commission
безнрáвственный	immoral
газонокоси́лка	lawnmower
держáть в объя́тиях	to embrace
Междунарóдная конфедерáция óбществ защи́ты прав потреби́телей	
	International Confederation of Consumer Protection Societies
минимáльный оклáд	minimum wage
налагáть/наложи́ть штраф	to impose a fine
некоррéктная реклáма	misleading advertising
обостря́ть/обостри́ть	to exacerbate
общепри́нятый	accepted

119

Обще́ственный сове́т по рекла́ме	Public Council on Advertising
оскорби́тельный	offensive
подростко́вый ко́мплекс	adolescent complex
прове́рка на вре́дность	check for harmfulness
снять с прока́та, пока́за	to withdraw, remove from the air
содержа́ние	content
Торго́во-промы́шленная пала́та	Industrial Chamber of Commerce
Фонд подде́ржки рекламода́телей	Advertisers Support Fund
шлем	helmet

В 1994 году́ в Росси́и был со́здан Обще́ственный сове́т по рекла́ме. Он включа́ет представи́телей Антимонопо́льного комите́та, Торго́во-промы́шленной пала́ты, Сою́за журнали́стов, Междунаро́дной конфедера́ции о́бществ защи́ты прав потреби́телей, Фо́нда подде́ржки рекламода́телей и представи́телей рекла́мных аге́нтств. Сове́т рассма́тривает слу́чаи некорре́ктной рекла́мы и рекоменду́ет клие́нтам и рекламопроизводи́телям разли́чные измене́ния. Вот не́сколько приме́ров успе́шной де́ятельности Обще́ственного сове́та:

1. В 1996 году́ Обще́ственный сове́т при́нял реше́ние по проду́кции компа́нии Procter & Gamble, кли́пу, представля́ющему лосьо́н «Клераси́л». По мне́нию экспе́ртов, э́та рекла́ма обостря́ла подростко́вые ко́мплексы, свя́занные с вне́шней непривлека́тельностью (речь шла о ро́лике, в кото́ром ю́ноша, не по́льзующийся «Клераси́лом», вы́нужден ходи́ть в шле́ме. Рекламода́тель согласи́лся с вы́водами сове́та и снял с телевизио́нного пока́за э́тот ро́лик.

2. Компа́ния Sterling Health сняла́ с прока́та телерекла́му «Ко́лдрекса» по́сле того́, ка к клип, в кото́ром звуча́ло обеща́ние „снять все симпто́мы гри́ппа", был при́знан некорре́ктным. Медици́нские экспе́рты та́кже заяви́ли, что они́ не мо́гут подписа́ться под э́той фра́зой.

3. В Москве́ прово́дится прове́рка нару́жной рекла́мы „на вре́дность". Де́ло в том, что рекла́мные щиты́ эроти́ческого содержа́ния отрица́тельно де́йствуют на води́телей автомоби́лей. В непосре́дственной бли́зости от эроти́ческих щито́в зафикси́рован рост ДТП (доро́жно-тра́нспортных происше́ствий). В слу́чае призна́ния „вре́дности" рекла́мы она́ бу́дет удалена́ с доро́жных магистра́лей, а на рекламода́телей бу́дет нало́жен штраф до 5 ты́сяч минима́льных окла́дов.

4. В Москве́ бы́ли сня́ты рекла́мные щиты́ фи́рмы «Кука́й», торгу́ющей оде́ждой (на щите́ была́ изображена́ де́вушка в бики́ни, а по её животу́ шёл миниатю́рный мужчи́на с газонокоси́лкой)* и фи́рмы по произво́дству ку́хонной ме́бели «Та́нго» (мужчи́на держа́л в объя́тиях де́вушку, а сло́ган гласи́л: «Я де́лаю ЭТО на ку́хне»). Óбе рекла́мы бы́ли при́знаны оскорби́тельными.

5. В 1995 году́ был при́нят «зако́н о рекла́ме», кото́рый жёстко ограни́чил рекла́му алкого́льной и таба́чной проду́кции. В ча́стности, в рекла́мных объявле́ниях не разреша́ется демонстра́ция проце́ссов куре́ния и употребле́ния алкого́ля, нельзя́ та́кже ассоции́ровать э́ти вре́дные заня́тия с жи́зненным успе́хом, запрещено́ размеще́ние нару́жной рекла́мы вблизи́ школ и де́тских учрежде́ний. До 1996 го́да рекла́ма алкого́ля и табака́ на ТВ была́ разрешена́ по́сле 22.00 часо́в, а с 1го января́ 1996 го́да по́лностью запрещена́.

6. Моско́вское управле́ние Антимонопо́льного комите́та вы́несла в 1999 году́ бо́лее 90 реше́ний о прекраще́нии той и́ли ино́й

---

* Эта рекла́ма получи́ла пе́рвый приз на фестива́ле «Ка́ннские львы».

нару́жной рекла́мной кампа́нии. При э́том основно́й причи́ной э́тих реше́ний яви́лось отсу́тствие на рекла́мных плака́тах указа́ния лице́нзий на реклами́руемый вид де́ятельности. И лишь в 10 слу́чаях – причи́ной послужи́ло безнра́вственное, по мне́нию АМК, содержа́ние рекла́мы.

(Adapted from *Аргуме́нты и фа́кты, Изве́стия* and *Литерату́рная газе́та*)

Answer these questions in English and Russian:

What is the function of the Public Council on Advertising?

Какова́ фу́нкция Обще́ственного сове́та по рекла́ме?

Why did the Council object to the advert for 'Clearasil'?

Почему́ Обще́ственный сове́т был про́тив рекла́мы лосьо́на «Клераси́л»?

On what grounds was the advert for 'Coldrex' withdrawn?

На како́м основа́нии была́ сня́та с прока́та рекла́ма «Ко́лдрекса»?

Why are checks made on outdoor advertisements?

Почему́ прово́дится прове́рка нару́жной рекла́мы?

In what cases is a fine imposed on advertisers?

В каки́х слу́чаях на рекламода́телей налага́ется штраф?

What restrictions were introduced in 1996 on advertising cigarettes and alcohol?

Каки́е ограниче́ния бы́ли введены́ в 1996 году́ на рекла́му сигаре́т и алкого́ля?

Task 14

Examine these extracts from the International Code of Advertising which Russia adopted recently:

Основны́е при́нципы междунаро́дного ко́декса рекла́мной де́ятельности

1. Рекла́ма не должна́ содержа́ть заявле́ний и́ли изображе́ний, наруша́ющих общепри́нятые станда́рты присто́йности.

Advertising should not contain statements or images violating normal standards of decency.

2. Рекла́ма не должна́ злоупотребля́ть дове́рием потреби́теля и́ли извлека́ть преиму́щества благодаря́ его́ недоста́точному о́пыту и́ли зна́ниям.

Advertising should not abuse the trust of the consumer or gain advantage due to his lack of experience or knowledge.

3. Реклама не должна без обоснованных причин играть на чувстве страха и суевериях, провоцировать акты насилия.
Advertising should not play on a feeling of fear or superstition without sound reasons and should not provoke acts of violence.

4. Реклама не должна содержать клевету на любую фирму, промышленную или коммерческую деятельность, профессию или любую продукцию, как прямую, так и косвенную, как путём вызова к ней презрения или высмеивания, так и любым подобным способом.
Advertisements should not contain slander, direct or indirect, against any firm, industrial or commercial operation, profession or product, either by provoking scorn or mockery towards it or by any other similar means.

5. Реклама не должна злоупотреблять свойственной детям доверчивостью или отсутствием опыта у молодёжи, а также их чувством преданности.
Advertising should not abuse young people's trust or lack of experience as well as their feelings of loyalty.

6. Рекламодатель обязан в полной мере нести ответственность за свою рекламу.
The advertiser is required to bear total responsibility for his advertising.

(Adapted from *Деловые люди*)
Which of these principles are observed in Russia and which ignored? Look for examples in the Russian press or on TV? What restrictions are there in your country? Give examples of misleading or incorrect advertising; give examples of the Code being enforced.

Task 15
Replace the words and phrases in English by their equivalents in Russian:

Misleading advertising всё ещё распространена в России. Реклама может *be removed from the air*, если она признана неэтичной. *Checks on outdoor advertising* проводятся регулярно. *A fine was imposed on* рекламодателей «вредной рекламы». «Закон о рекламе» *was passed* в 1995 году. Рекламодатель должен *bear full responsibility* за свою рекламу. Нельзя ассоциировать *smoking and the use of alcohol* с жизненным успехом.

Task 16

In a recent survey of Russian advertising almost two-thirds of those polled considered it to be 'untrustworthy, misleading and conducive to incorrect behaviour' («недостове́рной, вводя́щей в заблужде́ние, формиру́ющей непра́вильное поведе́ние»). *Only 7–12% were favourably disposed* («настро́ены позити́вно») *while the rest were 'don't knows'* («в затрудне́нии»).

Note the answers to the questions posed in the survey and compare the figures with your impression of attitudes in your country.

1. Наско́лько ча́сто рекла́ма даёт по́лную и достове́рную информа́цию о проду́кте?

О́чень ча́сто	2,5%
Дово́льно ча́сто	5,7%
Не о́чень ча́сто	42,5%
Почти́ никогда́	34,0%
Затрудни́лись с отве́том	15,3%

2. Наско́лько ча́сто рекла́ма вво́дит в заблужде́ние и́ли преувели́чивает по́льзу проду́кта для здоро́вья?

О́чень ча́сто	31,9%
Дово́льно ча́сто	42,1%
Не о́чень ча́сто	9,2%
Почти́ никогда́	4,3%
Затрудни́лись с отве́том	12,5%

3. Наско́лько ча́сто рекла́ма побужда́ет к пра́вильным де́йствиям, поле́зному поведе́нию?

О́чень ча́сто	1,6%
Дово́льно ча́сто	5,1%
Не о́чень ча́сто	40,9%
Почти́ никогда́	30,7%
Затрудни́лись с отве́том	21,7%

(Adapted from *Изве́стия*)

ACTIVITIES (Units 11–13)

Task 17

Hear what Russian advertisers think about their work:

Российские рекламисты о рекламе

1. «В нашей стране ситуация с рекламой вышла из-под контроля – наблюдается засилие западных роликов. Но если американскую и отечественную рекламу положить на чаши весов, то у них плохой рекламы больше. Я не люблю рекламы, которая делает зрителей дураками, не надо мне сильно разжёвывать, как именно стирает какой-то порошок. Я люблю агрессивную рекламу, которая заметна в эфире, мне не нравятся сюжеты ни о чём . . . »

'In our country the advertising situation has run out of control. We are seeing the dominance of Western TV adverts. But if we weigh up American and our own domestic advertisements they have more bad ones than we do. I don't like advertising which makes idiots of the viewers, I don't need to make a whole meal of just how some washing powder washes. I like adverts which are aggressive on air, which you notice. I don't like stories about nothing . . .'

2. «А вообще я убедился, что сегодня более популярна смешная реклама. Смешную рекламу не только лучше запоминают, но и охотнее смотрят при повторе, цитируют» (Юрий Грымов, творческий директор «Премьер-СВ»).

'On the whole I'm convinced that humorous advertising is more popular these days. Not only do they stick in the mind better, but people are more willing to watch the repeats and quote them' (Yuri Grymov, creative director of 'Premier-SV').

3. «Западные рекламисты уверены в том, что то, что идёт в Европе, будет понятно и здесь. На Западе участие известных спортсменов и артистов в рекламных роликах имеет долгие традиции и воспринимается вполне как авторитетное мнение. У нас же лицезрение знаменитого футболиста, занимающегося не своим делом, вызывает у обывателя только раздражение. Реклама – это послание потребителям, очень важно заложить в неё основы правильного восприятия. В России будущее за смелой, «шоковой» рекламой, с использованием эротических образов» (Вячеслав Бубнов, художественный руководитель студии «Аврора»).

'Western advertisers are sure that what goes on in Europe will be understood here. In the West the appearance of well-known sportspeople and performers in television adverts has long been a tradition and is seen as lending authority. But in our country watching a famous footballer doing something which is not his job only annoys the average man in the street. Advertising is a message to consumers and it is important to instil a proper understanding of it from the start. In Russia the future lies with bold, "shock" advertising using erotic images' (Vyacheslav Bubnov, art director of 'Aurora Studio'.

4. «Сего́дня на рекла́мном ры́нке наблюда́ется трево́жная тенде́нция. За небольшу́ю су́мму предлага́ются из архи́ва уже́ устаре́вшие в США ро́лики 5-ле́тней да́вности. Мо́жно снабди́ть таки́е „шеде́вры" ру́сским «сло́ганом» и запусти́ть в эфи́р. Необходи́мо серьёзно противостоя́ть подо́бной экспа́нсии. Ведь э́то почти́ то же са́мое, что наде́ть боти́нки, кото́рые кто-то уже́ носи́л» (Ива́н Чимбуро́в, тво́рческий дире́ктор рекла́много аге́нтства «Ви́део-Интерне́шнл»).

'We are seeing an alarming tendency in our advertising market these days. We are being offered, at low cost, 5-year old television adverts out of date in the USA. It is possible to supply these "masterpieces" with a Russian slogan and launch them on air. We need to counter this spread seriously. It's almost as bad as putting on boots someone else has worn' (Ivan Chimburov, creative director of the 'Video-International' agency).

5. «Я не ду́маю, что росси́йским потреби́телям тре́буется осо́бая специ́фика рекла́мных иде́й. К само́й росси́йской рекла́ме я отношу́сь крити́чно. В ней мно́го апло́мба, но ма́ло конкре́тных уда́ч. Да́же когда́ росси́йские рабо́ты получа́ют каки́е-то при́зы, ча́сто э́то по причи́нам экзо́тики, а не благодаря́ профессионали́зму. Сего́дня наблюда́ется кри́зис жа́нра среди́ росси́йских рекламопроизводи́телей» (Йгорь Луц, тво́рческий дире́ктор росси́йского отделе́ния ВВДО).

'I don't think that Russian consumers need any specific advertising ideas. I am critical towards Russian advertising itself. It has a lot of aplomb, but not much in the way of actual success. Even when Russian works get a prize or two it is often due to their exotic quality, not their professionalism. These days we are seeing a crisis of genre among Russian advertising men' (Igor Lutz, creative director of the Russian branch of VVDO).

(Adapted from *Деовы́е лю́ди*)

As you see, Russian advertisers have conflicting ideas about their business. See if you remember their opinions when translating the English words and phrases in this passage into Russian:

У большинства́ росси́йских реклами́стов *different opinions* о том, како́й должна́ быть рекла́ма. Одни́м нра́вится *aggressive advertising*, други́е отдаю́т предпочте́ние *to humorous advertising*, тре́тьи счита́ют, что бу́дущее принадлежи́т *to shock advertising with the use of erotic*

126

images. К сожалению, по телевизору часто показывают *American TV adverts, usually out-of-date, with a Russian slogan.* Не всё, что популярно на Западе, будет понятно *to Russian consumers.*
Do you share any of these opinions? Why?

Task 18

In an interview with a journalist from the journal Деловые люди, *the General Director of the limited company (АОЗТ)* «ОРТРеклама» *and Chairman of the Board of Directors of* «Премьер-СВ» *advertising agency, Sergei Lisovsky, answers questions about the state of the advertising business in Russia. First interpret or translate the conversation between them and then write a report of this interview, commenting on what he says and explaining his main concern:*
Note:

благотворительный фонд	charity fund
большой скачок	huge leap
лжепатриотический	pseudo-patriotic
мнимая забота	hypocritical concern
общечеловеческие ценности	human values
ограничение	restriction
освоение новых технологий	mastering of new technology
отпугнуть	to frighten
популистские цели	populist aims
поток	stream
придерживаться	to keep to, hold on to
съёмка	filming

Journalist: Is it possible to apply anti-dumping laws (see p. 175-6) to Western advertisers in order to stimulate your own advertising industy?
S.Lisovsky: Стимулировать отечественное рекламопроизводство необходимо, но не теми решениями, которые могут отпугнуть западных клиентов. Мне кажется, что те, кто призывает к таким ограничениям, придерживаются чисто популистских целей. Они просто убирают конкурентов под лжепатриотическими лозунгами „мы за русское", но не ставят более глобальных задач.

J: What are the specifics of Russian television advertising and how can its standard be assessed?
S.L: Мне не кажется, что она какая-то особая. Иногда русские режиссёры могут быть понятнее нашему потребителю, но в потоке их

продукция похожа на западную. Надо заметить, что наша реклама сделала большой скачок в своём развитии. Но на сегодняшний день основная проблема её производителей заключается в освоении новых технологий и недостатке средств для съёмок.

J: What do you make of the ban on tobacco and alcohol advertising on television on the pretext that it is propaganda for harmful habits?
S.L: Это ещё один популистский ход. Непонятно, ради чего он был сделан, ведь это мнимая забота о людях. Трудно представить, что здоровью нашего инженера серьёзный вред может нанести "Marlboro" или "Martini". А реально страна не досчиталась больших денег – около 20 процентов телевизионного бюджета потеряно. Подобные «антиалкогольный» и «антиникотиновый» запреты не решат ни одной социальной проблемы.

J: People have been doing non-commercial advertising in the world for a long time, and whole programmes exist – social, cultural and ecological. What is the state of social advertising in Russia?
S.L: Согласно мировой практике, социальная реклама производится за счёт государства, общественных или благотворительных фондов. У нас же реклама снимается в основном за счёт агенств, а размещается за счёт телевизионных бюджетов. Но я считаю, социальная реклама необходима, чтобы напомнить нам об элементарных вещах, привлечь внимание к общечеловеческим ценностям. Реклама может нести позитивное начало, воздействуя на сознание людей. После ролика «Позвоните родителям» я всегда набираю их номер.

See if you remember the views of Russian advertisers by choosing the best answer. All Russian advertisers agree that:
1.   в России сейчас засилье западных роликов
2.   надо ограничивать использование западной рекламы
3.   качество российской рекламы намного выше, чем западной
4.   реклама на сигареты и алкоголь поощряет распространение вредных привычек
5.   смешная реклама лучше запоминается

In the opinion of Russian advertisers the main problem is:
1.   недостаток средств и низкая технология
2.   стремление подражать западной рекламе

3. отсу́тствие профессионали́зма
4. отсу́тствие ю́мора

Task 19
Comment on the following information from Изве́стия; *what conclusions can be drawn from it?*

1. Согла́сно социологи́ческому иссле́дованию, проведённому в 1999 году́ компа́нией Gallup Media, большинство́ россия́н отно́сятся к рекла́ме отрица́тельно (треть россия́н её вообще́ терпе́ть не мо́жет).

According to a sociological study conducted in 1999 by Gallup Media, a majority of Russians were unfavourably disposed to advertising (a third of Russians could not stand it at all)

Отноше́ние россия́н к рекла́ме

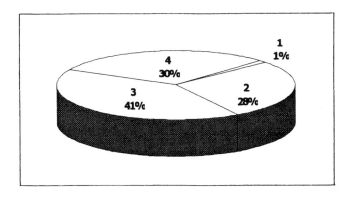

1. О́чень нра́вится
2. В о́бщем, нра́вится
3. В о́бщем, не нра́вится
4. Совсе́м не нра́вится

2. Одна́ко нелюбо́вь к рекла́ме не означа́ет, что лю́ди её испо́льзуют. По да́нным иссле́дования, 47% по́льзовался е́ю не раз. Среди́ 37 миллио́нов «нелюби́телей рекла́мы» бы́ло 18 миллио́нов потреби́телей бульо́нных ку́биков Gallina Blanca, 16,5 миллио́нов

челове́к стира́ют порошко́м Tide, а 13,6 миллио́нов челове́к мо́ют посу́ду при по́мощи Fairy.

However, dislike of advertising does not mean that people do not use it. According to the data in the study more than 47% used it more than once. Among the 37 million who 'don't like advertising' there were 18 million users of 'Galina Blanca' chicken cubes, while 16·5 million wash their clothes with 'Tide' and 13·6 million wash up with the help of 'Fairy'.

3. Специали́сты попыта́лись дать социа́льный портре́т «челове́ка, кото́рый не лю́бит рекла́му». Эти лю́ди в сре́днем на 7 лет ста́рше «люби́телей рекла́мы», среди́ них бо́льше пенсионе́ров (28% про́тив 17%), бо́льше люде́й ни́зкого материа́льного доста́тка (53% про́тив 41%). Причём, среди́ «люби́телей рекла́мы» непропорциона́льно мно́го же́нщин и дете́й.

Experts have tried to give a picture of the typical 'person who does not like advertising'. On average these people are 7 years older than those who 'like advertising'; there are more pensioners among them (28% as against 18%) and more people with low-incomes (53% as against 41%). At the same time there are disproportionately more women and children among those who 'like advertisements'.

How do you think the results of this survey compare with attitudes towards advertising in your country?

Task 20
Design an advertising campaign. You may advertise a product, a firm, an event or a service; decide yourself. Do not forget that you are advertising in Russia, so take into account the economic situation and the Russian mentality:
Note:

аппели́ровать	to appeal
смотри́бельное вре́мя	prime time

1. Марке́тинговый ана́лиз: определи́те специ́фику това́ра и́ли услу́ги, кото́рые вы собира́етесь реклами́ровать, чем они́ отлича́ются от аналоги́чных това́ров, уже́ существу́ющих на ры́нке, кого́ они́ мо́гут заинтересова́ть.
2. Размеще́ние рекла́мы (где лу́чше размеща́ть свою́ рекла́му):
если вы собира́етесь размеща́ть рекла́му в пре́ссе, вы́берите в каки́х газе́тах и журна́лах э́то лу́чше сде́лать, каки́е чита́тели у э́тих

публика́ций, како́й пу́блике бу́дет аппели́ровать ваш това́р, ва́ша услу́га;

е́сли вы собира́етесь испо́льзовать телерекла́му, реши́те, в како́е вре́мя лу́чше реклами́ровать ваш проду́кт: когда́ са́мая подходя́щая аудито́рия смо́трит телеви́зор, како́е вре́мя са́мое смотри́бельное;

е́сли вы собира́етесь испо́льзовать ра́дио, соста́вьте радиорекла́му ва́шего това́ра, услу́ги. Стара́йтесь быть я́сным и кра́тким, осо́бенно, что каса́ется преиму́щества ва́шего това́ра.

Task 21

Which products do the following slogans advertise? Match them with the products in brackets (computers; television set; razor blade; washing powder; cola drink; hair dye):

«С на́ми вы не уда́рите лицо́м в грязь»

«Че́рез час вы себя́ не узна́ете»

«Волна́ за волно́й, глото́к за глотко́м»

«Я́блоки, кото́рые не по́ртятся»

«Э́то не сон, э́то со́ни»

«Жиле́т – лу́чше для мужчи́ны нет»

Task 22

Russian advertisers and marketing experts may resort to simple tricks to sell their products; comment on this technique and suggest further examples:

Из-за отсу́тствия правово́го регули́рования в о́бласти росси́йского рекла́много де́ла не́которым фи́рмам удало́сь сбыть в Росси́и нека́чественные това́ры, замаскиро́ванные под проду́кцию широко́ изве́стных фирм. Доста́точно бы́ло вме́сто "Panasonic" назва́ть магнитофо́н "Panasonix" и́ли "Panasound", как спрос на подо́бную электро́нику был обеспе́чен. Росси́йским потреби́телям, купи́вшим кроссо́вки "Adias", да́же каза́лось, что приобрета́ют не что ино́е, как "Adidas", а бу́ква "d" про́сто «куда́-то вы́пала».

Due to the absence of legal regulation in the Russian advertising field some firms have managed to sell poor-quality goods camouflaged as well known makes. It was enough to call a tape recorder 'Panasonix' or 'Panasound' instead of 'Panasonic' for demand for such a machine to be guaranteed. Russian consumers who had bought 'Adias' trainers thought they were buying none other than 'Adidas' and that the letter 'd' had 'simply dropped out'.

The law on advertising passed in 1995 was intended to put an end to such practices; it declared:

«рекла́ма, с по́мощью кото́рой рекламода́тель умы́шленно вво́дит в заблужде́ние потреби́теля, явля́ется заве́домо ло́жной рекла́мой. И рекламода́тель до́лжен нести́ по́лную отве́тственность за своё рекла́мное посла́ние.»

'An advertisement with the help of which an advertiser deliberately misleads a consumer is an intentionally false advertisement, and the advertiser must bear complete responsibility for his advertising message.'
Do you consider this adequate to prevent advertising fraud in the future?

Task 23
Complete each sentence by using an appropriate form of the words in brackets:

(рекла́ма)   Ры́ночная эконо́мика не мо́жет существова́ть без . . . . .
                 По́сле фина́нсового кри́зиса ситуа́ция на . . . . . ры́нке ре́зко измени́лась.
                 . . . . . таба́к и алкого́ль на телеви́дении сейча́с запрещено́.
                 Росси́йские . . . . . неда́вно получи́ли приз за лу́чшую рекла́му.
                 Подро́стки подтверди́ли, что они́ тра́тили карма́нные де́ньги на . . . . . по ТВ сигаре́ты.

(потребле́ние) В росси́йских шко́лах де́ти изуча́ют но́вый предме́т: «защи́та прав . . . . . ».
                 Цель рекла́мы –организова́ть . . . . . спрос на проду́кт.
                 Ещё неда́вно россия́не . . . . . бо́льше за́падных проду́ктов.
                 По́сле кри́зиса увели́чилось . . . . . росси́йской проду́кции.

(конкуре́нт)   В настоя́щее вре́мя у росси́йских аге́нтств мно́го . . . . .
                 В СССР не существова́ло рекла́мы, поско́льку не существова́ло . . . . . .

(продвига́ть)   Не вся рекла́ма спосо́бствует . . . . . това́ра.
                 По-мо́ему, эффекти́внее всего́ . . . . . э́тот това́р че́рез нару́жную рекла́му.

(производи́ть) Рекла́ма сейча́с ста́ла ориенти́роваться на оте́чественного . . . . . .
                 . . . . . рекла́мных ро́ликов тре́бует мно́го о́пыта.

(опрáшивать) Большинствó . . . . . утверждáли, что полюбúли сигарéты "Camel" благодаря рекламе.

Бы́ло . . . . . две ты́сячи человéк.

. . . . . проводúлся среди всех слоёв населéния.

(размещáть) На стóимость . . . . . рекламы влия́ют рéйтинг телепрогрáмм и врéмя передáчи.

Размещáть рекламы на нóвый телевúзор будет . . . . . в СМИ.

Task 24

Using the information provided in this lesson answer these questions in Russian:

1. Как вы отнóситесь к рекламе?
2. Какáя рáзница мéжду россúйской и зáпадной рекламой?
3. Влия́ет ли реклама на óбщество?
4. Какóй вид рекламы, по-вáшему, сáмый эффектúвный? Почему́?
5. Мóжет ли крýпный бúзнес существовáть без рекламы?
6. Как вы считáете – мнóго ли покáзывают рекламы по телевúзору úли нет?
7. Доверя́ете ли вы рекламе? Почему́?
8. Что, по-вáшему, мóжно и что нельзя́ испóльзовать в рекламе?
9. Как вы ду́маете: ну́жен ли госудáрственный контрóль над
10. рекламой?
11. Почему́ россия́не отнóсятся к рекламе негатúвно?
12. Какúе вúды рекламы мóжно сейчáс вúдеть в Россúи?

БА́НКОВСКАЯ СИСТЕ́МА РОССИ́И

> In this chapter you will find out about the present Russian banking system:
> - the Central Bank of Russia
> - commercial banks and their activities
> - the Savings Bank
> - the changes in the Russian banking system since the financial crisis of August 1998
> - small- and medium-sized banks
> - foreign banks in Russia

UNIT 14
Центробáнк и коммéрческие бáнки

Текст 14.1
Дéятельность центрáльного бáнка

валю́тный счёт	foreign currency account
вклад, депози́т	deposit
вкáдчик, депози́тор	depositor
выпускáть в обращéние	to issue, put into circulation
двухýровневый	two-level
дéнежный знак	banknote
изымáть/изъять	to withdraw
обязáтельные резéрвы	compulsory reserves
одóлжить	to lend
осуществля́ть эми́ссию	to issue, carry out an emission
отзывáть/отозвáть лицéнзию	to revoke a licence
прогорáть/прогорéть	to go bankrupt
процéнтная стáвка	interest rate
резéрвные трéбования	reserve requirements
соблюдáть прáвила	to observe the rules
срок	time, period
текýщий счёт	current account
устáвный капитáл	charter capital
храни́ть	to keep
эмиссиóнный банк	issuing bank

Как и в большинстве стран в России банковская система организована по двухуровневому принципу. Первый уровень – Центральный банк (Банк России), второй – коммерческие банки. Центробанк принадлежит государству и является эмиссионным банком. Только он имеет право выпускать в обращение деньги (осуществлять эмиссию денежных знаков). Центробанк не обслуживает частных лиц и фирмы. Он ведёт дела только с государством и коммерческими банками. Он организует и контролирует всё денежное обращение в стране, например, устанавливает главную процентную ставку, под который выдаёт коммерческим банкам кредиты.

Центробанк устанавливает резервные требования (норму обязательных резервов). Все коммерческие банки должны хранить часть своих денежных средств в Центральном банке, и они не имеют права изъять их, когда им это захочется.

Обязательные резервы устанавливаются в процентах к общей сумме денег, находящихся в банке на разных счетах. Например, с 1 мая 1995 года Центробанк России установил для коммерческих банков следующие ставки обязательных резервов:

по текущим счетам и депозитам на срок до 30 дней	20,0%
по депозитам на срок 30 – 90 дней	14,0%
по депозитам на срок свыше 90 дней	10,0%
по валютным счетам	1,5%

Конечно, чем короче срок, на который банки получают деньги вкладчиков, тем выше норма резервов. Эти резервные средства могут использоваться коммерческим банком в трудной ситуации во время банковского кризиса. Центробанк может одолжить „прогоревшему банку" эту сумму. Можно сказать, что Центробанк является „банком банков".

Коммерческие банки могут возникнуть только при поддержке Центрального банка, ибо Центробанк должен выдать лицензию на проведение банковских операций (он же может отозвать лицензию, если коммерческий банк не соблюдает законы и правила). Центробанк также устанавливает уставный капитал, то есть размер денежных средств, которые банк должен иметь, чтобы осуществлять кредитные операции. В свою очередь, коммерческие банки выдают кредиты фирмам и частным лицам, а центральный банк регулирует их кредитную эмиссию.

БАНКОВСКАЯ СИСТЕМА СТРАНЫ

(From И. В. Липсиц *Экономика*, Москва, 1998г.)

Чтобы уменьшить кредитную эмиссию в стране, он может повысить норму резервов для коммерческих банков, и, наоборот, чтобы увеличить эмиссию – снизить резервную норму. Таким образом, система обязательных резервов выполняет важную функцию, позволяя Центробанку увеличивать и уменьшать объём всех кредитов в стране, и ЦБ может регулировать количество денег на рынке капитала. А это, в свою очередь, позволяет ему влиять на уровень инфляции. Ведь когда в стране образуется избыток денег, цены повышаются, и в экономике начинается инфляция. Если в этот момент Центробанк увеличит резервные требования, то кредитная эмиссия сократится. Прирост денег в стране замедлится, и инфляция начнёт падать. Борьба с инфляцией – одна из задач Центрального банка.

Answer these questions in English and Russian:
   What two main categories of bank exist in any country and how are they different?

   Какие две главные категории банков существуют в любой стране и чем они различаются?

136

What are the main functions of the Central Bank?

Каковы́ основны́е фу́нкции Центробáнка?

What is meant by reserve requirements?

Что такóе резéрвные трéбования?

How are they set up?

Как они́ устанáвливаются?

Why are compulsory reserves necessary?

Почему́ необходи́мы обязáтельные резéрвы?

What are the functions of commercial banks?

Каковы́ фу́нкции коммéрческих бáнков?

How does the Central Bank control the credit emissions of commercial banks?

Как Центробáнк контроли́рует креди́тную эми́ссию коммéрческих бáнков?

How can the Central Bank influence the tempo of inflation in the country?

Как Центробáнк мóжет влия́ть на тéмпы инфля́ции в странé?

Which of these is not the function of the Central Bank?

1. Он выпускáет нали́чные дéньги.
2. Он дéйствует как „банк бáнков".
3. Он обслýживает предприя́тия и организáции.

KEY TERMS

Эми́ссия – вы́пуск госудáрством дополни́тельного коли́чества дéнежных знáков.

Issuing is the release by the state of an additional quantity of banknotes.

Резéрвные трéбования – нóрма обязáтельных резéрвов и́ли дóля вклáдов, котóрые бáнки обязáтельно должны́ держáть в кáчестве резéрвов. Устанáвливается Центрáльным бáнком страны́.

Reserve requirements are the norm for compulsory reserves or the proportion of deposits the banks are obligatorily required to keep as reserves. It is set by the country's Central Bank.

Устáвный капитáл – капитáл, котóрым банк дóлжен облáдать, чтóбы занимáться бáнковской дéятельностью.

Charter capital is the capital the bank must have in order to engage in banking operations.

137

Task 1

Complete each sentence by forming an adjective from the noun in brackets:

(эми́ссия) Центра́льный банк явля́ется . . . . . ба́нком.

(де́ньги) Центроба́нк контроли́рует всё . . . . . обраще́ние в стране́.

(проце́нт) В э́том году́ Центроба́нк реши́л повы́сить . . . . . ста́вку для комме́рческих ба́нков.

(банк) В 1995 году́ Автоба́нк получи́л лице́нзию на проведе́ние всех . . . . . опера́ций.

(комме́рция) По́сле кри́зиса мно́гие . . . . . ба́нки лиши́лись лице́нзии.

(креди́т) Благодаря́ жёсткой . . . . . поли́тике ЦБ эми́ссия ре́зко сократи́лась.

(резе́рвы) Ба́нки мо́гут по́льзоваться свои́ми . . . . . сре́дствами то́лько в кри́зисной ситуа́ции.

(валю́та) . . . . . счёт мо́жно сейча́с откры́ть в любо́м ба́нке.

Task 2

Replace the words in English by their Russian equivalents:

Комме́рческие ба́нки не мо́гут в любо́й моме́нт изъя́ть свой *compulsory reserve*, кото́рые храня́тся в Центроба́нке. Разме́р *of charter capital* устана́вливается Центроба́нком. Центроба́нк мо́жет *influence the level of inflation*, увели́чивая и́ли уменьша́я разме́р *of reserve requirements*. В про́шлом году́ *the interest rates* для комме́рческих ба́нков бы́ли сли́шком высо́кие. Большинство́ ба́нков *observe laws and rules*. Обы́чно инфля́ция начина́ется, когда́ в стране́ существу́ет *a surplus of money*.

Текст 14.2
Де́ятельность комме́рческих ба́нков

ГКО (госуда́рственная краткосро́чная облига́ция)	state short-term bond
дохо́дность	profit, yield
крах, круше́ние	collapse
надёжный	reliable
назанима́ть	to borrow
неплатежеспосо́бный	insolvent
неруши́мый	inviolable
облига́ция	bond, treasury bill
охва́т регио́на	scope of the region
привлека́ть/привле́чь	to attract

привлече́ние	attraction
привлечённый	attracted
разоре́ние	ruin
располага́ть сре́дствами	to have means at one's disposal
расчётно-ка́ссовое обслу́живание	cash transaction services
ру́хнуть	to collapse
совладе́лец	co-owner

Систе́ма комме́рческих ча́стных ба́нков Росси́и начала́ развива́ться то́лько в нача́ле 90-х годо́в, тогда́ же бы́ли при́няты пе́рвые зако́ны «О Центра́льном ба́нке» и «О ба́нках и ба́нковской де́ятельности». Сего́дня в стране́ насчи́тывается в стране́ о́коло 1400 ба́нков. Большинство́ из них изве́стны как комме́рческие ба́нки, хотя́ все они́ о́чень разнообра́зны и по ти́пам со́бственности, и по охва́ту регио́на, и по хара́ктеру де́ятельности. Есть среди́ них по́лностью ча́стные ба́нки, а есть и госуда́рственные и́ли полугосуда́рственные, когда́ госуда́рство явля́ется их совладе́льцем (наприме́р, Сберега́тельный банк Росси́и – ча́стный комме́рческий банк, но госуда́рству принадлежи́т са́мый большо́й паке́т его́ а́кций).

При всём разнообра́зии комме́рческих ба́нков все они́ занима́ются типи́чно ба́нковскими опера́циями – осуществля́ют расчётно-ка́ссовое обслу́живание, инвести́руют произво́дство, выдаю́т креди́ты фи́рмам и ча́стным ли́цам.

Комме́рческие ба́нки та́кже занима́ются спекуляти́вными опера́циями, то есть вкла́дывают часть де́нежных средств в це́нные бума́ги (преиму́щественно госуда́рственные облига́ции), от кото́рых они́ получа́ют проце́нт. В 1995 – 1998 года́х основну́ю часть свои́х средств ба́нки вкла́дывали не в произво́дство, а в приобрете́ние ГКО (госуда́рственных краткосро́чных облига́ций), кото́рые дава́ли высо́кий проце́нт. Дохо́дность ГКО доходи́ла до 150%. Привлечённые тако́й высо́кой дохо́дностью облига́ций, ба́нки вкла́дывали в них все свои́ сре́дства и сре́дства свои́х вкла́дчиков. Инкомба́нк, наприме́р, име́ющий репута́цию о́чень надёжного ба́нка и занима́ющий второ́е ме́сто по числу́ вкла́дчиков, „назанима́л" у свои́х клие́нтов де́нег в три ра́за бо́льше, чем был в состоя́нии верну́ть.

К сожале́нию, ры́нок ГКО оказа́лся фина́нсовой пирами́дой, и, как все пирами́ды, до́лжен был ру́хнуть ра́но и́ли по́здно. Что и произошло́ в а́вгусте 1998 го́да, вы́звав фина́нсовый кри́зис и приведя́ к разоре́нию мно́гие ба́нки, осо́бенно кру́пные, изве́стные как ба́нки-олига́рхи, кото́рые, располага́я грома́дными фина́нсовыми сре́дствами, влия́ли на политическую жизнь страны и считались нерушимыми, и которые первыми пострадали от подобных рисковых операций.

После финансового кризиса 1998 года перед Центробанком встала проблема реструктуризации банковской системы. Какие банки должны быть объявлены неплатёжеспособными и поэтому лишены лицензии? Какие банки должны быть сохранены и поэтому должны получить поддержку? Решено было поддержать сильные „окологосударственные" банки, связанные с Центробанком, правительством Москвы, «Газпромом», а также региональные, мелкие и средние банки. Что касается крупных банков, многие из них, как Инкомбанк, должны быть обанкрочены , кроме „системообразующих" банков, которые, по мнению Центробанка, банкротить нельзя ни при каких обстоятельствах (СБС–Агро, Промстройбанк России, банк «Российский кредит») и которым поэтому должна быть оказана поддержка.

(Adapted from *Экономика и жизнь*)

Answer these questions in English and Russian:

When did the first commercial banks appear in Russia?

Когда появились первые коммерческие банки в России?

What services do the banks provide?

Какие услуги предоставляют банки?

Where do commercial banks invest their money?

Куда вкладывают деньги коммерческие банки?

Why did banks take part in the GKO market?

Почему банки участвовали в рынке ГКО?

What is meant by GKO?

Что такое ГКО?

What were the consequences of the collapse of the GKO market?

К чему привело крушение рынка ГКО?

Who suffered in the first instance?

Кто пострадал в первую очередь?

Task 3

Choose the most appropriate phrase to complete these sentences:
Настоящую банковскую систему в России составляют
1. коммерческие банки
2. центральный эмиссионный банк и сеть коммерческих банков
3. Госбанк и государственные специализированные банки.

Центра́льный банк осуществля́ет
1. эми́ссию де́нег
2. опера́ции с це́нными бума́гами акционе́рных компа́ний
3. кредитова́ние населе́ния.

Комме́рческие ба́нки
1. осуществля́ют кредитова́ние предприя́тий
2. занима́ются эми́ссией де́нег
3. уча́ствуют на ры́нке це́нных бума́г.

Клие́нты ба́нка мо́гут быть
1. ча́стные ли́ца
2. юриди́ческие ли́ца
3. госуда́рство.

KEY TERMS

Акти́вы – всё це́нное, что явля́ется со́бственностью госуда́рства, фи́рмы, челове́ка.
Assets are all that is valuable and which is the property of the state, firm or individual.

ГКО – госуда́рственная краткосро́чная облига́ция с пери́одом обраще́ния от трёх до шести́ ме́сяцев.
'GKO's are state short-term bonds with a term of maturity from three to six months.

Облига́ция – вид це́нных бума́г с фикси́рованным дохо́дом. Вы́пустивший облига́цию обеща́ет вы́платить фикси́рованную де́нежную су́мму в определённый моме́нт и́ли выпла́чивать проце́нты.
Bonds are types of securities with a fixed income. The issuer of the bond promises to pay a fixed sum of money at a certain time or to pay out interest.

Реа́льный се́ктор эконо́мики – вся́кая экономи́ческая де́ятельность, относя́щаяся к произво́дству.
The 'Real' sector of the economy is any economic activity related to production.

Реструктуриза́ция ба́нковской систе́мы – ко́мплекс мер, напра́вленных на оздоровле́ние ба́нковской систе́мы и ликвида́цию неплатежеспосо́бных ба́нков.

Restructuring of the banking system means the whole complex of measures directed at the recovery of the banking system and liquidation of insolvent banks.

Фина́нсовая пирами́да – де́ятельность фина́нсовых учрежде́ний, осно́ванная на выпла́чивании дохо́да „ста́рым" вкла́дчикам исключи́тельно за счёт прито́ка „но́вых".
Financial pyramids are operations by financial institutions based on payment to 'old' investors exclusively from the influx from the 'new'.

Це́нные бума́ги – докуме́нты, даю́щие пра́во на получе́ние дохо́да. Са́мые распространённые ви́ды це́нных бума́г – а́кция и облига́ция.
Securities are documents that give the right to receive income. The commonest kind of securities are shares and bonds.

Task 4
Replace the words and phrases in English by their Russian equivalents:
   К сожале́нию, интере́сы ба́нков *were concentrated* на фина́нсовых ры́нках. Для ба́нков бы́ло вы́годнее вкла́дывать *in securities*, чем в произво́дство. *State short-term bonds* дава́ли са́мый высо́кий проце́нт. Ба́нки *were attracted* высо́кой дохо́дностью облига́ций. *The collapse of the market* ГКО привёл *to the ruin* мно́гих ба́нков. Комме́рческие ба́нки *provide many services*. Все ба́нки осуществля́ют *cash transaction services*. Мно́гие комме́рческие ба́нки *were declared insolvent*, а не́которые из них *were deprived of their licences*. *Recovery of the banking system* — основна́я зада́ча реструктуриза́ции.

UNIT 15
Сберега́тельный банк Росси́йской Федера́ции

Текст 15. 1
Его́ ме́сто в ба́нковской систе́ме

доброво́льно	voluntarily
ипоте́ка	mortgage, personal loan
ипоте́чное кредитова́ние	mortgaging
перево́д вкла́дов	deposit transfer
подразделе́ние	department
преобразова́ть	to transform
Сберега́тельный банк (Сберба́нк)	Savings Bank
сбереже́ния	savings

сосредоточить	to concentrate
ссуда	loan
хранение	keeping, preserving
течь	to flow
частное (физическое) лицо	private individual
юридическое лицо	legal entity

Сбербанк (Сберегательный банк Российской Федерации) занимает особое положение в российской банковской системе. Это бывший государственный специализированный банк СССР, ответственный за хранение сбережений граждан. Хотя в 1991 году он был преобразован из государственного в коммерческий, государство сохранило над ним контроль – ему принадлежит 57,7% акций Сбербанка. Благодаря связям с государством, Сбербанк имеет неограниченные возможности для привлечения финансовых средств как населения, так и юридических лиц. Сегодня в нём сосредоточено более 86,8% всех сбережений граждан. В связи с тем, что юридические лица (предприятия) тоже после кризиса 17 августа 1998 года предпочитают обслуживаться в банках под контролем государства (таких как Сбербанк, Внешторгбанк, Внешэкономбанк, Моснарбанк), прибыль концентрируется именно там. Так согласно рейтингу, в конце 1999 года Сбербанк оказался самым прибыльным и самым клиентским банком России (см. Таб. 1 и 2; прибыль 11,4 млрд. рублей.), сосредоточив три четверти всех частных вкладов в стране (204,5 млрд. рублей).

Сбербанк является единственным банком, вклады в котором гарантируются государством. Но чтобы деньги российских вкладчиков продолжали течь в Сбербанк, необходимо, чтобы он не терял в глазах вкладчиков свой авторитет. И надо сказать, что пока Сбербанку удаётся сохранить свою репутацию. В ситуации, когда стабильность всей банковской системы была под угрозой, надёжность Сбербанка, по-прежнему, не вызывала сомнений у российских юридических и физических лиц. Поэтому Сбербанк сыграл стабилизирующую роль во время кризиса, заключая соглашения с проблемными банками и беря на себя добровольно выплату по счетам их вкладчиков. Тысячи вкладчиков перевели свои счета в Сбербанк. В результате перевода вкладов только из шести проблемных банков в Сбербанк его ресурсы увеличились на 10 млрд. рублей. Но надо сказать, что затраты Сбербанка были так велики, что Центральный банк России вынужден был осуществить новую эмиссию денежных знаков.

О популя́рности Сберба́нка среди́ населе́ния, осо́бенно среди́ люде́й пожило́го во́зраста, говоря́т тот факт, что мно́гие комме́рческие ба́нки продолжа́ют называ́ть подразделе́ния свои́х ба́нков «Сберка́сса» и́ли да́же «Сберба́нк», как в ста́рые до́брые времена́, понима́я, что лю́ди прихо́дят в ба́нки, потому́ что сло́во «Сберба́нк» означа́ет я́сность и надёжность.

А неда́вно Сберба́нк Росси́и стал уча́стником популя́рной програ́ммы. Он официа́льно объяви́л о своём уча́стии в програ́мме прави́тельства Москвы́ по ипоте́чному кредитова́нию физи́ческих лиц. Любо́й жи́тель Москвы́ мо́жет тепе́рь пода́ть докуме́нты на получе́ние ссу́ды и по́сле внесе́ния 30% сто́имости кварти́ры получи́ть креди́т на оста́вшуюся су́мму сро́ком до 10 лет.

(Adapted from *Коммерса́нтъ. Де́ньги*)

Answer these questions in English and Russian:

Why does *Sberbank* occupy a special place in the Russian banking system?

Почему́ Сберба́нк занима́ет осо́бое ме́сто в ба́нковской систе́ме Росси́и?

How did *Sberbank* play a stabilising role during the crisis?

Какова́ была́ стабилизи́рующая роль Сберба́нка во вре́мя кри́зиса?

Why is *Sberbank* popular among the older members of the population

Почему́ Сберба́нк популя́рен среди́ пожило́го населе́ния?

What is mortgaging?

Что тако́е ипоте́чное кредитова́ние?

KEY TERM

Ипоте́ка — переда́ча заёмщиком креди́тору пра́ва на недви́жимость в ка́честве обеспече́ния ссу́ды.

A mortgage is the handing over by the borrower to the creditor of the rights to property as a guarantee of the loan.

Task 5

Replace the words and phrases in English by their Russian equivalents:

Сберба́нк, отве́тственный за хране́ние *of all savings* россия́н, оказа́лся *the most reliable bank. According to ratings* Сберба́нк за́нял пе́рвое ме́сто *among the most profitable banks. Thanks to its connections with the state* Сберба́нк мо́жет привлека́ть сре́дства как физи́ческих, так и юриди́ческих лиц. По́сле кри́зиса мно́гие вкла́дчики *transferred their deposits* в Сберба́нк. *After transferring their deposits* ресу́рсы Сберба́нка значительно возросли. Центробанк должен был *to carry out the issuing of money*, чтобы покрыть расходы Сбербанка. Сбербанк участвует в *mortgaging programme*.

Task 6
On the Internet Sberbank Rossii *provides the following information about its activities. See if you can fill in the gaps by choosing the right word or phrase (in the right grammatical form) from these:*

акционер; акционерное общество; акция; банковские услуги; зарегистрировать; общество открытого типа; привлечение; расчётно-кассовое обслуживание; составлять, уставный капитал; учредитель; физическое лицо; филиал; филиальная сеть; юридическое лицо

Акционерный коммерческий Сберегательный банк Российской Федерации (Сбербанк России)

Создан в форме . . . . в соответствии с законом РСФСР* «О банках и банковской деятельности» в РСФСР. . . . . . Сбербанка России является Центральный Банк Российской Федерации. 20 июня 1991 года Акционерный коммерческий Сберегательный банк Российской Федерации (Сбербанк России) был . . . . . в Центральном Банке Российской Федерации. Регистрационный номер – 1481.

Банк является юридическим лицом и со своими . . . . . и другими подразделениями . . . . . единую систему Сбербанка России. . . . . .
. . . . . Сбербанка по всей стране включает 71 территориальный банк, 1612 отделений, 23.223 филиала отделений, 154 агентства (на 01.01.2000).

Сбербанк России является акционерным . . . .
Среди его . . . . . Центральный Банк Российской Федерации (57,7% . . . . .), более 300 тысяч . . . . . и . . . .

Основной целью деятельности Сбербанка России является . . . . . денежных средств населения и . . . . физических лиц, а также осуществление полного комплекса . . . . для . . . . .

---

* РСФСР – Российская Советская Федеративная Социалистическая Республика, the name of the Russian Federation when it was the largest of the 15 republics of the USSR.

. . . . . . оплаченный . . . . – 750,1 млн. рублей (на 01.01.2000)

(http://www.sbrf.ru/ruswin/todrw.htm)

Task 7

Сбербанк России *cooperates closely with foreign banks and financial institutions; study the following information on the subject and then answer the questions:*
Note:

аудитор	auditor
двухстороннее сотрудничество	bilateral cooperation
наладить отношения	to establish relations
осуществлять контакты	to implement contacts
поддерживать контакты	to maintain contacts
предпосылка	premise
реализовать программу	to put a programme into operation
совершенствовать работу	to improve the work
в частности	in particular

Сотрудничество Сбербанка России с зарубежными банками и кредитно-финансовыми институтами

Сбербанк России поддерживает деловые контакты с кредитно-финансовыми институтами, фирмами и организациями целого ряда зарубежных стран Европы, Северной Америки, Азии.

1. Устойчивые отношения налажены с Объединением немецких сберегательных касс и его учреждениями – Немецкой Академией Сберкасс и Фондом Немецких Сберкасс по Международному Сотрудничеству. В частности, с Фондом реализована масштабная программа повышения квалификации специалистов и руководителей филиалов Сбербанка России. Развивается двухстороннее сотрудничество филиалов Сбербанка России и немецких сберкасс на региональном уровне. Регулярные рабочие контакты и обмен информацией осуществляются с крупными немецкими банками, как «Дойче Банк», «Дрезднер Банк», «Коммерцбанк» и другие.

2. Постоянный характер носит сотрудничество с банками «Креди Лионэ», «Банк Насьональ де Пари», «Креди Коммерсиаль де Франс» и рядом других французских банков, в том числе в области совершенствования работы на рынке ценных бумаг.

3. Банки США являются крупнейшими иностранными партнёрами Сбербанка России. Ведущую роль в этом сотрудничестве играют «Банк оф Нью-Йорк», «Чейз Манхеттен Банк», «Рипаблик Нэшнл Банк оф Нью-Йорк». Банки США также остаются основными партнёрами Сбербанка России в области реализации крупных проектов в сфере информационных банковских технологий.

4. В числе банков-корреспондентов и деловых партнёров Сбербанка России – ведущие английские банки «Барклайз Банк», «Нэшнл Вестминстер Банк», «Мидланд Банк».

5. Сбербанк России активно расширяет сотрудничество с международными кредитно-финансовыми организациями, в том числе в интересах привлечения средств для долгосрочного инвестирования в экономику России. В частности с Европейским банком реконструкции и развития (ЕБРР) реализуется кредитное соглашение на 100 млн. долларов по финансированию российских предприятий частного сектора и ряд других совместных программ по проектному финансированию, развитию малого и среднего бизнеса.

6. Важной предпосылкой дальнейшего развития делового сотрудничества с международными кредитно-финансовыми организациями является установившаяся с 1995 года практика назначения официального аудитора банка из числа «большой шестёрки» международных аудиторских фирм.

[http://www.sbrf.ru/ruswin/todrw.htm]

Now answer these questions in English and Russian:
With which German financial organisations does *Sberbank* have established relations?
С какими немецкими финансовыми организациями Сбербанк имеет устойчивые отношения?
In which areas is there co-operation with German banks?
В каких областях осуществляется сотрудничество с немецкими банками?
In which area is co-operation with French banks developing?
В какой области развивается сотрудничество с французским и банками?
In which area is co-operation with US banks particularly important?

В какóй óбласти сотрýдничество с бáнками США осóбенно
вáжно?

Are there any business contacts with British banks?

Есть ли деловы́е контáкты с англи́йскими бáнками?

How does *Sberbank* co-operate with international financial organisations?

Каковó сотрýдничество Сбербáнка с междунарóдными финáнсо-
выми организáциями?

What agreement has been reached with the European Bank of Recon-
struction and Development?

Какóе соглашéние заключенó с Европéйским бáнком рекон-
стрýкции и разви́тия?

Who conducts bank auditing?

Кто провóдит ауди́торскую провéрку бáнков?

UNIT 16
Бáнковская систéма пóсле кри́зиса

Тéкст 16.1
В защи́ту мéлких и срéдних бáнков

избегáть/избежáть потéрь	to avoid losses
находи́ться под опéкой	to be under the wing
обанкрóтиться	to go bankrupt
полагáться на ми́лость	to rely on charity
процветáющая странá	a flourishing country
развáливаться/развали́ться	to collapse
тéсные отношéния	close relations
ужесточáть/ужесточи́ть	tighten up
усто́йчивый	stable

До финáнсового кри́зиса 1998 гóда считáлось, что крýпные бáнки
бóлее усто́йчивы, чем мéлкие, и Центробáнк поддéрживал э́ту идéю,
старáясь всéми срéдствами сократи́ть числó мéлких и срéдних бáнков.
Он ужесточáл бáнковские нормати́вы, котóрые одинáково применя́лись
ко всем бáнкам незави́симо от их величины́ и финáнсового положéния.
Он повышáл для них размéр устáвного капитáла, лишáя их лицéнзий. В
результáте мнóгие росси́йские регио́ны, (а мéлкие и срéдние бáнки
находи́лись в основнóм в регио́нах,) остáлись без свои́х бáнков и
должны́ бы́ли полагáться на ми́лость бáнков Москвы́ и други́х крýпных
бáнков. Поли́тика ЦБР до кри́зиса былá напрáвлена на создáние
крýпных, так называ́емых „системообразýющих" бáнков, котóрые

составят осно́ву ба́нковской систе́мы*. Находя́сь под опе́кой ЦБР, э́ти ба́нки по́льзовались привилегиро́ванным положе́нием.

И вот э́та привилегиро́ванная ка́ста „системообразу́ющих" ба́нков, в основно́м занима́вшихся не кредитова́нием произво́дства, а спекуляти́вными опера́циями, развали́лась. Не́сколько деся́тков их обанкро́тились, а у всем изве́стного Инкомба́нка вообще́ отозвана лице́нзия.

Гла́вной неожи́данностью кри́зиса оказа́лась усто́йчивость сре́дних и ме́лких ба́нков. В отли́чие от кру́пных ба́нков они́ ле́гче перенесли́ кри́зис, у них не́ было доста́точно средств, что́бы вести́ рабо́ту на риско́ванных ры́нках ГКО, поэ́тому они́ и смогли́ избежа́ть поте́рь в моме́нты кри́зиса. Их отноше́ния с клие́нтами оказа́лись стаби́льнее, чем у кру́пных ба́нков. Клие́нт таки́х ба́нков – обы́чно небольша́я комме́рческая структу́ра, рабо́тающая со свои́м ба́нком уже́ го́да 2–3, его́ отноше́ния с ба́нком бо́лее те́сные. Са́ми банки́ры рабо́тают с клие́нтами бо́лее индивидуа́льно. В отли́чие от кру́пных ба́нков у них есть возмо́жность сосредото́чить у себя́ ме́лкий и сре́дний би́знес, кото́рый составля́ет осно́ву предпринима́тельства и позволя́ет зараба́тывать небольшо́й, но стаби́льный дохо́д за расчётно-ка́ссовое обслу́живание.

И́менно благодаря́ индивидуа́льному подхо́ду к ка́ждому клие́нту э́ти ба́нки получи́ли возмо́жность расши́рить свою́ клиенту́ру в моме́нт кри́зиса, что они́ и сде́лали. На фо́не прогоре́вших кру́пных ба́нков надёжные сре́дние ба́нки ока́зываются для ча́стных предпринима́телей привлека́тельнее, чем вчера́шние всеси́льные ба́нки-олига́рхи. Мно́гие экономи́сты тепе́рь счита́ют, что без сре́дних и ме́лких ба́нков не мо́жет развива́ться сре́дний и ме́лкий би́знес, а без э́того Росси́я никогда́ не ста́нет экономи́чески процвета́ющей страно́й.

(Adapted from *Эконо́мика и жизнь*)

---

* ЦБР счита́л, наприме́р, что для Росси́и доста́точно 200 –300 ба́нков. На са́мом же де́ле в ры́ночной эконо́мике ры́нок до́лжен определи́ть оптима́льное коли́чество ба́нков в усло́виях свобо́дной конкуре́нции. В США, наприме́р, постоя́нно создаю́тся и банкро́тятся ме́лкие и сре́дние ба́нки. И ры́нок определи́л сре́днее их число́: 12 –14 ты́сяч.

(Adapted from *Изве́стия*)

Answer these questions in English and Russian:

What was the attitude of the Central Bank of Russia to small banks before the crisis?

Какова́ была́ поли́тика ЦБР по отноше́нию к ме́лким ба́нкам до кри́зиса?

Why did the CBR support only large banks?

Почему́ ЦБР подде́рживал то́лько кру́пные ба́нки?

Why did the large banks collapse first?

Почему́ в пе́рвую о́чередь развали́лись кру́пные ба́нки?

Why was it easier for small and medium-sized banks?

Почему́ ме́лкие и сре́дние ба́нки ле́гче перенесли́ кри́зис?

Who makes up the typical clientele of small and medium-sized banks?

Какова́ типи́чная клиенту́ра ме́лких и сре́дних ба́нков?

Why were they more attractive to private investors?

Почему́ они́ оказа́лись привлека́тельнее для ча́стных инве́сторов?

Task 8

The chairwoman of the board of 'Kristallbank' Е.М. Ку́йбышева answers questions on the situation for medium-sized banks. Interpret or translate her conversation with a journalist from the newspaper Эконо́мика и жизнь:

Note:

| громо́здкий | cumbersome |

Междунаро́дная платёжная систе́ма International Payment System

Journalist: Elena Mikhailovna, your bank belongs to a category of medium-sized banks. What is your bank really like?

Kuibysheva: «Криста́ллба́нку» в э́том году́ испо́лнилось 7 лет. Э́то – междунаро́дный банк, 35% уста́вного капита́ла принадлежи́т кру́пной америка́нской компа́нии «Криста́ллтек Интерне́шнл». Наш банк прово́дит все ви́ды ба́нковских опера́ций – расчётно-ка́ссовые, опера́ции с це́нными бума́гами, депозита́рное обслу́живание. Банк был осно́ван как кли́ринговый банк. Он обслу́живает мно́гие организа́ции сфе́ры торго́вли, пита́ния, тури́зма, строи́тельного и промы́шленного се́ктора. Банк явля́ется чле́ном Междунаро́дной платёжной систе́мы «Еврока́рд–мастерка́рд».

J: How did the financial crisis affect your bank?

K: Как и у большинства́ ба́нков, часть на́ших свобо́дных де́нежных средств была́ вло́жена в ГКО. Но вложе́ния в ГКО не бы́ли основны́ми для нас. Гла́вное для нас всегда́ бы́ло ка́чественное обслу́живание на́ших клие́нтов. Поэ́тому к нам никогда́ не прекраща́лся пото́к клие́нтов. Сейча́с к нам прихо́дят мно́гие но́вые клие́нты, в основно́м, предприя́тия сфе́ры торго́вли, услу́г. Ре́зко возросла́ су́мма свобо́дных де́нежных средств на счета́х на́ших клие́нтов, и пе́ред на́ми вста́ла пробле́ма размеще́ния э́тих де́нег. Коне́чно, мы должны́ осторо́жно выбира́ть объе́кты для свои́х инвести́ций.

J: In your opinion what will the role of medium-sized banks be in Russia in the near future?

K: Она́ бу́дет велика́. Клие́нтам нужны́ надёжность и бы́строе ка́чественное обслу́живание. В кру́пном ба́нке и ра́ньше из-за громо́здкости систе́мы управле́ния реши́ть бы́стро са́мый просто́й вопро́с бы́ло о́чень проблемати́чно. А у нас всё ина́че. К приме́ру, руково́дство на́шего ба́нка мно́гих клие́нтов зна́ет ли́чно. Все пробле́мы реша́ются о́чень бы́стро. На́до сказа́ть, что сре́дние ба́нки оказа́лись бо́лее эффекти́вными, поско́льку они́ быстре́е приспоса́бливаются к ры́нку. И до кри́зиса большинство́ клие́нтов приходи́ли к нам и́менно потому́, что хорошо́ понима́ли э́то преиму́щество. Я уве́рена, что серьёзно рабо́тающие сре́дние ба́нки в ско́ром вре́мени ста́нут фунда́ментом формиру́ющейся росси́йской ба́нковской систе́мы.

(Adapted from *Эконо́мика и жизнь*)

Task 9

Not everyone agrees with the view that small and medium-sized banks can take the place of large ones; examine the opinions of other bankers and decide which view you share:

1. «Очеви́дно, что на волне́ кри́зиса ме́лкие ба́нки пыта́ются заполучи́ть клие́нтов, уше́дших из кру́пных. Э́то норма́льный проце́сс. Но ме́лкие структу́ры до́лго не протя́нут. Они́ не представля́ют масшта́ба пробле́м, кото́рые потре́буется реша́ть. Большинство́ из них представля́ет лишь расчётно-ка́ссовое обслу́живание. У них отсу́тствуют техноло́гии. Их са́мый кру́пный креди́тный портфе́ль составля́л 20–30 млн. до́лларов в то вре́мя, как у Менате́па – 1,5 млрд. до́лларов.»   (Председа́тель правле́ния «Менате́п–Ба́нка»,

Алекса́ндр Зура́бов, quoted in *Деловы́е лю́ди*)

'It is obvious that on the wave of the crisis small banks are trying to get the customers who have left the big ones. This is normal procedure. But small-scale operations will not last long. They cannot imagine the scale of the problems which have to be solved. The majority of them only offer cash-payment account services. They do not have the technology. Their largest credit portfolio amounted to 20–30 million dollars, while 'Menatep's' is 1·5 billion dollars.'

2. «В це́лом, ба́нковская систе́ма отбро́шена а́вгустовским кри́зисом 1998 го́да на у́ровень 1992 го́да. И в э́той ситуа́ции ожида́ть, что за счёт чужи́х пробле́м сре́дние ба́нки займу́т лу́чшие пози́ции на ры́нке не сто́ит по одно́й просто́й причи́не: в них нет си́льных, спосо́бных на мо́щный рыво́к ли́деров. Е́сли бы бы́ли, они́ давно́ уже́ вы́шли бы из разря́да «середнячко́в». Фина́нсовый кри́зис, как никако́й друго́й, зави́сит от ли́чности руководи́теля, от его́ свя́зей. Да, сре́дний банк теорети́чески мо́жет убеди́ть, зазва́ть к себе́ досто́йную клиенту́ру, предложи́в ряд привлека́тельных опера́ций. Но чтобы стать кру́пным ба́нком, ну́жно продава́ть ба́нковский проду́кт не шту́чно, а сери́йно. А э́то уж совсе́м друго́е ка́чество.»

(Председа́тель правле́ния «Гу́та-ба́нка», Артём Кузнецо́в, quoted in *Делоꙉые лю́ди*)

'On the whole the banking system was forced back to 1992 levels by the crisis in August 1998. And in this situation it is not worth expecting that medium-sized banks will occupy the best positions in the market at the expense of other people's problems for one very simple reason: they do not have strong leaders capable of making a radical break. If they had, they would have emerged from the run of the mill long ago. The financial crisis like none other was bound up with the leader's personality and his connections. Yes, in theory the medium-sized bank can convince, can draw in a worthy clientele by offering a number of attractive activities. But to become a big bank you have to sell the banking product not piece by piece, but as a standard package. And that is quite a different game.'

Explain the expressions used by these bankers:
ме́лкие ба́нки до́лго не протя́нут; спосо́бный на мо́щный рыво́к; кри́зис завя́зан на ли́чности руководи́теля; середнячо́к; продава́ть шту́чно.

Task 10
Complete each sentence by using the appropriate word in brackets:
(вкла́дчик, вклад, вкла́дывать, вложи́ть, вложе́ние, вло́женный.)
«Альфа-Банк» предпочита́ет . . . . . в реа́льный се́ктор эконо́мики.
В про́шлом году́ он . . . . . почти́ миллиа́рд до́лларов.
То́лько ма́лая часть средств была́ . . . . . в ГКО.
. . . . . в це́нные бума́ги ре́зко уме́ньшились после кри́зиса.

Напуганные кризисом, ... немедленно стали требовать назад свои деньги.

Банк принимает . . . . . от населения с выплатой 30%.

(привлекать, привлечённый, привлечение, привлекательный, привлекательность)

Мелкие банки становятся более . . . . . для инвесторов.

Средние банки сейчас имеют хорошие возможности для . . . . . денежных средств.

. . . . . большими доходами, банки тратили огромные средства на спекулятивные операции с ценными бумагами.

Крупные банки редко . . . . . частных лиц.

. . . . . крупных банков явно уменьшилась.

(кредит, кредитовать, кредитоспособный, кредитование, кредитный.)

Мелкие банки предпочитают . . . . . торговлю и сферу услуг.

. . . . . малым предприятиям резко увеличились в этом году.

. . . . . портфель банка составил несколько миллионов долларов.

Число . . . . . банков растёт.

В новом бюджете уделяется много внимания . . . . . оборонных предприятий.

Текст 16.2
Иностранные банки в России

допуск	admittance
наличие лицензии	availability of a licence
объём активов	volume of assets
переманивать клиентов	to win over customer
первоначально	originally
приток капитала	influx of capital
среднесрочная перспектива	medium-term prospect
удельный вес	proportion
упорядоченные условия	right conditions
уступать/уступить позицию	to cede, give up one's position

До недавнего времени российским гражданам запрещалось пользоваться иностранными банками в России. Это объяснялось протекционистскими мерами – защитить молодую российскую банковскую систему от конкуренции со стороны иностранных банков, нередко переманивающих клиентов, благодаря более выгодным условиям. Иностранные банки обслуживали преимущественно иностранные компании, работающие в России, и не проводили операций с российскими физическими лицами. После финансового кризиса все ограничения на работу иностранных банков в России были сняты, и им разрешено – при наличии лицензии – работать с частными вкладчиками. Теперь считается, что допуск иностранных банков – один из положительных моментов финансового кризиса.

Не все согласны с этим. Многие утверждают, что это может поставить Россию в опасную зависимость от Запада, и считают, что российский капитал должен иметь преимущества для работы на российском банковском рынке.

Однако приток зарубежного банковского капитала всё же идёт, хотя и довольно медленно. Вот что утверждает Детлеф Рамсдорф, заместитель пресс-секретаря «Дёйче-Банк»: «Дёйче-Банк в Москве работает в настоящее время только с крупными клиентами. В среднесрочной перспективе возможно рассмотрение вопроса о работе с частными вкладчиками. Однако это станет возможным не раньше, чем в России наступит стабилизация экономики и будут созданы упорядоченные условия для работы иностранных банков. Дёйче-Банк в любом случае уходить из России не намерен. Мы уже так давно здесь представлены, что было бы неправильным уступать занятые позиции на рынке». (*Московские новости*)

По мнению генерального директора «Ассоциации российских банков» С. Е. Егорова «сегодня в России действует 21 банк, где зарубежный капитал составляет либо 100%, либо более 50%. А всего в России работают 145 банков, в которых присутствует иностранный капитал. В целом же удельный вес иностранного капитала в российской банковской системе составляет сейчас 25%, вдвое выше первоначально установленного Центробанком лимита в 12%. Суммарный объём иностранных активов в активах российских банков превышает 12 млрд. долларов США». (*Экономика и жизнь*)

Answer the questions in English and Russian:
Why were Russian clients not permitted to use foreign banks?
Почему российским клиентам не разрешалось пользоваться иностранными банками?
Whom did foreign banks serve?
Кого обслуживали иностранные банки?
What changes occurred concerning foreign banks after the crisis?

Какие изменения произошли в отношении иностранных банко в после кризиса?

What is the proportion of foreign capital in the Russian banking system?

Каков удельный вес иностранного капитала в российской банковской системе?

What do you think is the future of foreign banks in Russia?

Каким вы видите будущее иностранных банков в России?

Task 11

Replace the words and phrases in English by their Russian equivalents:

Раньше иностранные банки *served foreign firms*, работающие в России. Теперь *restrictions on the work* иностранных банков сняты. Иностранные банки могут работать *with private investors. They are admitted* на российский рынок. Некоторые экономисты считают, что *the admission of foreign banks* создаёт опасность для российских банков. Российский капитал всё ещё *has a lot of advantages* на российском банковском рынке. *The influx of foreign capital* растёт очень медленно. *The proportion of foreign capital* в банковской системе России составляет 25%. «Дейче Банк» не намеревается *to give up its positions* на рынке банковского капитала.

ACTIVITIES (Units 14-15)

Task 12

Study the following information on Межрегиональный инвестиционный банк, *one of Russia's first investment banks:*

Note:

акционерный коммерческий банк (АКБ)	joint-stock bank
внешне-экономический контракт	foreign economic contract
военно-техническое сотрудничество (ВТС)	provision of military eqmnt.
в рамках	within a framework
государственная компания (ГК)	state-owned company
депозитарий	depository
драгоценные металлы, драгметаллы	precious metals
кредитовать	to extend credit to
межрегиональный	inter-regional
оборонный комплекс	defence industries
переключение	switching over
представительство	representation, office
топливно-энергетический комплекс (ТЭК)	power and fuel industries
филиал	branch

ИНВЕСТИЦИОННЫЙ БАНК

Межрегиона́льный инвестицио́нный банк (МИБ) был зарегистри́рован Гла́вным управле́нием Центроба́нка по го́роду Москве́ 13 апре́ля 1994 го́да в фо́рме закры́того акционе́рного о́бщества.

В 1994 году́ со́здан депозита́рий ба́нка, получи́вший лице́нзию ЦБ на оказа́ние депозита́рных услу́г. В 1996 году́ банк получи́л лице́нзию на проведе́нию ба́нковских опера́ций в иностра́нной валю́те, в 1998 г. – лице́нзию на все ви́ды де́ятельности, включа́я лице́нзию на рабо́ту с драгмета́ллами и лице́нзию профессиона́льного уча́стника ры́нка це́нных бума́г.

В настоя́щее вре́мя АКБ «Межрегиона́льный инвестицио́нный банк» – стаби́льно и динами́чно развива́ющийся банк. Гла́вная страте́гия ба́нка – ухо́д от риско́ванных опера́ций на нестаби́льных фо́ндовых ры́нках и переключе́ние на акти́вное уча́стие в инвестицио́нном финанси́ровании предприя́тий. Де́ятельность ба́нка в пе́рвую о́чередь напра́влена на кредитова́ние предприя́тий оборо́нного ко́мплекса. АКБ «МИБ» ока́зывает фина́нсовую подде́ржку таки́м предприя́тиям ВПК Росси́и, как АО «Ижма́ш»*, АО «Балти́йский заво́д», АО «Моско́вский радиотехни́ческий заво́д», о́мский заво́д «Автома́тика» и др. Банк та́кже обеспе́чивает эффекти́вное обслу́живание вне́шне-экономи́ческих контра́ктов, в том числе в ра́мках вое́нно-техни́ческого сотру́дничества (ВТС) с зарубе́жными стра́нами. Устано́влены и реализу́ются про́чные деловы́е свя́зи с крупне́йшими партнёрами ба́нка ГК «Росвооруже́ние» и «Промэ́кспорт». У ба́нка сложи́лись хоро́шие партнёрские отноше́ния с «Межрегионга́зом», что позволя́ет АКБ «МИБ» акти́вно рабо́тать на фина́нсовом ры́нке то́пливно-энергети́ческого ко́мплекса (ТЭК) страны́.

---

* «Ижма́ш» – Йжевский машинострои́тельный заво́д.

Банк стал акционе́ром АО «Балти́йский заво́д», ба́нком-аге́нтом по реструктуриза́ции промы́шленных предприя́тий в г. Санкт-Петербу́рге. В настоя́щее вре́мя банк акти́вно уча́ствует в кру́пном инвестицио́нном прое́кте по созда́нию совме́стного росси́йско-че́шского предприя́тия по произво́дству легковы́х автомоби́лей на ба́зе заво́дов «Ижма́ш» и «Шко́да-Авто» (Че́хия).

1998 год банк зако́нчил с при́былью. Согла́сно ре́йтингу на 1 января́ 1999 го́да банк вошёл в число́ 100 крупне́йших ба́нков Росси́и. Банк име́ет филиа́л в Йже́вске и представи́тельство в Санкт-Петербу́рге.

(Adapted from *Эконо́мика и жизнь*)

Answer the questions in English and Russian:

When was 'MIB' founded?

Когда́ был осно́ван «МИБ»?

What is 'MIB's' special role?

Какова́ специализа́ция ба́нка «МИБ»?

What is the bank's main strategy?

Какова́ гла́вная страте́гия ба́нка?

To what sort of enterpises does the bank extend credit?

Каки́е предприя́тия кредиту́ет банк?

What licences does the bank have?

Каки́ми лице́нзиями располага́ет банк?

What was the bank's latest investment?

Каки́м был после́дний инвестицио́нный прое́кт ба́нка?

Task 13

Note the services that 'MIB' offers:

• Расчётно-ка́ссовое обслу́живание
• Оказа́ние депозита́рных услу́г
• Приня́тие вкла́дов от ча́стных лиц и организа́ций
• Консульти́рование по вопро́сам ба́нковского обслу́живания
• Кредитова́ние юриди́ческих и физи́ческих лиц
• Откры́тие валю́тных счето́в
• Валю́тное обслу́живание юриди́ческих и физи́ческих лиц
• Валю́тное кредитова́ние
• Управле́ние де́нежными сре́дствами и паке́тами це́нных бума́г
• Выполне́ние поруче́ний на поку́пку и прода́жу це́нных бума́г
• Размеще́ние це́нных бума́г одновреме́нно в не́скольких райо́нах Росси́и
• Хране́ние це́нностей

АКБ «Межрегиональный инвестиционный банк» предлагает своим клиентам:

Now explain these services using a different grammatical construction, for example: предоставле́ние креди́тов : банк предоставля́ет креди́т

Task 14
Note the licences granted to 'MIB' by the Central Bank:
Лице́нзия на проведе́ние ба́нковских опера́ций в иностра́нной валю́те
Лице́нзия на оказа́ние депозита́рных услу́г
Лице́нзия на рабо́ту с драгмета́ллами
Лице́нзия профессиона́льного уча́стника ры́нка це́нных бума́г
Now explain them using a different grammatical construction, for example: лице́нзия на проведе́ние всех ба́нковских опера́ций зна́чит, что банк прово́дит все ба́нковские опера́ции.

Task 15
Replace the words and phrases in English by their Russian equivalents; try to do this by memory, but pay special attention to the prepositions and go back to the text if you are unsure:
МИБ *specialises in* инвести́ровании предприя́тий ВПК. Банк по́лностью *switched over to* финанси́рование реа́льного се́ктора эконо́мики. Его́ де́ятельность *is directed at* кредитова́ние оборо́нных предприя́тий. Он *takes part in* мно́гих инвестицио́нных проéктах. МИБ *collaborates with* не́сколькими зарубе́жными стра́нами. У ба́нка хоро́шие партнёрские *relations with* госуда́рственными компа́ниями. У

негó *business links with* руководи́телями мнóгих завóдов. Он *gives financial support to* предприя́тиям оборóнного кóмплекса. Он *actively works in* фина́нсовом ры́нке тóпливно-энергети́ческого кóмплекса. Он *is involved in* реструктуриза́цией промы́шленных предприя́тий в Санкт-Петербу́рге. Банк МИБ *pays a lot of attention to* разви́тию отéчественной промы́шленности.

Task 16

Note the names of these commercial banks, comparing their abbreviations with their full names:

АКБ БИН-БАНК	Акционéрный коммéрческий банк инвести́ций и иннова́ций.
АКБ МИБ	Акционéрный коммéрческий межрегиона́льный инвестициóнный банк.
АКБ АВТОБАНК	Акционéрный коммéрческий банк разви́тия автомоби́льной промы́шленности.
АКБ ГАЗПРОМБАНК	Акционéрный коммéрческий банк га́зовой промы́шленности.
НРБ	Национа́льный резéрвный банк.
ММБ	Междунарóдный москóвский банк.
МНБ	Москóвский национа́льный банк.
УБРР	Ура́льский банк реконстру́кции и разви́тия.
ЕБРР	Европéйский банк реконстру́кции и разви́тия.
УНИКОМБАНК	Универса́льный коммéрческий банк.
СБС-АГРО	Столи́чный банк сбережéний
БАНК МЕНАТÉП САНКТ-ПЕТЕРБУ́РГ	Акционéрный коммéрческий инновациóнный банк междунарóдного нау́чно-техни́ческого прогрéсса Санкт-Петербу́рга.
ЗАПСИБКОМБАНК	Западно-сиби́рский коммéрческий банк.

Answer the following questions about each bank Russian, using either the phrase банк специализи́руется на *or* банк свя́зан с :

Какова́ специализа́ция ба́нка?

Now see if you can tell where each bank operates:

К какóму географи́ческому райóну отнóсится банк?

Can you now suggest the full name of the following banks and say what their special field of expertise might be?
ВНЕШТОРГБАНК;   КОНВЕРСБАНК;   КРЕДОБАНК;
КУЗБАСУГОЛЬБАНК;   ЛЕГПРОМБАНК;   НЕФТЕПРОМБАНК;
РОСБАНК; БАНК ХРАМ ХРИСТА СПАСИТЕЛЯ.

Task 17
Every month the Russian press publishes the 'ratings' of the 300 largest banks according to various indicators (по разме́ру со́бственного капита́ла, по при́были, по числу́ клие́нтов, по разме́ру чи́стых акти́вов, и т. д.). *Here are some figures from 1 November 1999; look at the tables and decide which bank you would prefer to deal with:*

Са́мые при́быльные ба́нки

Ме́сто	*Назва́ние ба́нка*	*При́быль (тыс. руб)*
1	Сберба́нк Росси́и	11 431 109
2	МФК*	586 115
3	Росба́нк	583 769
4	Газпромба́нк	460 924
5	Альфа-банк	388 849

*Моско́вская фина́нсовая компа́ния

Са́мые «клие́нтские» ба́нки

Ме́сто	*Назва́ние ба́нка*	*Оста́тки средств на расче́тных и теку́щих счета́х (тыс. руб.)*
1	Сберба́нк Росси́и	51 085 285
2	Внешторгба́нк	20 244 178
3	Довери́тельный и инвестицио́нный банк	9 221 915
4	Газпромба́нк	7 410 792
5	Росба́нк	7 410 792

5 из крупнейших банков по размеру собственного капитала

Место	Место по разм. активов	Название банка	Возраст (лет)	Капитал (млн.руб.)	Работ. активы	Ликвид. активы
1	1	Сбербанк России	8,4	27 921	286 291	16 526
2	2	Внешторг-банк	9,0	10 498	42 945	12 485
3	5	Междуна-родный промышле нный банк	7,1	10 205	26 725	3 757
4	4	Альфа-банк	8,8	8 749	17 058	20 297
5	3	Газпром-банк	9,3	7 687	33 608	9 446

Task 18

After the 1998 financial crisis more and more banks began to invest in the 'real' (industrial) sector of the economy; interpret or translate this interview with E. V. Sakharov, Vice-President of Avangard Bank, and a journalist from Экономика и жизнь:

Note:

автомагистральная сеть	road network
древесина	timber
мясокомбинат	meat-processing plant
осваивать/освоить	to master
озолотить	to cover in gold
отдалённый	remote
панты марала	antlers of the maral (a Siberian deer)
регион-донор	donor region
ртуть	mercury

Journalist: Edvard Viktorovich, the Agreement on Co-operation between your bank and the government of the Altai Republic* was signed recently. What exactly does this co-operation consist of?

Sakharov: Соглашéние охвáтывает практи́чески все стóроны жи́зни респýблики. Мы бýдем обслýживать разли́чные промы́шленные предприя́тия Гóрного Алтáя, помогáть им внедря́ть нóвые технолóгии, расширя́ть ассортимéнт продýкции. Оди́н из при́нципов нáшей региональной страте́гии – вклáдывать в райóны бóльше, чем брать у них. И́менно так мы поступáем в Магадáнской óбласти, Красноя́рском крáе, в Оренбýржье**, где у бáнка есть филиáлы.

J: But why do you need such remote regions? The economic situation of the Altai Republic is pretty bad.

S: У респýблики есть все возмóжности преврати́ться в регио́н-дóнор. Здесь сосредотóчены практи́чески все запáсы росси́йской рту́ти. Сегóдня э́то произвóдство врéдно и для человéка, и для окружáющей среды́. Его́ необходи́мо модернизи́ровать и подня́ть прести́ж ртуте-добывáющей промы́шленности, тогдá э́та óтрасль мóжет буквáльно озолоти́ть Гóрный Алтáй. Кстáти, запáсы зóлота здесь тóже есть. В респýблике есть предприя́тия машиностроéния, метáлло- и деревообрабóтки, развивáется строи́тельная промы́шленность. При э́том респýблика географи́чески óчень вы́годно распо́ложена. Крóме ря́да росси́йских регио́нов онá грани́чит с Казахстáном, Китáем, Монгóлией. При хорóшем разви́тии автомагистрáльной сéти здесь мóжно получáть весьмá соли́дные срéдства от транзи́та грýзов.

J: Forgive me, but don't you think that the ideal project and the real situation are different things?

S: Ли́чно я убеждён, не бывáет неперспекти́вных райо́нов, возмóжен тóлько непрофессионáльный подхóд к рабóте в них. Инострáнные инвéсторы ужé освáивают Гóрный Алтáй. Америкáнцы высокó оцени́ли кáчество мéстной древеси́ны и заключи́ли договóр о кóмплексной перерабóтке лéса. Новозелáндцы пострóили два мясокомбинáта.

---

* The Altai is an autonomous republic, one of the 89 'subjects' (субъéкты) making up the Russian Federation; mountainous, population mainly Altaians and Russians; bordered by Kazakhstan and China; capital Gornoaltaisk.

** Krasnoyarsk Territory in Siberia, area 2·3 million sq.km; Orenburg region at the southern end of the Urals, 2·2 thousand sq.km.

Ценнейшее медицинское сырьё, панты марала, практически целиком уходит за рубеж. А мы хотим, чтобы это сырьё перерабатывалось на месте. За рубеж пусть идут готовые лекарства – цена намного выше. А природа здесь какая! При соответствующих вложениях в развитие инфраструктуры Республика может стать меккой туризма. Наш банк готов оказывать здесь всяческую помощь.

Task 19

A Western journalist and a Russian businessman are discussing the state of the Russian economy on the eve of the millennium. Interpret for them or translate their conversation:

Western Journalist: The year 2000 does not promise to be very happy for Russia: the rouble is falling and the dollar is getting stronger. Prices are rising almost daily, – last year they rose by almost 40%, according to official statistics, but wages did not increase. Most Russians became 2-to-3 times poorer. The economic figures for 1999 sound pretty sad to me.

Russian Businessman: Экономические итоги 1999 года гораздо лучше, чем вы предполагаете. Я, например, прогнозировал результаты хуже, особенно по инфляции. Но год окончился лучше, чем я думал. Инфляция в 1999 году составила 37%, рост промышленного производства – 8%. Это лучше тех показателей, которые прогнозировал Общественный экономический совет при премьер-министре (4-5-процентный рост производства и инфляцию на уровне 48-50%).

W.J.: Why, do you think, this pessimistic forecast didn't materialise?

R.B: Положительную роль сыграло повышение цен на сырьё и на нефть на мировых рынках. В начале года цена одного барреля нефти составляла всего 9 долларов, а сейчас она поднялась до 25-26. И эти нефтедоллары очень важны.

W.J.: Maybe there's another explanation: Russia did not repay her overseas debts in 1999.

R.B: Да, Россия не платила по долгам, но западных кредитов она тоже не получала. Но самое главное отличие 1999 года от всех предыдущих годов – это начало экономического роста. Все были так напуганы кризисом 1998 года и были уверены, что Россию ждёт экономический спад, а в декабре 1998 года официальная статистика объявила, что ВВП вырос за год на 2%.

W.J: But economic growth can be explained by the fact that the fall in the value of the rouble leads to an increase in domestic production: imported goods become too expensive, and it is cheaper and more profitable to produce goods in Russia.

R.B: Óчень мóжет быть. Однáко в 1992-95 годáх рубль пáдал, но э́то велó не к рóсту, а к сокращéнию производства. Дéло, по-мóему, в другóм. Уходя́щий год был пéрвым, когдá дéньги перестáли быть беcплáтными. В 1992-95 годáх дéньги мóжно бы́ло получáть почти́ дáром – в ви́де креди́тов ЦБ и бюджéтных ссуд. В 1995-98 годáх дéньги мóжно бы́ло получáть тóже дáром – в ви́де огрóмных процéнтов по ГКО и́ли в ви́де зáпадных креди́тов. И «беcплáтными» деньгáми пóльзовались все – от крупнéйших банки́ров и предпринимáтелей до убóрщицы, рабóтающей в бáнке, и рабóтника бюджéтной сфéры (бюджéт тóже существовáл за счёт «беcплáтных» дéнег). Произвóдство в таки́х услóвиях развивáть бы́ло смешнó.

W.J: Yes, I understand that it's quite difficult to get credit from either the Central Bank or a commercial bank. Neither Western banks nor the IMF are prepared to extend any credit to Russia.

R.B: Поэ́тому я дýмаю, что экономика Росси́и в 1999 годý стáла ры́ночной. А в ры́ночной экономике произвóдство должнó расти́. Ведь все хотя́т зарабáтывать дéньги, а для э́того нáдо что-то производи́ть. И все хотя́т зарабáтывать побóльше дéнег, а для э́того нýжно производи́ть побóльше. (Adapted from *Дéньги*)

Whose point of view is the more realistic in your opinion?

Task 20

On the basis of what you have learned in this chapter answer the following questions in Russian:

1. Каки́е ви́ды бáнков существýют в кáждой странé?
2. Чем они́ отличáются друг от дрýга?
3. Каковы́ фýнкции э́тих бáнков?
4. Охарактеризýйте ти́пы бáнков, функциони́рующих в вáшей странé.
5. Какýю роль игрáет Центрáльный банк в вáшей странé?
6. Мóжет ли бáнковская систéма функциони́ровать без Центрáльного бáнка, представля́я собóй тóлько коммéрческие бáнки?
7. Каковá мóжет быть специализáция коммéрческих бáнков?
8. Нужны́ ли мéлкие и срéдние бáнки в странé?
9. Каковы́, по вáшему мнéнию, экономи́ческие перспекти́вы Росси́и в нóвом тысячелéтии?

6

ВНЕШНЯЯ ТОРГОВЛЯ

In this chapter you will learn about Russian foreign trade:
- the structure of its imports and exports
- its trading partners
- its protectionist policies
- Russia's relationship with the World Trade Organisation

UNIT 17
Структу́ра росси́йской вне́шней торго́вли

Текст 17.1
С кем и чем торгу́ет Росси́я?

внешнеторго́вый оборо́т	foreign-trade turnover
добыва́ющая промы́шленность	mining
замеща́ть/замести́ть	to substitute, replace
истоще́ние	depletion, exhausting
месторожде́ние	deposit, source (of mineral)
невоспроизводи́мый	irreplaceable
обраба́тывающая промы́шленность	manufacturing industry
ослабле́ние	weakening
отража́ть	to reflect
отрица́тельный	negative
подавля́ющая часть	predominant, overwhelming part
потреби́тельские това́ры	consumer goods
преиму́щественно	predominantly, mainly
преоблада́ть	to predominate
продово́льствие	food
промы́шленные това́ры	manufactured goods
развива́ющаяся страна́	developing country
ра́звитая страна́	developed country
руда́	ore
состоя́ние засто́я	state of stagnation
энергоноси́тели	energy products

Росси́я явля́ется экспортёром преиму́щественно сырья́, а импорти́рует продово́льствие, обору́дование и потреби́тельские това́ры.

Такáя структýра не óчень благоприя́тна для экономи́ческого рóста страны́, но измени́ть её óчень трýдно, так как большинствó росси́йских промы́шленных товáров неконкурентоспосóбно на мировóм ры́нке. Их удаётся продавáть тóлько по цéнам, горáздо бóлее ни́зким, чем мировы́е. Такáя структýра внéшней торгóвли Росси́и бóльше напоминáет структýру торгóвли развивáющихся стран Азии и́ли Лати́нской Амéрики, чем промы́шленных рáзвитых стран.

Структýра росси́йского э́кспорта отражáет структýру совéтской экономики, где производство сырья́ и воéнной продýкции домини́ровало, в то врéмя как лёгкая промы́шленность, сфéра услýг, сéльское хозя́йство находи́лись в состоя́нии застóя. Дáже сейчáс, во врéмя перехóда к ры́ночной экономике сырьё – энергоноси́тели (нефть, газ), рýды, лес и орýжие – остаю́тся глáвными.

Росси́я преимýщественно экспорти́рует приро́дные ресýрсы – энергети́ческие и минерáльные. В óбщей сýмме на э́ти две статьи́ росси́йского э́кспорта прихóдится почти́ 63%. Дóля же машинострои́тельной продýкции составля́ет лишь 6–7%. Это создаёт больши́е проблéмы для бýдущего Росси́и, ведь приро́дные ресýрсы невоспроизводи́мы, и бýдущее истощéние месторождéний грози́т Росси́и рéзким падéнием ýровня жи́зни. Изменéние структýры э́кспорта, по-прéжнему, глáвная задáча росси́йской внешнеторгóвой поли́тики. Как умéньшить дóлю добывáющей промы́шленности в э́кспорте и увели́чить продýкцию обрабáтывающей промы́шленности, улýчшить кáчество производи́мых товáров?

Подавля́ющая часть энергоноси́телей поставля́ется в рáзвитые стрáны. И́менно они́ покупáют росси́йские приро́дные ресýрсы. В структýре и́мпорта преоблáдают маши́ны и оборýдование, котóрые в настоя́щее врéмя замещáют продýкцию пережива́ющей кри́зис росси́йской машинострои́тельной промы́шленности.

С каки́ми стрáнами торгýет Росси́я? Основны́ми торгóвыми партнёрами Росси́и остаю́тся стрáны, не входя́щие в СНГ. В 1998 годý на дóлю э́тих стран приходи́лось 76% росси́йского внешнеторгóвого оборóта. К сожалéнию, на дóлю прéжних, сáмых глáвных партнёров СССР, стран бы́вшего Совéта Экономи́ческой Взаимопóмощи (СЭВ)*, прихóдится тепéрь лишь 14%. Росси́я потеря́ла важнéйший ры́нок для свои́х товáров – ры́нок стран Востóчной Еврóпы.

---

* The former Council of Economic Mutual Assistance, known as Comecon.

Страны СНГ остаются, по-прежнему, важными торговыми партнёрами России, особенно Украина, Беларусь, Казахстан. Но разрыв и ослабление связей с ними после распада СССР сказались отрицательно на экономике этих стран, и установить нормальные торговые отношения с ними часто непросто.

Answer the questions in English and Russian:

Why do you think that the present structure of Russian foreign trade is rather unfavourable for economic growth?

Почему настоящая структура российской внешней торговли не очень благоприятствует экономическому росту?

How do you think Russia should change her import and export in order to improve her situation?

Как, по-вашему, Россия должна изменить свой импорт и экспорт, чтобы улучшить своё положение?

What is the difference between the structure of Russian foreign trade and that of your country?

В чём отличие структуры российской внешней торговли?

Why is it so difficult to change the structure of Russian foreign trade at the moment?

Почему так трудно изменить структуру российской внешней торговли в данный момент?

How did the break up of the USSR influence the development of trade with countries of the CIS

Как повлиял распад СССР на развитие торговли со странами СНГ?

Task 1

Replace the words and phrases in English by their Russian equivalents:

Настоящая структура не очень *favourable* для внешней торговли России. Большинство *of domestic goods* неконкурентоспособно на мировом рынке. *The share* машиностроительной продукции *constitutes* только 6–7%. *The depletion* природных ресурсов очень опасно для будущего России. В структуре российского импорта *dominate* машины и оборудование. В бывшем СССР *priority* отдавалось развитию тяжёлой промышленности, а *light industry and agriculture* находились в состоянии застоя. Даже сейчас *energy products* остаются главными. Увеличить долю *of manufacturing industry* в структуре экспорта очень важно для России.

Task 2

Examine how the collapse of the USSR at the end of 1991 affected the geography of Russian foreign trade:

География внешней торговли России в сравнении с внешней торговлей СССР

Товарооборот России в 1992г.		Товарооборот СССР в 1988г.	
Страна	доля,%	Страна	доля, %
Германия*	16,5	ГДР*	10,8
Италия	7,7	Польша	10,1
Китай	5,4	Чехословакия	10,0
США	5,1	Болгария	9,8
Чехия и Словакия	4,9	Венгрия	7,1
Франция	4,6	Куба	5,9
Япония	4,6	ФРГ*	4,3
Польша	4,0	Румыния	3,8
Великобритания	3,8	Югославия	3,1
Финляндия	3,7	Финляндия	2,8
Нидерланды	3,6	Япония	2,4
Венгрия	3,5	Италия	2,3
Югославия	2,6	Франция	2,1
Болгария	2,4	Великобритания	1,8
Австрия	2,2	Индия	1,7
Индия	2,0	США	1,6
Канада	1,8	Вьетнам	1,6
Бельгия и		Китай	1,2
Люксембург	1,6	Северная Корея	1,2
Швеция	1,6	Монголия	1,2
Швейцария	1,6		
Турция	1,5		
Румыния	1,4		
Испания	1,3		
Южная Корея	1,3		

*   In 1988 GDR and FRG were independent states; they united in 1990 to become Germany.

Now comment on the changes you have noticed: which trading partners have become more important since the collapse of the USSR? How did the collapse affect the countries of Eastern Europe? Which new partners appeared and which disappeared, and which were left unaffected?

Task 3

Examine the geographical structure of Russian foreign trade in 1998:
Note the acronyms:

АТЭС (Азиáтско-тихоокеáнское экономи́ческое сотру́дничество)
                                      Asian-Pacific Economic Community
ЕС (Европéйское Сообщество)   European Community
СНГ (Содру́жество Незави́симых Госудáрств)
                                      Commonwealth of Independent States
Госкомстáт Росси́и (Госудáрственный комитéт по статúстике)
                                      State Statistical Committee

Географическая структура российской внешней торговли в I половине 1998 г. (%)

Replace the words and phrases in English by their Russian equivalents:

Russia's main trading partners по-прéжнему остаю́тся стрáны не входя́щие в *the Commonwealth of Independent States.* На дóлю э́тих стран прихóдится 76% *of foreign-trade turnover.* Торгóвля *with the countries of the European Community* состáвила в 1998 году́ 34%, а на торгóвлю *with the countries of CIS* пришлóсь 24%. К сожалéнию, торгóвля *with the countries of Eastern Europe* сократи́лась, состáвив тóлько 14%. Увели́чилась тáкже торгóвля *with the countries of the Asian-Pacific Economic Community,* состáвив 16%.

169

Task 4

Examine this table showing the structure of Russia's foreign trade with countries outside the former Soviet Union (страны дáльнего зарубéжья) *in 1997-8:*

Товáрная структýра экспорта и импорта Россйи в торгóвле со странами дáльнего зарубéжья, в %

	Экспорт янв. – сент.		Импорт янв. – сент.	
	1997	1998	1997	1998
Продовóльственные товáры и сельскохозяйственное сырьё	1,3	1,3	27,0	28,3
Тóпливно-энергетйческие товáры	48,2	40,4	1,9	1,8
Продýкция химйческой промышленности, каучýк	8,0	8,6	15,9	15,8
Древесйна и целлюлóзно-бумáжные издéлия	4,8	5,4	4,3	4,5
Текстйль, текстйльные издéлия и óбувь	0,9	1,1	3,3	2,7
Драгоцéнные кáмни, драго-цéнные метáллы и издéлия из них	2,8	6,0	0,3	0,1
Метáллы и издéлия из них	24,1	25,8	4,4	4,3
Машиностройтельная продýкция	7,8	9,1	37,9	38,2
Другйе товáры	2,1	2,3	5,0	4,3

(from *Эконóмика и жизнь*)

And now answer the following questions:

1. Какйе товáры преобладáют в структýре экспорта (импорта)?
2. Экспорт какйх товáров в 1998 годý увелйчился (умéньшился)?
3. Какйе товáры состáвили большинствó в структýре россййского импорта в 1997 и 1998 годáх?
4. В какйх категóриях товáров наблюдáлось снижéние (повышéние) импорта (экспорта) в 1997 и 1998 годáх?
5. Как повысился импорт машиностройтельной продýкции в 1998 годý? (рéзко, незначйтельно?)

UNIT 18
Протекционизм во внешней торговле

Текст 18.1
Аргументы в пользу протекционизма

вводить/ввести тариф, квоту	to introduce a tariff, quota
в итоге	as a result, in the end
дешёвая иномарка	cheap foreign car
жёсткие меры	tough measures
защита от	protection from
защищать/защитить от	to protect from
не допускать/допустить гибели	not to allow the collapse
оказание давления на	putting pressure on
оказывать/оказать давление на	to pressurise
под лозунгом	under the slogan
поставка	delivery
пошлина на	tax, duty on
прикрывать/прикрыть дверь	almost to close the door
применение	use, application
прочно вставать/встать на ноги	to stand firmly on one's own feet
соответственно	correspondingly, accordingly
удешевление	price reduction
удорожание	price increase
хлынуть в страну	to flood the country

Как и во всех странах в России время от времени возникает вопрос о защите национальной экономики от конкуренции со стороны международной торговли. В этом случае правительство начинает использовать для защиты внутреннего рынка различные протекционистские меры, вводя тарифы, квоты, антидемпинговые законы. Например, в 1992–3 гг. Россия под лозунгом либерализации внешней торговли сначала открыла свой рынок для иностранных товаров, а потом начала вводить различные ограничения на ввоз отдельных товаров. Это было сделано под давлением отечественных производителей, когда, для защиты автомобильных заводов от конкуренции со стороны хлынувших в страну дешёвых иномарок, Россия ввела квоты и тарифы. В 1994 году в России были повышены пошлины на импортные товары, особенно на легковые машины, спиртные напитки и продовольствие. В 1998 году пошлины на импорт сахара. По мнению правительства, российский рынок сахара нуждается в защите.

К сожалению, протекционистские меры получают всё большее распространение в России. Один из аргументов в пользу торговых ограничений – защита новых отраслей от конкуренции иностранных фирм. Нередко можно услышать другой аргумент в пользу торговых ограничений, что импорт сокращает рабочие места. Однако аргументы в пользу ограничений на импорт обычно отражают интересы компаний, стремящихся защитить свои интересы. Они создают группы „специальных интересов" (лобби) с целью оказания давления на правительство. В России с протекционистскими требованиями к правительству особенно часто обращаются лидеры аграрной партии, директора автомобильных заводов, представители текстильной промышленности.

Сложность экономической ситуации в России заключается в том, что необходимость структурной перестройки экономики и низкая конкурентоспособность многих отраслей требуют применения довольно жёстких мер, пока предприятия прочно не встанут на ноги. В итоге, правительству постоянно приходится действовать по принципу «шаг вперёд – два шага назад», то открывать рынок для поставок зарубежных товаров, то снова «прикрывать дверь», чтобы не допустить полной гибели отечественной промышленности. Именно из-за этого в последние годы так часто менялись условия ввоза иностранных автомобилей, конкурирующих с отечественными «Ладами», «Москвичами», «Волгами». Правительство то повышало пошлины на импорт машин, то снижало их, что соответственно вызывало удорожание или удешевление иномарок по сравнению с продукцией отечественного автомобилестроения.

Answer the questions in English and Russian:

What do you understand by protectionism in foreign trade?

Что вы понимаете под протекционизмом во внешней торговле?

Do you think that Russia needs protectionist measures in foreign trade?

По-вашему, России нужны протекционистские меры во внешней торговле?

How do countries usually try to protect their market from a foreign importer?

Как обычно страны пытаются защитить свой рынок от иностранного импортёра?

Do you know of any examples of protectionist measures in your country?

Вы можете привести примеры протекционистских мер в своей стране?

Who are the winners and losers when foreign goods are imported?

Кто вы́игрывает и кто прои́грывает от и́мпорта иностра́нных това́ров?

KEY TERMS

Протекциони́зм – внешнеторго́вая поли́тика, напра́вленная на защи́ту оте́чественных производи́телей путём введе́ния по́шлин и́ли квот на и́мпорт.

Protectionism is a foreign trade policy directed at protecting domestic producers by means of introducing customs duty or quotas on imports.

Тамо́женная по́шлина (тари́ф) – нало́г, взима́емый при пересече́нии грани́цы с владе́льца това́ра иностра́нного произво́дства, ввози́мого в страну́ для прода́жи.

Customs duty or tariff is a tax levied, at border crossings, upon the owner of foreign-made goods being brought into a country for sale.

Кво́та на и́мпорт – коли́чественное ограниче́ние на и́мпорт определённых това́ров.

An import quota is a limit on the number of certain goods which may be imported.

Внешнеторго́вая лице́нзия – разреше́ние на ввоз в страну́ и́ли вы́воз из неё определённых това́ров.

A foreign trade licence is a permit to import certain goods into a country or to export them.

Task 6
Replace the words and phrases in English by their Russian equivalents:

Для защи́ты вну́треннего ры́нка испо́льзуются разли́чные *protectionist measures.* Уже́ в нача́ле 90-х годо́в Росси́я начала́ вводи́ть *restrictions on imports* отде́льных това́ров. *Under pressure domestic producers* бы́ли повы́шены по́шлины на автомоби́ли. *Arguments in favour* протекциони́зма отража́ют интере́сы оте́чественных компа́ний. Что́бы *to put pressure on* прави́тельство, они́ создаю́т ло́бби в Ду́ме. К сожале́нию, *the low competitiveness* росси́йской промы́шленности тре́бует введе́ния *of tough measures.*

Task 7

Decide whether you agree with the arguments in favour of or against the unrestricted increase of imported foreign goods into the country:

Аргуме́нты за
1. Лю́ди смо́гут купи́ть бо́льше това́ров.
2. Дохо́ды торго́вых фирм увели́чатся.
3. Прави́тельство полу́чит в бюдже́т бо́льше нало́гов.
4. У́ровень жи́зни в стране́ улу́чшится.
5. Полити́ческая ситуа́ция бу́дет бо́лее стаби́льной.
6. Прави́тельство сно́ва смо́жет победи́ть на вы́борах.

Аргуме́нты про́тив
1. Прода́жа оте́чественных това́ров сократи́тся.
2. Дохо́ды оте́чественных производи́телей уме́ньшатся.
3. Прави́тельство полу́чит в бюдже́т ме́ньше нало́гов.
4. Мо́гут быть увольне́ния в оте́чественной промы́шленности и рост безрабо́тицы.
5. Проте́ст со стороны́ безрабо́тных и оте́чественных фирм про́тив поли́тики прави́тельства бу́дет расти́.
6. Прави́тельство, навря́д ли, смо́жет сохрани́ть власть.
7. Рост зави́симости страны́ от и́мпорта бу́дет увели́чиваться, а э́то мо́жет осла́бить полити́ческую незави́симость страны́.

What would your policy be if you were the government? Justify your decision.

Task 8

The commonest way of controlling foreign trade is тамо́женная по́шлина. *What in your opinion is the effect of its introduction on consumers, importers, domestic producers and the government? Consider these questions and tick the correct answer:*
1. По́сле упла́ты по́шлины цена́ на това́р увели́чится и́ли уме́ньшится?
As a result:
2. Импортёр повы́сит цену́ на това́р и́ли сни́зит её?
3. Коли́чество про́данных това́ров увели́чится и́ли уме́ньшится?
4. Покупа́тель запла́тит за това́р бо́льше и́ли ме́ньше?
As a result:
5. Коли́чество ку́пленных това́ров увели́чится и́ли уме́ньшится?
Assuming that consumer and importer are both losers, the winner, it seems, is оте́чественная промы́шленность, оте́чественный производи́тель.

What, then, are the benefits and disadvantages of this victory? Make your choice:

1. Товáры отéчественной промы́шленности стáли конкурентоспосóбными, и́ли они́ по-прéжнему неконкурентоспосóбны?
2. Отéчественные производи́тели должны́ улучшáть кáчество, обслу́живание и́ли по-прéжнему мóгут игнори́ровать их?
3. Технологи́ческий прогрéсс улу́чшился и́ли нет?
4. Сбыт проду́кции испы́тывает тру́дности, и́ли он обеспéчен автомати́чески?
5. Отéчественная промы́шленность мóжет конкури́ровать с иностáнной промы́шленностью, и́ли онá по-прéжнему неконкурентоспосóбна?

If you have decided that there are more disadvantages than benefits for home industries you will probably agree with Donald Johnston, Secretary General of the Organisation for Economic Co-operation and Development (OECD), that:

«Протекциони́зм врéден как для потреби́теля, так и для технологи́ческого прогрéсса. Он ведёт к разви́тию монополи́зма, сниже́нию эффекти́вности произвóдства, рóсту потреби́тельских цен. Хотя́ он и напрáвлен на защи́ту интерéсов производи́теля, но он сли́шком дóрого обхóдится покупáтелям. Протекциони́зм слу́жит интерéсам небольшóй чáсти населéния и наноси́т ущéрб другóй, бóлее многочи́сленной её чáсти.»   (Quoted from *Эконóмика и жизнь*)

'Protectionism is bad both for the consumer and for technological progress. It leads to the development of monopolies, the lowering of efficiency in production and to a rise in prices to the consumer. Although it is meant to defend the interests of the producer it works out too expensive for the buyer. Protectionism serves the interests of a small part of the population and harms the other, more numerous part.'

KEY TERMS

Дéмпинг – продáжа товáра за грани́цей дешéвле егó цены́ в странé изготови́теля.
Dumping is selling goods abroad at a price lower than in its country of manufacture.

Антидéмпинговый закóн – отвéтная мéра на дéмпинг, запрещáющая продáжу импорти́руемого товáра ни́же минимáльной цены́ и устана́вливающая рыночную це́ну или специа́льную повы́шенную по́шлину на импорти́руемый това́р.

An anti-dumping law is a counter measure which bans the selling of imported goods at a price below a minimum, and which establishes the market price or sets a special raised duty on imported goods.

Task 9

Russia has a history of using dumping to gain a foothold in foreign markets; here are a few examples:

1. Росси́йские фи́рмы бы́ли нака́заны в результа́те антиде́мпитнговых разбира́тельств в ря́де стран Евро́пы и в США. Их обвиня́ли в попы́тке захвати́ть рынки сбы́та за счёт прода́жи това́ров по „бро́совым це́нам" и покара́ли введе́нием повы́шенных и́мпортных по́шлин (иногда́ в разме́ре до 100% цены́). Наприме́р, о́сенью 1995 го́да швейные фи́рмы США по́дали жа́лобу на де́мпинг со стороны́ росси́йских фирм, кото́рые предложи́ли на америка́нский рынок большу́ю па́ртию же́нских пальто́ по ни́зкой цене́: $100.   (from *Эконо́мика и жизнь*)

Russian firms have been punished following anti-dumping procedures in a number of European countries and the USA. They were accused of trying to seize the market by selling their goods at 'throw-away' prices and punished by introducing higher import duties (sometimes by up to 100% of the price). In the autumn of 1995, for instance, US garment firms issued a complaint against dumping on the part of Russian firms which were offering on the American market a large batch of ladies' coats at the laughable price of $100.

2. В результа́те ма́ссового вторже́ния на вне́шний рынок „но́вых росси́йских импортёров" в 1992 году́ мировы́е це́ны на аллюми́ний упа́ли почти́ на 30%, медь на 20%, ни́кель и свине́ц на 15%, нефтехимика́ты на 60%. Это заста́вило европе́йские стра́ны ввести́ антиде́мпинговые по́шлины и коли́чественные ограниче́ния на поста́вки това́ров из Росси́и.   (from *Эконо́мика и жизнь*)

As a result of the mass arrival in the foreign trade market in 1992 of 'new Russian importers' the world price for aluminium fell by almost 30%, for copper by 20%, for nickel and lead by 15% and for oil-based chemicals by 60%. This forced European countries to introduce anti-dumping taxes and limits on quantities of deliveries of goods from Russia.

3. В США ведётся антидемпинговое расследование о поставках российской стали. Правительство утверждает, что российские поставки создают угрозу для национальной промышленности, из-за наплыва дешёвой российской стали в стране возросла безработица среди металлургов. Оно планирует установить антидемпинговые пошлины на ввозимую сталь на уровне 107–109%. (from *Известия*)

The USA is conducting an investigation into the dumping of Russian steel. The government claims that deliveries from Russia create a threat to their country's industry and that unemployment has risen among metal workers in the country because of the influx of cheap Russian steel. It plans to set anti-dumping taxes on imported steel at the level of 107–109%.

4. Ущерб российских компаний от введения странами Запада антидемпинговых пошлин на российские товары ежегодно составляет 1 млрд. долл. Против российских производителей введено 55 различных санкций, что приводит к колоссальным потерям.

(from *Экономика и жизнь*)

The damage to Russian companies from the introduction by Western countries of anti-dumping taxes on Russian goods amounts to one billion dollars annually. 55 different sanctions have been brought in against Russian producers, leading to huge losses.

Task 10

Everything in international trade is interconnected; if a country wants to reduce imports today it can lead to a reduction of its exports tomorrow. Comment on the following examples:

1. Когда ЕС ввело квоты на импорт российских текстильных товаров и консервированной рыбы, Россия немедленно в качестве ответной реакции ввела квоты на импорт европейских товаров в Россию.

When the EC brought in quotas on the import of Russian textile goods and tinned fish, Russia responded immediately by introducing quotas on importing European goods into Russia.

2. Когда Россия ввела экспортный тариф и квоты на энергоносители в 1993 году, многие европейские страны в ответ начали вводить антидемпинговые пошлины и квоты на поставки товаров из России.

When Russia introduced an export tariff and quotas on energy products in 1993, many European countries responded by beginning to introduce anti-dumping taxes and quotas on deliveries of goods from Russia.

Can you find other examples?

Task 11

In May 1995 the State Duma passed a law on state regulation of economic operations abroad («О госудáрственном регулировании внешнеэкономической дéятельности»). *First consider these extracts from the law:*

1. Éсли товáр импортируется в настóлько больши́х коли́чествах и́ли на таки́х услóвиях, что нанóсится существенный ущéрб отéчествен-ным производи́телям таки́х товáров и Росси́и, то Прави́тельство РФ впрáве приня́ть защи́тные мéры в фóрме коли́чественных ограничений на и́мпорт и́ли введéния специáльной повы́шенной тамóженной пóшлины.

If a product is imported in sufficiently large quantities or on such conditions that substantial damage is inflicted on home producers of these goods in Russia, then the Government of the Russian Federation has the right to take defensive measures in the form of limiting the quantity of the imports or bringing in a special increased customs duty.

2. Под «существенным ущéрбом от и́мпорта» понимáется óбщее ухудшéние состоя́ния отéчественного произвóдства в дáнной óтрасли (сокращéние вы́пуска продýкции и́ли рентáбельности её изготовлéния).

By 'substantial damage from an import' we mean a general worsening of the state of domestic production in a given branch of industry (a reduction in the output of the product or in the profitability of its manufacture).

3. Процедýра введéния защи́тных мер явля́ется глáсной и предусмáтривает публикáцию сообщéния о введéнии таки́х мер с указáнием óбщего коли́чества и стóимости товáров, попадáющих под ограничéния.

The procedure for introducing these measures is open and stipulates publication of an announcement of the introduction of such measures, with a statement of the overall quantity and cost of the goods subject to limitation.

4. Прави́тельство РФ мóжет устанáвливать запрéты э́кспорта и́ли и́мпорта товáров, рабóт и услýг, исходя́ из национáльных интерéсов, таки́х, как охрáна жи́зни и здорóвья людéй и окружáющей среды́, необходи́мость предотвращéния исчерпáния невосполни́мых прирóдных ресýрсов и обеспечéние национáльной безопáсности.

The Government of the Russian Federation may impose bans on the export or import of goods, jobs and services on the grounds of national interests such as protecting life, the health of people and of the environment, the need to prevent depletion of non-renewable natural resources and guaranteeing national security.   (Adapted from *Внéшняя торгóвля*)

What do you think of this law? Decide if the Russian government is right and if it will encourage foreign trade. How does it compare with laws in your country?

UNIT 19
Россия и политика свободной торговли

Текст 19.1
Россия и ВТО

ВТО (Всемирная торговая организация)

WTO (World Trade Organisation)

ГАТТ (Генеральное соглашение о тарифах и торговле)

GATT (General Agreement on Tariffs and Trade)

личное пользование	personal use
отказ	rejection
отказываться/отказаться от	to reject
отмена	cancellation
отменять/отменить	to abolish
полноправный член	full member
поэтапный	step-by-step
предоставлять/предоставить	to grant, confer
преобразование	transformation
противостоять	to oppose
соответствовать	to correspond to
спасение	salvation
статус наблюдателя	observer status

Протекционистской политике противостоит политика ГАТТ – политика свободной торговли, снижения и отмены пошлин, квот и других ограничений.

В основе ГАТТ лежат три принципа:

1) все страны применяют по отношению друг к другу одинаковые меры регулирования экспорта и импорта;

2) все страны стремятся к снижению таможенных пошлин;

3) страны-участницы ГАТТ отказываются от импортных квот.

Благодаря ГАТТ уровень протекционизма уже снизился. Успех ГАТТ привёл к созданию на его основе в 1995 году Всемирной торговой организации (ВТО), куда Россия пытается сейчас вступить. Для России очень важно стать полноправным членом ВТО для защиты своих экспортёров от протекционистских мер других стран. Ведь из-за

179

высо́ких по́шлин на росси́йские това́ры Росси́я теря́ет миллиа́рды до́лларов. Спасе́ние мо́жет принести́ то́лько вступле́ние в ВТО, хотя́ оно́ и потре́бует соотве́тствующего отка́за от по́шлинной защи́ты вну́треннего ры́нка. Но пока́ Росси́и предоста́влен то́лько ста́тус наблюда́теля.

Что́бы стать полнопра́вным чле́ном ВТО Росси́я должна́ осуществи́ть кардина́льные преобразова́ния в эконо́мике, по́лностью ликвиди́ровать систе́му централизо́ванного плани́рования, по́лностью либерализи́ровать це́ны, отмени́ть госуда́рственную монопо́лию вне́шней торго́вли, ввести́ еди́ный ры́ночный валю́тный курс, продолжа́ть приватиза́цию.

Одновреме́нно в стране́ идёт либерализа́ция внешнеэкономи́ческой де́ятельности. Ва́жные ме́ры здесь – отме́на квоти́рования и лицензи́рования, поэта́пное сниже́ние э́кспортных по́шлин, ликвида́ция всех льгот отде́льным организа́циям и регио́нам. В настоя́щее вре́мя в Росси́и еди́нственным сре́дством регули́рования и́мпорта явля́ется тамо́женный тари́ф.

На́до сказа́ть, что в СССР практи́чески не существова́ло систе́мы тари́фного регули́рования. Форма́льно по́шлины име́лись, но распространя́лись они́ то́лько на ввоз автомоби́лей и ряд други́х това́ров ча́стными ли́цами для ли́чного по́льзования и практи́ческого значе́ния не име́ли. Как ме́ра регули́рования и́мпортные по́шлины бы́ли введены́ то́лько с ию́ля 1992 г. В настоя́щее вре́мя и́мпортные по́шлины явля́ются практи́чески еди́нственным инструме́нтом защи́ты вну́треннего ры́нка, что по́лностью соотве́тствует тре́бованиям ГАТТ/ВТО.

(Adapted from *Вне́шняя торго́вля*)

Answer these questions in English and Russian:

What are the main principles of GATT policy?

Каковы́ основны́е при́нципы поли́тики ГАТТ?

Why was Russia so keen to join GATT?

Почему́ Росси́я так стреми́лась вступи́ть в ГАТТ?

What changes must Russia introduce into her economy in order to join WTO?

Каки́е измене́ния Росси́я должна́ осуществи́ть в эконо́мике, что́бы стать чле́ном ВТО?

What changes have already been achieved?

Каки́е измене́ния уже́ бы́ли осуществлены́?

How does Russia protect her market at the moment?

Как Росси́я защища́ет свой ры́нок в да́нный моме́нт?

Task 12

Comment on this decision by the Russian government. Suggest its possible consequences in your answers to the questions which follow the text:

Отмéна пóшлин для отéчественных экспортёров, случúвшаяся 1 апрéля 1996 гóда, считáлась однúм из глáвных достижéний россúйских экономúческих рефóрм и вáжным шáгом вступлéния Россúи в ВТО. Однáко финáнсовый крúзис в áвгусте 1998 гóда и падéние úмпорта в 1998 годý на 25% по сравнéнию с 1997 гóдом вынудило россúйское правúтельство в 1999 годý изменúть внешнеторгóвую полúтику и вновь ввестú экспортные пóшлины на нефть и нефтепродýкты. Причúна – пополнить опустéвшую казнý и снúзить бюджéтный дефицúт. Покá не извéстно, как дóлго продéржатся эти пóшлины.   (From *Извéстия*)

The abolition of duties for domestic exporters which occurred on 1 April 1996 was considered one of the main achievements of the economic reforms and an important step towards Russia's entry into the WTO. However, financial crisis in August 1998 and the 25% fall in imports in 1998 compared to 1997 forced the Russian government to change its foreign-trade policy in 1999 and once again bring in export duties on oil and oil-based products. The motive was to refill the state coffers and lower the budget deficit. It is not known how long these duties will remain in force.

1. Наскóлько это решéние врéдно с экономúческой тóчки зрéния?
2. Каковá, по-вáшему, бýдет реáкция россúйских нефтяных компáний?
3. Как это повлияéт на добычу нéфти?
4. Как, по-вáшему, бýдут реагúровать на это решéние импортёры нéфти?

Task 13

Translate the words and phrases in English into their Russian equivalents:

Протекционúстской полúтике противостоúт *the policy of free trade.* Для Россúи óчень вáжно стать *a full member of the World Trade Organisation.* Вступлéние в ВТО должнó помóчь Россúи *to protect her foreign trade.* Россúя должнá отменúть *all restrictions in foreign trade. Observer status* – пéрвый этáп вступлéния в ВТО. Все стрáны должны стремúться *towards reducing customs duties* на товáры. Все стрáны должны *to reject import quotas* на товáры. *Monopoly of foreign trade in Russia* ужé отменена. Россúя регулúрует свой рынок *with the help of tariffs.* Все стрáны испóльзуют *protectionist measures.*

Task 14

The Deputy Minister for foreign economic ties and trade Georgii Gabunia explains in a conversation with a British journalist why Russia wants to become a full member of WTO. Interpret or translate their conversation:
Note:

долгосро́чный, краткосро́чный	long-term, short-term
преодоле́ние торго́вых прегра́д	overcoming trade barriers
присоедине́ние к	joining
присоединя́ться/присоедини́ться к	to join
произво́л стран-импортёров	arbitrary action by importing countries
соразме́рно вы́годе	proportional to the benefit
спо́рный вопро́с	moot point
ста́лкиваться/столкну́ться с	to collide with, come up against

Journalist: Russia already has observer status in WTO but negotiations on her full membership are still going on. Why are you so keen to join WTO? What are the advantages for your country in joining it?

Gabunia: Присоедине́ние ко Всеми́рной торго́вой организа́ции – де́ло первостепе́нной ва́жности для Росси́и. Чле́нство в ВТО защити́т вне́шнюю торго́влю от произво́ла стран-импортёров проду́кции. И́бо за после́дние не́сколько лет росси́йские экспортёры всё бо́льше ста́лкиваются с напра́вленными про́тив них высо́кими по́шлинами и антиде́мпинговыми процеду́рами. А ведь Росси́я сейча́с пережива́ет о́чень сло́жный пери́од, она́ пыта́ется измени́ть структу́ру э́кспорта и и́щет механи́змы преодоле́ния торго́вых прегра́д. К тому́ же в ВТО нам нет нужды́ вступа́ть, е́сли мы и да́льше хоти́м экспорти́ровать то́лько нефть и газ.

J: To change the structure of your exports must be very difficult, especially now when there is a lot of discrimination against Russian exports. I assume membership will help you to limit protectionism. You will then be able to use all the special rules and mechanisms for WTO members to protect your trade interests.

G: Да, коне́чно. Но мы понима́ем, что вступле́ние во Всеми́рную торго́вую организа́цию не приведёт к момента́льной отме́не дискриминацио́нных мер про́тив росси́йского э́кспорта. Тем не ме́нее в ра́мках ВТО Росси́я смо́жет уча́ствовать в де́ятельности коми́ссий, занима́ющихся урегули́рованием спо́рных вопро́сов по пра́вилам ВТО.

А вообще́ мы хоти́м вступи́ть в ВТО не для реше́ния краткосро́чных зада́ч. Гла́вное, что́бы не пострада́ли на́ши долгосро́чные интере́сы.

J: I have heard that the losses for your country in not being a member of WTO amounted to almost a billion dollars last year.

G: Да, ве́рно. Тем не ме́нее Росси́я не ста́нет проводи́ть поли́тику «откры́тых двере́й». Мы гото́вы вступи́ть в ВТО как мо́жно быстре́е, но не любо́й цено́й. Та пла́та, кото́рую мы согла́сны внести́ за э́тот шаг, должна́ быть соразме́рна той вы́годе, кото́рую мы полу́чим.

J: Many people say that Russia should not hurry to join WTO since the advantages of your joining will be felt only after several years, maybe decades, but at the moment Russia will have to pay too high a price for full membership in WTO. They are worried that too many imported goods could destroy the country's economy.

G: Вступле́ние в ВТО гла́вной це́лью име́ет разви́тие конкуре́нции на вне́шнем ры́нке. Е́сли росси́йский това́р по ка́честву вы́ше и́мпортного, он, в коне́чном счёте, победи́т в э́той борьбе́, да́же е́сли сейча́с ему́ прихо́дится тру́дно. Но сама́ борьба́ стимули́рует забо́ту о повыше́нии ка́чества, в чём сейча́с Росси́я отстаёт от За́пада.

Now make a list of the arguments why Russia should be a member of WTO, and of the conditions she will have to meet in order to join.

ACTIVITIES (Units 17–19)

Task 15

The paper Эконо́мика и жизнь *reported the trends in Russian imports and exports in 1999; according to this report* «65% всего́ э́кспорта Росси́и в 1999 году́ соста́вили това́ры то́пливно-энергети́ческого ко́мплекса, мета́ллы и изде́лия из них». *Familiarise yourself with these trends:*

Note:

заку́пка	purchase
зерно́	grain
конъюнкту́ра	state of the market
лека́рственные сре́дства	medicines
медь	copper
поста́вка	delivery
предпосы́лка	premise
продтова́ры	foodstuffs
удобре́ние	fertiliser
цветны́е мета́ллы	non-ferrous metals

чёрные металлы   iron and steel

1. Определяющая тенденция в 1999 году – увеличение экспортных поставок в страны дальнего зарубежья. Это связано с благоприятной конъюнктурой на мировых сырьевых рынках, прежде всего на нефтяном, нефтепродуктов и цветных металлов, составляющих основу российского экспорта. В условиях роста мировых цен на нефть увеличился приток валютных средств в Россию. По итогам 1999 года на экспорт было поставлено 123,4 млн. тонн нефти, 49,2 млн. тонн нефтепродуктов, 187,2 млрд. куб. м. природного газа. Увеличились поставки минеральных удобрений на 16,7%, лесоматериалов – на 38%, меди – на 17,6% и алюминия – на 10,5%.

2. Но объём российского экспорта полностью зависит а) от изменений мировых цен; б) от антидемпинговой политики, проводимой в отношении российских товаров (чёрных металлов, химической продукции); в) от низкой конкурентоспособности отечественной промышленной продукции; г) от роста конкуренции российским товарам на рынке Центральной и Восточной Европы со стороны Украины, Белоруссии и других стран, транспортные издержки которых меньше, чем российские. В результате товары, которые раньше закупались в России, закупаются в других странах. Принятые правительством меры по введению экспортных пошлин, направленные на увеличение доходной части бюджета, также оказывают сдерживающее влияние на экспорт.

3. Ввоз товаров в 1999 году сократился. Например, по отношению к 1998 году российский импорт сократился на 31,7%. Снижение импорта оказало позитивную роль на повышение конкурентоспособности российских товаров на внутреннем рынке, создало предпосылки для улучшения положения некоторых отраслей экономики.
Экономика России находится в значительной зависимости от закупок продтоваров и сырья для их производства. В российском импорте на них приходится более 26%. Дальнее зарубежье играет определяющую роль в продовольственном обеспечении России, и значение этих стран постоянно возрастает. По итогам 1999 года продовольственные закупки из стран дальнего зарубежья сократились на 28%. Стоимость закупок мяса, например, снизилась на 45,6%. Важная статья импорта – лекарственные средства. Россия на 2/3 зависит от их ввоза. В 1999 году закупки медикаментов в странах дальнего зарубежья снизились в 1,6

ра́за. Óколо 40% заку́пок из да́льнего зарубе́жья составля́ют маши́ны и обору́дование. В 1999 году́ и́мпорт э́тих това́ров уме́ньшился на 40%. Сниже́ние поста́вок и́мпортного обору́дования, необходи́мого для разви́тия и модерниза́ции отéчественного произво́дства – весьма́ негати́вная тенде́нция.

And now answer these questions in English and Russian:

What was the defining trend in Russian exports in 1999?

Какова́ была́ определя́ющая тенде́нция в росси́йском э́кспорте в 1999 году́?

What holds back the growth of Russian exports?

Что сде́рживает рост росси́йского э́кспорта?

What were the positive consequences of the reduction in imports?

Каковы́ бы́ли положи́тельные послéдствия сокраще́ния и́мпорта?

What negative trend was there in the development of Russian imports?

Какова́ была́ негати́вная тенде́нция в разви́тии росси́йского и́мпорта?

Task 16

Complete each sentence using a noun formed from the verb in brackets:

(поставля́ть) ..... нéфти в стра́ны да́льнего зарубе́жья в 1999 году́ рéзко возросли́.

(закупа́ть) Большинство́ ..... из да́льнего зарубе́жья составля́ют маши́ны и обору́дование.

(вывози́ть) На .... мно́гих това́ров влия́ет антидéмпинговая поли́тика в отношéнии Росси́и.

(ввози́ть) ..... продтова́ров сократи́лся в 1999 году́.

(сокраща́ть) ..... и́мпорта привело́ к оживле́нию отéчественного произво́дства.

(уменьша́ть) ..... и́мпортного обору́дования – негати́вная тенде́нция в структу́ре внéшней торго́вли Росси́и.

(расти́) ..... конкурéнции со стороны́ бы́вших респу́блик СНГ ведёт к сниже́нию э́кспорта.

(вводи́ть) ..... э́кспортных по́шлин увели́чило дохо́дную часть бюджéта.

185

Task 17

a) *Examine the graph showing changes in oil prices from 1973 to Feb. 2000*

мировáя ценá за баррéль нéфти
в дóлларах С Ш А
(с 1973г. по фeврáль 2000г., в ценáх 1967г.)

b) *And now write a short description of the evolution in world oil prices; Note these related nouns and verbs which may prove useful in describing prices and quantities generally:*

возрастáние	возрастáть/возрастú
замедлéние	замедля́ть(ся)/замéдлить(ся)
падéние	пáдать/упáсть
повышéние	повышáть(ся)/повы́сить(ся)
понижéние	понижáть(ся)/пони́зить(ся)
снижéние	снижáть(ся)/сни́зить(ся)
сокращéние	сокращáть(ся)/сократи́ть(ся)
увеличéние	увели́чивать(ся)/увели́чить(ся)

And now some adjectives and adverbs to describe them more precisely:

значи́тельный	значи́тельно	significant(ly)
неожи́данный	неожи́данно	unexpected(ly)
постепéнный	постепéнно	gradual(ly)
постоя́нный	постоя́нно	constant(ly)
рéзкий	рéзко	sharp(ly), abrupt(ly)

c) *Here are some more words to use in describing price levels:*

колебáться	to fluctuate
вырáвниваться/вы́равниться	to level off
оставáться/остáться усто́йчивыми	to remain stable
достигáть/дости́гнуть вы́сшей тóчки	to reach a peak

At which points on the graph would you use them?

186

Task 18

*Examine the changes in the price of Russian oil between 1998 and 2000;
the price is given in US$ per barrel:*

Цена нефти за баррель (в долларах)

январь 98	июнь 98	январь 99	июнь 99	июль 99	декабрь 99	февраль 00
$ 16	$ 12	$ 9	$ 17,5	$ 18,2	$ 26	$30

Replace the words and phrases in English with their Russian equivalents:

Начавшееся в конце 1997 года *fall in world prices in oil* в последней декаде мая 1998 года *slowed down*, цены на нефть и нефтепродукты *began to rise*. Однако, в начале июня последовало их *sharp decline*, в результате которого *prices were reduced to a minimum* (около 9-и долларов за баррель. Только в марте 1999 года началось *a slow but steady increase in the price of oil*. *A record increase* цен на нефть было зарегистрировано в феврале 2000 года. Предполагают, что цена нефти *has reached a peak*.

Task 19

*Choose the most appropriate phrases to complete the following sentences;
you may give more than one:*

В экспорте России преобладают
1. сырьевые ресурсы
2. машиностроительная продукция
3. продовольствие
4. оружие

Чтобы изменить структуру внешней торговли Россия должна
1. уменьшить экспорт природных ресурсов
2. увеличить экспорт готовых изделий
3. увеличить экспорт зерна
4. уменьшить экспорт оружия

Россия больше торгует
1. со странами дальнего зарубежья
2. со странами СНГ
3. с развивающимися странами
4. со странами Восточной Европы

Протекциони́стские ме́ры включа́ют
1. введе́ние тари́фов
2. отме́ну ограниче́ний
3. сниже́ние по́шлин
4. введе́ние квот на и́мпорт

В результа́те повыше́ния по́шлин на импорти́руемые автомоби́ли выи́грывают
1. покупа́тели автомоби́лей
2. оте́чественные производи́тели
3. госуда́рство
4. такси́сты

Протекциони́зм ведёт к
1. сниже́нию эффекти́вности произво́дства
2. разви́тию монополи́зма
3. повыше́нию потреби́тельских цен
4. повыше́нию у́ровня жи́зни

Причи́ны протекциони́зма
1. защити́ть оте́чественную промы́шленность
2. повы́сить конкурентоспосо́бность
3. поощря́ть технологи́ческий прогре́сс
4. увели́чить за́нятость

Росси́я хо́чет вступи́ть в ВТО, что́бы
1. повы́сить у́ровень жи́зни россия́н
2. уско́рить экономи́ческое разви́тие
3. улу́чшить структу́ру э́кспорта
4. улу́чшить отноше́ния с торго́выми партнёрами

Что́бы стать чле́ном ВТО, Росси́я должна́
1. отмени́ть кво́ты и по́шлины
2. прекрати́ть приватиза́цию
3. сохрани́ть монопо́лию
4. либерализи́ровать це́ны

Task 20

Complete each sentence using an appropriate word formed from the word in brackets:

(экспорт, импорт)	Россия . . . . . энергоносители и . . . . . потребительские товары.
(отечество)	Большинство . . . . . товаров неконкурентоспособны.
(торговля)	. . . . . оборот между Россией и Великобританией вырос.
(природа)	К сожалению, ... ресурсы невоспроизводимы.
(ввозить)	. . . . . иностранных автомобилей конкурирует с отечественными автомобилями.
(потреблять)	Политика протекционизма вредна для . . . . . .
(защищать)	Для . . . . . внутреннего рынка Россия ввела новые пошлины.
(ограничить)	До конца года действуют . . . . . на импорт сахара.
(давить)	Под . . . . . автомобильной промышленности Россия вновь ввела квоты на импорт автомашин.
(таможня)	Недавно вновь были повышены . . . . . пошлины на импорт табачных изделий.

Task 21

AO «Автоэкспорт» *is well known not just in Russia, but in many parts of the world. In this exchange its managing director, V. P. Morozov, answers questions from a journalist. Interpret or translate their conversation.*

Note:

номенклатура товаров и услуг	list of goods and services
опираться на	to rely on
товарооборот	trade turnover
учредитель	founder

Journalist: Valentin Petrovich! This year "Avtoexport" celebrates its fortieth anniversary. Your organisation was founded when there was big growth in the car industry in the country. How do you manage to survive when production in the country is falling? What problems are you experiencing? Have any changes taken place in your organisation?

Morozov: Раньше рост товарооборота происходил на основе монопольного положения «Автоэкспорта». Мы были единственным представителем за рубежом всей автомобилестроительной промышленности. Сейчас картина изменилась. «Автоэкспорт» стал одной из многих фирм, торгующих автотехникой. Это естественно привело́ к сниже́нию товарооборо́та. Одна́ко, несмотря́ на э́то, нам удало́сь стабилизи́ровать ситуа́цию и да́же увели́чить э́кспорт автоте́хники.

J: I know that your organisation is independent now. Tell me please about your company's present activities.

V.M: Учреди́телями ны́нешнего «Автоэ́кспорта» явля́ются 49 организа́ций и предприя́тий, располо́женных на террито́рии Росси́и, Украи́ны, Ла́твии, Узбекиста́на и Эсто́нии. Среди́ них – АМО «ЗИЛ», АООТ «ВАЗ», ПО «Москви́ч», АООТ «Кузбассу́голь», АООТ «УралАЗ» и др. С перехо́дом к ры́ночным отноше́ниям на́ше акционе́рное о́бщество значи́тельно расши́рило номенклату́ру това́ров и услу́г, кото́рые оно́ предлага́ет на ры́нке. Кро́ме проду́кции автомоби́льной промы́шленности в номенклату́ру включены́ проду́кция други́х о́траслей машинострое́ния, сырьевы́е и продово́льственные това́ры, разли́чные това́ры наро́дного потребле́ния.

J: But if you have widened your list of goods and services, haven't you lost your traditional specialisation supplying motor vehicles and equipment?

V.M: Наоборо́т, нам удало́сь сохрани́ть свою́ специализа́цию. Испо́льзуя свой о́пыт и опира́ясь на широ́кие свя́зи и традицио́нных партнёров за рубежо́м, мы сейча́с поставля́ем автомоби́ли в стра́ны, с кото́рыми пре́жде акти́вно сотру́дничали и отноше́ния с кото́рыми бы́ли прекращены́ в конце́ 80-х годо́в. Деловы́е отноше́ния с ни́ми постепе́нно восстана́вливаются, и нам удаётся переходи́ть к торго́вле на норма́льных ры́ночных усло́виях.   (Adapted from *Вне́шняя торго́вля*)

Task 22
Have a look at this text from an advert for "Avtoexport" and say what goods and services the company advertises:

ВАО «АВТОЭ́КСПОРТ»
Внешнеэкономи́ческое акционе́рное о́бщество
с 40-ле́тним о́пытом рабо́ты на вне́шних ры́нках,
име́ющее ли́дерскую сеть во мно́гих стра́нах ми́ра,
ока́зывает услу́ги оте́чественным и иностра́нным
юриди́ческим и физи́ческим ли́цам.

- **ПО ИМПОРТУ И ЭКСПОРТУ**

как традиционных товаров – легковых и грузовых автомобилей, автобусов, специальных машин, мотоциклов, велосипедов, гаражного оборудования, запасных частей ко всем типам автомототехники, так и машинотехнических изделий производственного и бытового назначения, товаров народного потребления, различных сырьевых и продовольственных товаров.

- **ПО РЕКЛАМЕ, МАРКЕТИНГУ, ТЕХНИЧЕСКОМУ ОБСЛУЖИВАНИЮ**

поставляемых машин и оборудования, инвестирования в производство и сбыт

- **ПО СОЗДАНИЮ В СТРАНЕ И ЗА ГРАНИЦЕЙ**

самостоятельно или на долевых началах с отечественными и иностранными партнёрами филиалов, отделений, представительств, акционерных обществ, совместных предприятий, производств и других организаций

- **ПО ОБУЧЕНИЮ, ПОДГОТОВКЕ И КОНСУЛЬТАЦИИ**

национального и иностранного персонала по всем видам технического сервиса в учебных и консультационных центрах в стране и за рубежом.

НАШ ОПЫТ — ЗАЛОГ ВАШЕГО УСПЕХА

AVTOEXPORT

JOINT STOCK COMPANY

(Adapted from *Внешняя торговля*)

Task 23

Weapons make up a significant part of Russian exports. Read this advertisement for 'Rosvooruzhenie', the Russian state arms company and answer the questions in Russian.

Note:

внешнеторговая сделка	foreign trade deal
военная техника	military equipment
военно-техническое сотрудничество	provision of military equipment
вооружение	arms

ГОСУДА́РСТВЕННАЯ КОМПА́НИЯ ПО Э́КСПОРТУ И И́МПОРТУ
ВООРУЖЕ́НИЙ И ВОЕ́ННОЙ ТЕ́ХНИКИ
«РОСВООРУЖЕ́НИЕ»

В ноябре́ 1993 го́да Прави́тельство Росси́йской Федера́ции в соотве́тствии с Ука́зом Президе́нта РФ учреди́ло Госуда́рственную компа́нию по э́кспорту и и́мпорту вооруже́ний и вое́нной те́хники «Росвооруже́ние» на ба́зе 3 э́кспортных организа́ций: «Оборонэ́кспорт», «Спецвнеште́хника» и ГУСК (Гла́вное управле́ние по сотру́дничеству и коопера́ции»). Созда́ние ГК «Росвооруже́ние» – э́то но́вый шаг в реоргани́зации росси́йской систе́мы вое́нно-техни́ческого сотру́дничества с зарубе́жными стра́нами.

Чем конкре́тно занима́ется ГК «Росвооруже́ние»? В пе́рвую о́чередь э́кспортом и и́мпортом всех ви́дов вооруже́ний и вое́нной те́хники, вое́нного иму́щества, те́хники и техноло́гий двойно́го назначе́ния.

Наибо́лее кру́пные предприя́тия ВПК по-пре́жнему акти́вно уча́ствуют во внешнеэкономи́ческой де́ятельности по догово́рам с ГК «Росвооруже́ние».

Госкомпа́ния не то́лько продаёт росси́йское ору́жие, но и создаёт в зарубе́жных стра́нах ремо́нтные ба́зы, це́нтры подгото́вки и переподгото́вки специали́стов, кото́рые бу́дут эксплуати́ровать э́то ору́жие.

ГК «Росвооруже́ние» разрешено́ создава́ть как на террито́рии Росси́и, так и за рубежо́м свои́ представи́тельства и их филиа́лы, а та́кже учрежда́ть разли́чного ро́да специализи́рованные фи́рмы и́ли компа́нии (тра́нспортные, страховы́е, фо́ндовые, инвестицио́нные, марке́тинговые и др.). Госкомпа́ния име́ет та́кже пра́во привлека́ть иностра́нные посре́днические и други́е фи́рмы для оказа́ния услу́г по заключе́нию и исполне́нию внешнеторго́вых сде́лок.

Представи́тельства ГК «Росвооруже́ние» расположе́ны в 30 зарубе́жных стра́нах. Госкомпа́ния сотру́дничает почти́ с 50 госуда́рствами ми́ра.

Ука́зом Президе́нта РФ от 25 ноября́ 1994 г. генера́льным дире́ктором ГК «Росвооруже́ние» назна́чен Алекса́ндр Ива́нович КОТЁЛКИН

(Adapted from *Вне́шняя торго́вля*)

Answer these questions in English and Russian:
When was 'Rosvooruzhenie' established and by whom?
Когда́ и кем была́ учреждена́ ГК «Росвооруже́ние»?
Which organisations were included in the State Company?
Каки́е организа́ции вошли́ в соста́в ГК?
What exactly is the State Company's business?
Чем конкре́тно занима́ется ГК?
What kind of specialised firms can the State Company create abroad?
Каки́е специализи́рованные фи́рмы ГК мо́жет создава́ть за рубежо́м?

Check your vocabulary by using one of these verbs to complete the sentences (сотру́дничать, учреди́ть, создава́ть, осуществля́ть):

1. ГК мо́жет . . . . . свои́ филиа́лы не то́лько в Росси́и, но и за рубежо́м.
2. В 1993 году́ прави́тельство . . . . . специа́льную коми́ссию ГК «Росвооруже́ние».
3. В настоя́щее вре́мя ГК . . . . . почти́ с 50 госуда́рствами ми́ра.
4. То́лько ГК мо́жет . . . . . э́кспортные опера́ции по прода́же росси́йской те́хники.

Task 24
Relying on what you have learnt in this chapter answer these questions in Russian:
1. Какова́ структу́ра вне́шней торго́вли в Росси́и и в ва́шей стране́?
2. Каковы́ преиму́щества и недоста́тки вы́воза сырьевы́х ресу́рсов?
3. Как ва́жно для Росси́и измени́ть структу́ру торго́вли?
4. Мо́жет ли Росси́я оста́ться вели́кой держа́вой без э́тих измене́ний?
5. Как, по-ва́шему, Росси́я мо́жет сде́лать свои́ това́ры конкуренто-спосо́бными на вне́шнем ры́нке?
6. Как Росси́я опра́вдывает примене́ние протекциони́стских мер?
7. Как вы ду́маете, неизбе́жны ли протекциони́стские меры во вне́шней торго́вле?
8. Существу́ют ли протекциони́стские меры в ва́шей стране́?
9. Каковы́ преиму́щества свобо́дной торго́вли?
10. Почему́ так ва́жно для Росси́и стать чле́ном ВТО?
11. Что Росси́я должна́ сде́лать, что́бы вступи́ть в ВТО?
12. Какие преиму́щества и недоста́тки чле́нства ВТО?

ПРИЛОЖЕ́НИЕ — APPENDIX

Кра́ткие географи́ческие све́дения

Note:

ве́чная мерзлота́	permafrost
земно́й шар	the globe
коренно́й наро́д	indigenous people
поле́зные ископа́емые	minerals
ти́тульная на́ция	titular nationality
язы́к межнациона́льного обще́ния	official language of communication

Росси́йская Федера́ция занима́ет $^1/_8$ пове́рхности земно́го ша́ра (17,1 млн. кв. км). В ней 11 часовы́х поясо́в. Бо́льшая часть террито́рии (64%) охва́чена ве́чной мерзлото́й, что создаёт колосса́льные тру́дности при строи́тельстве зда́ний, добы́че поле́зных ископа́емых. Населе́ние РФ (148,5 млн. челове́к) включа́ет 130 ра́зных национа́льностей, ка́ждая из них со свои́м языко́м и тради́циями. Большинство́ населе́ния (81,5%) составля́ют ру́сские, и ру́сский язы́к явля́ется языко́м межнациона́льного обще́ния РФ. Населе́ние (78,5%) сосредото́чено в города́х, в основно́м в европе́йской ча́сти страны́, а огро́мные простра́нства Сиби́ри остаю́тся почти́ незаселёнными. Городско́е населе́ние продолжа́ет увели́чиваться за счёт мигра́ции из се́льских ме́стностей в города́, хотя́ в после́днее вре́мя наблюда́ется противополо́жная тенде́нция – переселе́ние горожа́н в се́льскую ме́стность, что мо́жно объясни́ть тяжёлым экономи́ческим положе́нием мно́гих росси́йских городо́в, охва́ченных безрабо́тицей.

По своему́ полити́ческому устро́йству Росси́я – федера́ция, состоя́щая из 89 «субъектов Федера́ции». Среди́ них 21 автоно́мная респу́блика, 10 автоно́мных округо́в, 1 автоно́мная о́бласть, 49 областе́й, 6 краёв и два го́рода федера́льного значе́ния (Москва́ и Санкт-Петербу́рг).

Назва́ние «автоно́мии» не зна́чит, что ти́тульная на́ция явля́ется преоблада́ющей. Из 21 респу́блики в соста́ве РФ то́лько в Чува́шии, Туве́ и респу́бликах Се́верного Кавка́за (за исключе́нием Адыге́и и Карача́ево-Черке́ссии) коренны́е наро́ды составля́ют бо́лее полови́ны населе́ния. Так в Башкортоста́не, наприме́р, башки́ры составля́ют 22%, ру́сские 39% и тата́ры 28% населе́ния. То́лько $^1/_3$ всех тата́р, прожива́ющих в Росси́и, живёт в Татарста́не, составля́я 47% населе́ния э́той респу́блики.

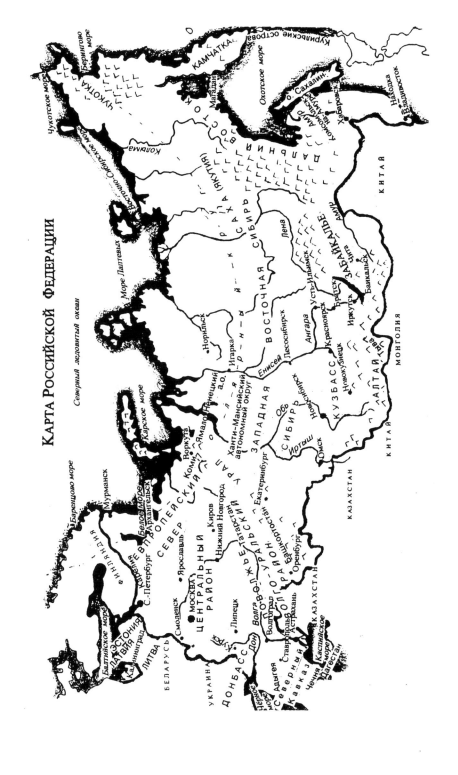

Карта Российской Федерации

From the map decide:
1. Каки́е из э́тих областе́й вхо́дят в соста́в Европе́йского Се́вера: Ленингра́дская, Вологóдская, Волгогра́дская, Му́рманская, Омская, Нижегоро́дская, Магада́нская, Смоле́нская, Яросла́вская, Ряза́нская
2. Из чего́ состоя́т За́падная Сиби́рь, Восто́чная Сиби́рь?

Межотраслевы́е ко́мплексы Росси́и

В Росси́и эконóмика организóвана по межотраслевóму при́нципу (предприя́тия разли́чных отрасле́й объединя́ются вы́пуском определённой проду́кции). Важне́йшими межотраслевы́ми ко́мплексами явля́ются то́пливно-энергети́ческий, металлурги́-ческий, машинострои́тельный, хи́мико-леснóй, тра́нспортный, воéнно-промы́шленный и др.

То́пливно-энергети́ческий ко́мплекс (ТЭК)

Note:

зата́пливать/затопи́ть	to flood
межотраслевóй	joint
нагру́зка	load, strain
осва́ивать/освóить	to master, open up, develop
переда́ча	transmission
полуóстров	peninsula
предусма́тривать	envisage
разве́дать	to prospect
то́пливный	fuel
трубопровóд	pipeline
уступа́ть	to be inferior, give way to
ше́льфовые зóны	continental shelf

ТЭК – межотраслева́я систе́ма добы́чи и произвóдства то́плива и эне́ргии, их транспортирóвки, распределе́ния и испóльзования. В негó вхóдит то́пливная промы́шленность (нефтяна́я, га́зовая, у́гольная, торфяна́я) и электроэнерге́тика.

Нефть и газ

Нефть и газ – са́мые ва́жные ресу́рсы. От их э́кспорта зави́сит благосостоя́ние росси́йской эконóмики. По запа́сам и добы́че нéфтиРосси́я занима́ет вторóе ме́сто в ми́ре пóсле Сау́довской Ара́вии.

89 СУБЪЕКТОВ ФЕДЕРАЦИИ

Города́ федера́льного значе́ния:
Москва́, Санкт-Петербу́рг;

Респу́блики:
Адыге́я, Алта́й, Башкортоста́н, Буря́тия, Дагеста́н, Ингуше́тия, Кабарди́но-Балка́рская, Калмыкия, Карача́ево-Черке́сская, Каре́лия, Ко́ми, Ма́рий Эл, Мордо́вия, Саха́ (Яку́тия), Се́верная Осе́тия, Татарстан, Ты́ва, Удму́ртская, Хака́сия, Чечня́, Чува́шская;

Края́:
Алта́йский, Краснода́рский, Красноя́рский, Примо́рский, Ставропо́льский, Хаба́ровский;

О́бласти:
Аму́рская, Арха́нгельская, Астраха́нская, Бе́лгородская, Бря́нская, Влади́мирская, Волгогра́дская, Волого́дская, Воро́нежская, Ива́новская, Ирку́тская, Калинингра́дская, Калу́жская, Камча́тская, Ке́меровская, Ки́ровская, Костромска́я, Курга́нская, Ку́рская, Ленингра́дская, Ли́пецкая, Магада́нская, Моско́вская, Му́рманская, Нижегоро́дская, Новгоро́дская, Новосиби́рская, О́мская, Оренбу́ргская, Орло́вская, Пе́нзенская, Пе́рмская, Пско́вская, Росто́вская, Ряза́нская, Сама́рская, Сара́товская, Сахали́нская, Свердло́вская, Смоле́нская, Тамбо́вская, Тверска́я, То́мская, Ту́льская, Тюме́нская, Улья́новская, Челя́бинская, Чити́нская, Яросла́вская

Автоно́мная о́бласть:
Евре́йская

Автоно́мные округа́:
Аги́нский Буря́тский, Ко́ми-Перма́цкий, Коря́кский, Ненецкий, Таймы́рский (Долга́но-Ненецкий), Усть-Орды́нский Буря́тский, Ха́нты-Манси́йский, Чуко́тский, Эвенки́йский, Яма́ло-Ненецкий.

197

Главные нефтяные районы – Западная Сибирь (Приобье), где добывается около ²/₃ российской нефти, в основном на территории Ханты-Мансийского автономного округа, частично в Ямало-Ненецком округе, и Волго-Уральский район (республики Татарстан, Башкортостан, республика Коми), где добывается около ¹/₄ нефти. Далее идут Северный Кавказ и Европейский Север (Баренцево-Печорский район). Перспективны также шельфовые зоны острова Сахалин и Каспийского моря. Запасы нефти на Сахалине, например, по размерам не уступают запасам нефти в Северном море и оцениваются в миллиард тонн.

Из Приобья главные потоки нефти по трубопроводам направляются на запад в Поволжье и оттуда идут –

• на юго-запад в Украину, на Северный Кавказ, в нефтеэкспортные порты Туапсе, Новороссийск;

• на запад в Беларусь и в Восточную Европу;

• в Центральную Россию и Санкт-Петербург;

• на восток нефть Приобья идёт вдоль Транссибирской магистрали к Тихому океану до Комсомольска-на-Амуре.

В нефтяной промышленности сейчас создаются огромные нефтяные компании, как крупнейшая акционерная компания «ЛУКойл» (названная по трём начальным буквам нефтедобывающих центров: Лангелас, Урай и Когалым). Кроме нефтедобывающих центров компании принадлежат нефтеперерабатывающие и нефтехимические заводы, тысячи бензозаправочных станций. «ЛУКойл» ответственна за производство ¹/₅ всей российской нефти.

По добыче газа Россия занимает первое место в мире. Основные месторождения расположены в Западной Сибири: Ямало-Ненецкий и Ханты-Мансийский автономные округа. Здесь добывается 90% российского газа. Затем идут Волго-Уральский район: Оренбургская, Саратовская, Астраханская области, республики Татарстан, Башкортостан; и Северный Кавказ: республика Дагестан, Ставропольский край. Основные газопроводы идут из Нижнего Приобья на юго-запад в центральные районы и далее через Украину и Беларусь на экспорт в дальнее зарубежье.

Ведущая газовая компания – Российское акционерное общество «Газпром», добывающая 94% российского газа и обеспечивающая 100% его экспорта.

Газовая и нефтяная промышленности испытывают сходные проблемы: для поддержания уже достигнутого уровня добычи надо осваивать месторождения всё более удалённые, находящиеся во всё более суро́вых приро́дных райо́нах, тре́бующих всё бо́льших затра́т на освое́ние. Э́то Тима́но-Печо́рское, Сахали́нское и Краснoя́рско-Ирку́тское месторожде́ния не́фти, га́зовые месторожде́ния на полуо́строве Яма́л, где о́чень суро́вые приро́дные усло́вия. Все они́ тре́буют грома́дных инвести́ций. Ведь в Восто́чной Сиби́ри и на Да́льнем Восто́ке разве́даны всего́ 6 – 8% месторожде́ний не́фти и га́за.

У́голь

Основны́е райо́ны добы́чи угля́ – в Сиби́ри, на Да́льнем Восто́ке, на Ура́ле, и в европе́йской ча́сти страны́ (Печо́рский и Доне́цкий бассе́йны). Кузне́цкий бассе́йн (Кузба́сс), располо́женный в Ке́меровской о́бласти в Сиби́ри даёт о́коло $^1/_3$ росси́йской добы́чи, причём у́голь здесь высо́кого ка́чества. Друго́й ва́жный исто́чник ка́чественного угля́, Донба́сс, нахо́дится в Украи́не, то́лько ме́ньшая его́ часть в Росси́и. Бога́тые запа́сы угля́ на́чали разраба́тывать в Ю́жно-Яку́тском бассе́йне по́сле строи́тельства БАМа*. Значи́тельная часть угля́ экспорти́руется в Япо́нию. В Росси́и с её огро́мными расстоя́ниями чрезвыча́йно дорога́ перево́зка угля́ (затра́ты на его́ транспортиро́вку составля́ют о́коло 55% его́ сто́имости). Поэ́тому сто́имость угля́, добы́того в Чити́нской о́бласти, при перево́зке, наприме́р, в Хаба́ровск, возраста́ет в 3 ра́за. В у́гольной промы́шленности идёт модерниза́ция о́трасли, закрыва́ются неэффекти́вные ша́хты, сокраща́ется рабо́чая си́ла.

Электроэнерге́тика

Электроэнерге́тика включа́ет все проце́ссы произво́дства, переда́чи, трансформа́ции и потребле́ния электроэне́ргии. Росси́я занима́ет второ́е ме́сто в ми́ре по произво́дству электроэне́ргии. В структу́ре произво́дства электроэне́ргии бо́лее 70% прихо́дится на ТЭС (теплoвы́е электроста́нции), 20% на ГЭС (гидроэлектроста́нции), 10% на АЭС (а́томные электроста́нции). ТЭС даю́т свы́ше $^2/_3$ электроэне́ргии. Э́то свя́зано с тем, что Росси́я облада́ет больши́ми запа́сами то́пливных ресу́рсов.

Са́мые мо́щные ГЭС постро́ены на сиби́рских ре́ках. Э́то Сая́нская и Краснoя́рская ГЭС на Енисе́е, Бра́тская и Усть-Или́мская на Ангаре́. Но

---

* БАМ: Байка́ло-Аму́рская магистра́ль – the railway line built mainly in the 1970-80s through difficult country round the north of lake Baikal between Taishet on the original Trans-Siberian and Komsomol'sk-na-Amure.

создáние крýпных ГЭС неблагоприя́тно влия́ет на окружáющую средý. При строи́тельстве ГЭС затáпливаются огрóмные плóщади сельскохозя́йственных земéль, лесá, сéльские поселéния, нарушáется экосистéма рек.

Почти́ все АЭС нахóдятся в европéйской чáсти Росси́и. Сейчáс в странé дéйствуют 10 крýпных АЭС.

В настоя́щее врéмя в Росси́и функциони́рует Еди́ная энергети́ческая системá (ЕЭС), объединя́ющая многочи́сленные электростáнции европéйской чáсти и Сиби́ри. Передавáя электроэнéргию на больши́е расстоя́ния, мóжно сни́зить нагрýзку на произвóдство энéргии в часы́ пик.

Place the following oil producing areas in order of importance:
   a) Вóлго-Урáльский
   b) Сéверный Кавкáз
   c) Приóбье
   d) шельф побережья Бáренцово мóря.

Answer these questions:
1. Каки́е глáвные направлéния нефтепровóдов и газопровóдов?
2. Каки́е райóны богáты одновремéнно и нéфтью и гáзом?
3. Каковы́ глáвные проблéмы в нефтяно́й, гáзовой и ýгольной промы́шленностях?
4. Каки́е ти́пы электростáнций имéются в Росси́и?
5. В чём осóбенности размещéния электроэнергéтики в Росси́и?

Металлурги́ческий кóмплекс

Note:

вы́плавка метáлла	smelting
исчерпáть	to exhaust
легкодостýпный	readily accessible
обогащéние руды́	concentration of ore
óлово	tin
прокáт	rolling
свинéц	lead
цинк	zinc

Металлурги́ческий кóмплекс включáет в себя́ добы́чу руд метáллов, их обогащéние, вы́плавку метáлла, произвóдство прокáта.

Металлурги́я (чёрная и цветна́я) – осно́ва росси́йской инду́стрии. Металлурги́ческие заво́ды обы́чно располага́ются бли́зко к ресу́рсам. Э́то заво́ды гига́нты на Ура́ле (в Челя́бинске, Магнитого́рске, Ни́жнем Таги́ле), заво́ды в Новокузне́цке (Кузне́цкий металлурги́ческий заво́д и За́падно-сиби́рский металлурги́ческий заво́д), заво́ды и Ли́пецке, в Ту́ле, в Таганро́ге, на кото́рых испо́льзуется руда́ Ку́рской магни́тной анома́лии (КМА). Не́которые металлурги́ческие заво́ды рабо́тают части́чно на металлоло́ме (Череповец, заво́д «Амурста́ль» в Комсомо́льске-на-Аму́ре).

Крупне́йшей металлурги́ческой ба́зой страны́ явля́ется Ура́л: здесь произво́дится почти́ $^1/_2$ чугуна́, ста́ли. Ра́ньше в их произво́дстве испо́льзовался у́голь из Кузба́сса и ме́стная ура́льская руда́. (В обра́тном направле́нии поезда́ вози́ли руду́ в Кузба́сс, где то́же была́ со́здана металлурги́ческая промы́шленность.) Одна́ко бога́тые и легкодосту́пные ру́ды Ура́ла уже́ почти́ исче́рпаны, и сейча́с на Ура́л заво́зят руду́ и у́голь из бли́жнего зарубе́жья, осо́бенно из Казахста́на.

Цветна́я металлурги́я, как и чёрная, ориенти́руется на сырьевы́е ба́зы. Ме́дные ру́ды, наприме́р, до сих пор добыва́ются на Ура́ле, но бо́лее кру́пный центр добы́чи и вы́плавки ме́ди тепе́рь Нори́льск. А свинцо́во-ци́нковая промы́шленность (добы́ча руды́ и вы́плавка мета́ллов) концентри́руется в го́рных райо́нах – в Дальнего́рске (Да́льний Восто́к), в Не́рчинске (Забайка́лье), в Сала́ире (Кузба́сс). О́лово бо́льшей ча́стью добыва́ется на Да́льнем Восто́ке, в респу́блике Саха́ (Яку́тии), в Сиби́ри, а вы́плавка мета́лла – в Новосиби́рске. Крупне́йший центр добы́чи ни́келя – Нори́льск. Са́мые кру́пные алюми́ниевые заво́ды располо́жены бли́зко от кру́пных гидроэлектроста́нций, в Бра́тске и Краснoя́рске: вме́сте они́ даю́т о́коло полови́ны росси́йского алюми́ния. По произво́дству алюми́ния Росси́я стои́т на пе́рвом ме́сте в ми́ре, и до 80% произведённого в Росси́и алюми́ния идёт на э́кспорт.

Complete the following sentences:
1. Металлурги́ческие заво́ды обы́чно располага́ются . . . . .
2. Ура́л ра́ньше счита́лся . . . . .
3. Нори́льск – крупне́йший центр . . . . .
4. Алюми́ниевые заво́ды в Бра́тске и Краснoя́рске даю́т . . . . .
5. Бо́льшая часть ме́ди добыва́ется . . . . .

Allocate to its appropriate region (Ура́л, За́падная Сиби́рь,Восто́чная Сиби́рь *or* Да́льний Восто́к,) *each of the following towns:*

Красноя́рск, Магнитого́рск, Комсомо́льск-на-Аму́ре, Новокузне́цк, Братск, Новосиби́рск, Нори́льск, Челя́бинск.

Хи́мико-лесно́й ко́мплекс

Note:

загото́вка	procurement
ка́лий	potassium
каучу́к	rubber
удобре́ние	fertiliser
целлюло́зно-бума́жный комбина́т	cellulose production complex

Хими́ческая промы́шленность

Хими́ческая промы́шленность ра́звита во всех экономи́ческих райо́нах Росси́и. Важне́йшие хими́ческие предприя́тия размеще́ны в Центра́льном райо́не (Воскресе́нск, Шёлково, Новомоско́вск), в Пово́лжье (Дзержи́нск), на Ура́ле (Березники́, Пермь). Пе́рмская о́бласть (Солика́мск, Березники́) отве́тственна за произво́дство всех кали́йных удобре́ний и бо́лее $^1/_4$ произво́дства всех удобре́ний Росси́и.

Мно́гие о́трасли хими́ческой промы́шленности, осо́бенно произво́дство синтети́ческого каучу́ка, размеща́ются бли́же к потреби́телю (автомоби́льной промы́шленности). И менно поэ́тому произво́дство каучу́ка размести́лось в Яросла́вле, Воро́неже, Каза́ни, по́зже в Пово́лжье, на Ура́ле.

Произво́дство пластма́сс, кото́рое в Росси́и ра́звито гора́здо ме́ньше, чем в За́падной Евро́пе и США, в основно́м привя́зано к райо́нам перерабо́тки нефтега́зового сырья́ (Пово́лжье, За́падная Сиби́рь), но ра́звито и в райо́нах потребле́ния (Центр, Се́веро-За́пад).

Лесна́я промы́шленность

Лес занима́ет второ́е ме́сто в росси́йском э́кспорте по́сле не́фти. Росси́я облада́ет крупне́йшими запа́сами древеси́ны: бо́лее $^1/_5$ от мировы́х запа́сов. Бо́льше всего загото́вок идёт на европе́йском Се́вере (Арха́нгельская о́бласть, респу́блика Ко́ми) и в Восто́чной Сиби́ри Красноя́рский край, Ирку́тская о́бласть)

Целлюло́зно-бума́жная промы́шленность, тре́бующая древе́сного сырья́ и мно́го воды́, сосредото́чена в Арха́нгельской о́бласти (три огро́мных комбина́та), в Каре́лии, Калинингра́де и в Ирку́тской о́бласти (комбина́ты в Бра́тске, Усть-Или́мске и Байка́льске. На произво́дстве

бумáги специализúруются Карéлия, Респýблика Кóми, Калинингрáд-
ская, Пéрмская и Нижегорóдская óбласти

Машинострои́тельный кóмплекс

Note:

горнодобывáющая промы́шленность	mining
грузовúк	lorry
комбáйн	combine harvester
легковóй автомобúль	car
машиностроéние	engineering
паровóй котёл	boiler
подвóдная лóдка	submarine
сбóрочный	assembly
сельскохозя́йственный	agricultural
склáдываться/сложúться	to be formed
сýдно	vessel
сýдно на подвóдных кры́льях	hydrofoil
судостроéние	shipbuilding
судострои́тельная верфь	ship yard
тепловóз	diesel locomotive
тéхника	machinery, equipment; technique
тяжёлое машиностроéние	heavy engineering
электровóз	electric locomotive

Машиностроéние рáзвито во всех экономúческих райóнах. На егó дóлю прихóдится почтú $1/4$ всей промы́шленной продýкции. Для тяжёлого машиностроéния харáктерно размещéние вблизú металлургúческих баз и райóнов потреблéния продýкции. Как прáвило, онó ориентúруется на крýпных производúтелей метáлла и основны́х производúтелей продýкции. Так, производство оборýдования для чёрной металлургúи и горнодобывáющей промы́шленности сосредотóчено на Урáле (завóд «Уралмáш» в Екатеринбýрге), в Красноя́рске (завóд «Сибтяжмáш»).

Размещéние нéкоторых óтраслей мóжно объяснúть «исторúчески»: в Санкт-Петербýрге (завóд «Электросúла») производится бóльшая часть турбúн и генерáторов, испóльзуемых на электростáнциях; в Таганрóге (завóд «Крáсный котéльщик») производят половúну всех паровы́х котлóв РФ. Локомотивостроéние вознúкло там, где началá склáдываться железнодорóжная сеть страны́ – в Центрáльном райóне (тепловóзы в Колóмне, Калýге, Бря́нске и Мýроме, напримéр; электровóзы в

Новочеркáсске близ Ростóва-на-Донý). Судострóйтельные вéрфи появúлись в Санкт-Петербýрге ещё в 18 вéке. Другúе бóлее нóвые цéнтры судострóения: Калинингрáд, Северодвúнск близ Архáнгельска, где стрóят и ремонтúруют áтомные подвóдные лóдки. Речнóе судострóение концентрúруется на крýпных речны́х магистрáлях – АО «Крáсное Сóрмово» в Нúжнем Нóвгороде, напримéр, выпускáет пассажúрские судá на подвóдных кры́льях.

Автомобилестроéние в Россúи вознúкло сначáла в Центрáльном райóне, пóзже в Повóлжье и на Урáле. В настоя́щее врéмя по произвóдству легковы́х автомобúлей выделя́ется Вóлжский автомобúльный завóд (ВАЗ) в Толья́тти, выпускáющий почтú 70% óбщего колúчества. Автомобúли тáкже выпускáют в Москвé, Нúжнем Нóвгороде и Йжевске. Вы́пуск грузовикóв осуществля́ется в основнóм на 4 предприя́тиях: Завóд úмени Лихачёва (ЗИЛ) в Москвé, Гóрьковский автозавóд (ГАЗ) в Нúжнем Нóвгороде, Ульáновский автозавóд (УАЗ) в Ульáновске на Вóлге и Кáмский автозавóд (КамАЗ) в Нáбережных Челнáх.

Произвóдство сельскохозя́йственных машúн нáчало развивáться в 1930-х годáх. Завóды стрóились в степнóй зóне, но блúже к металлургúческим бáзам. Тракторá произвóдятся óколо С .-Петербýрга, в Рязáни, Волгогрáде, Челя́бинске, Чебоксáрах в Повóлжье и Рубцóвске на Алтáе. Комбáйны и другáя сельскохозя́йственная тéхника выпускáются на Сéверном Кавкáзе, в Ростóве-на-Донý, Рязáни, Любéрцах (Москвá), Бежéцке (к сéверу от Москвы́), Краснoя́рске и Кéмерове.

Спад машиностроéния в Россúи был бóльшим, чем в другúх óтраслях. Это мóжно объяснúть тем, что машиностроúтельные предприя́тия наибóлее пострадáли от разры́ва произвóдственных свя́зей с бы́вшими сою́зными респýбликами СССР. К томý же по своéй конкурентоспосóбности и кáчеству продýкция россúйского машиностроéния по-прéжнему уступáет продýкции рáзвитых стран. Однáко, в послéдние гóды в машиностроéнии происхóдит процéсс уменьшéния размéров предприя́тий. Вмéсто одногó úли нéскольких крýпных предприя́тий появля́ется мнóжество мéлких произвóдств. Напримéр, ещё в начáле 90-х годóв автóбусы производúли лишь на трёх завóдах. Тепéрь наряду́ с э́тими завóдами появúлись деся́тки мáлых предприя́тий (в основнóм сбóрочных, получáющих детáли со стороны́). Кáждое предприя́тие произвóдит небольшóе числó автóбусов, но вмéсте онú улучшáют ситуáцию на автóбусном ры́нке. Преимýщество э́тих мáлых предприя́тий в их гúбкости, в их спосóбности бы́стро перестра́иваться в соотве́тствии со спро́сом, выпуска́ть и́менно те ви́ды автобусов, кото́рые нужны́ потреби́телям.

Answer these questions:
1. Где нахо́дятся це́нтры росси́йского судостро́ения?
2. Почему́ спад в машинострое́нии был бо́льше, чем в други́х отрасля́х?
3. Како́й проце́сс идёт сейча́с в машинострои́тельной промы́шленности?

Choose the most suitable of these definitions (центр судостро́ения; лесоэкспортный порт; центр алюми́ниевой промы́шленности; центр тяжёлого машинострое́ния; центр чёрной металлу́ргии; центр цветно́й металлу́ргии) *for each of the following towns:*

Магнитого́рск; Нори́льск; Братск; Арха́нгельск; Калу́га; Черепове́ц; Росто́в-на-Дону́; Ни́жний Но́вгород; Му́рманск; Волгогра́д.

Тра́нспортный ко́мплекс

Note:

авиакомпа́ния	airline
грузооборо́т	freight turnover
густо́й	dense
колесо́	wheel
магистра́ль	main line
малообжи́тый райо́н	thinly populated region
неравноме́рный	uneven
протяжённость	extent
поддержа́ние	support, maintenance
пересека́ть/пересе́чь	to intersect
побере́жье	coast
пути́ сообще́ния	railways
рейс	flight, route
се́льский	rural
сеть	network
с твёрдым покры́тием	metalled, surfaced

Желе́знодоро́жный тра́нспорт

Бо́льшая часть грузо- и пассажирооборо́та прихо́дится на железно-доро́жный тра́нспорт, но железнодоро́жный тра́нспорт размеща́ется неравноме́рно. В европе́йской ча́сти страны́ густа́я железнодоро́жная сеть, напоминающая гигантское колесо, центр которого – Москва. От неё в разные стороны отходят радиусы – магистрали. Они идут от Москвы в направлении Санкт-Петербурга, Архангельска, Нижнего Новгорода и Кирова, Казани и Екатеринбурга, Самары и Оренбурга, Волгограда и Астрахани, Ростова-на-Дону и Кавказа, Курска и восточной Украины, Киева, Смоленска, Беларуси и Польши и Риги. Транссибирская магистраль, связывающая центр с Уралом, Сибирью и Дальним Востоком проходит по двум направлениям, через Киров или Казань в Омск, Новосибирск, Красноярск, Иркутск, Улан-Удэ, Читу, Хабаровск, Владивосток и Находку – свыше 9000 км. От Улан-Удэ один путь ведёт в Монголию, – а другой путь от Читы в Китай.

В 1984 году было закончено строительство другой магистрали: Байкало-Амурской магистрали (БАМ), проходящей севернее озера Байкала и ведущей к Комсомольску-на-Амуре. В связи с отсутствием средств, необходимых на поддержание этой дороги в суровом и малообжитом краю, потенциал БАМа используется недостаточно. И БАМ, названный «дорогой в будущее», оказался «дорогой без будущего». Распад СССР и разрыв связей между бывшими союзными республиками особенно отразился на состоянии железнодорожного транспорта.

Морской транспорт

Россия имеет 39 портов; самые крупные: Санкт-Петербург, Мурманск, Архангельск, Калининград, Новороссийск, Туапсе, Ростов-на-Дону, Владивосток, Находка, и Советская Гавань. После распада СССР Россия вынуждена платить пошлину за провоз своих товаров в такие порты, как Одессу (Украина) на Чёрном море и Таллинн (Эстония), Ригу (Латвия) и Клайпеду (Литва) на Балтийском; поэтому сейчас разрабатываются проекты строительства новых портов близ Санкт-Петербурга и на Черноморском побережье Кавказа.

Речной транспорт

Более $^2/_3$ грузооборота речного транспорта приходится на Волгу с её притоком Камой. Особенно важна роль речного транспорта на Крайнем Севере, где отсутствуют другие виды транспорта. Обь, Енисей, Лена и другие реки – основные транспортные магистрали в этих районах. Но навигационный период сибирских рек короткий, большую часть года они покрыты льдом.

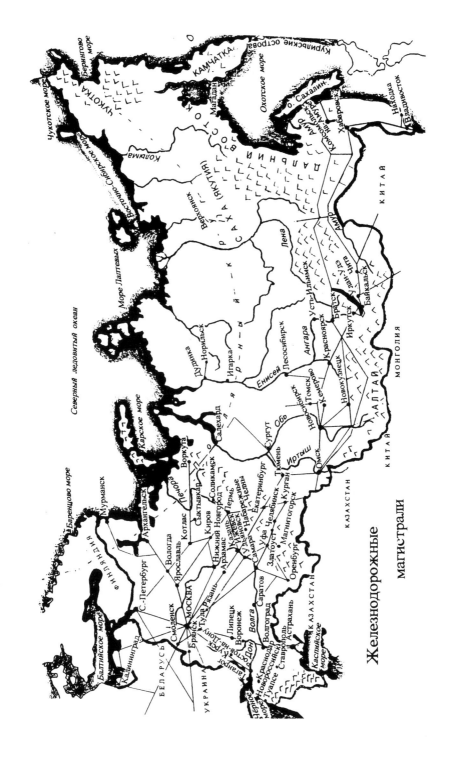

Железнодорожные

магистрали

Автодорожный транспорт

Россия обеспечена автодорогами недостаточно, и их качество желает лучшего. 40% сельских населённых пунктов вообще не имеют автодорожной связи с сетью путей сообщения. Общая протяжённость автомагистралей в России около 500 тыс. км., но только 400 тыс. км. из них с твёрдым покрытием. Специалисты считают, что России необходимо 1400 тыс. км. автодорог. В восточных районах число дорог резко снижается; до сих пор нет автодороги, пересекающей всю Россию с запада на восток.

Воздушный транспорт

В связи с ухудшением экономической ситуации и ростом цен на этот вид транспорта объём грузов и перевозка пассажиров значительно снизились. По сравнению с советским временем число внутренних рейсов резко сократилось. И хотя после реорганизации Аэрофлота появились десятки частных авиакомпаний, предлагающих свои услуги, провинциальные города, куда раньше ежедневно летали надёжные 10 – 40-местные самолёты, вообще оказались без авиасообщения. Авиатранспорт нуждается в обновлении; но в данное время нет средств на производство всех самолётов, хотя разработка новых моделей продолжается.

1. Какими железными дорогами Сибирь связана с европейсой частью России?
2. В чём особенности речного транспорта России?
3. Каким видом транспорта вы поедете из Нижнего Новгорода в Астрахань, в Архангельск, в Москву?
4. Какой вид транспорта вы выберете, перевозя трубы из Красноярска в Новосибирск, в Норильск, в Японию?
5. Через какие города вы проедете, решив ехать на поезде из Санкт-Петербурга во Владивосток?
6. Какие проблемы стоят перед авиационным транспортом?

Военно-промышленный комплекс (ВПК)

Note:

боевой	combat
боеприпасы	ammunition
бортовая станция	avionics, airborne system
вступать в силу	to come into force
дельтаплан	hang-glider

испытáние	test, trial
образéц	model, specimen
назначéние	role, purpose
плутóний	plutonium
подлежáть утилизáции	to be subject to disposal
полигóн	range, test site
фúрменные часы́	brand-named watch
у́дочка	fishing rod
урáн	uranium
я́дерный	nuclear
ядрó	nucleus

ВПК – кóмплекс предприя́тий и организáций, разрабáтывающих, производя́щих и продаю́щих боеву́ю тéхнику, вооружéние и боеприпáсы.

ВПК был ядрóм совéтской эконóмики и отличáлся огрóмным размéром. Он включáл не тóлько произвóдственные предприя́тия, где производúлось ору́жие, но и констру́кторские бюрó и нау́чно-исслéдовательские институ́ты, где разрабáтывались и создавáлись óпытные образцы́ ору́жия, лаборатóрии, полигóны и аэродрóмы, где проводú-лись испытáния, внешнеторгóвые организáции, осуществля́ющие про-дáжу ору́жия. Крóме воéнной продýкции предприя́тия ВПК произ-водúли потребúтельские товáры, включáя телевúзоры и другу́ю электрóнику, холодúльники и другúе электротовáры, фотоаппарáты и медицúнское оборýдование. ВПК отличáлся высóким технúческим у́ровнем, сосредотóчивал наибóлее кпалифицúрованные кáдры и наибóлее прогрессúвные технолóгии. Бóлее 80% бюджéта в бы́вшем СССР трáтилось на оборóну. Напримéр, основнóй продýкцией авиазавóдов былá воéнная тéхника (70%).

Осóбенностью геогрáфии ВПК бы́ло существовáние «закры́тых» городóв*, котóрые не отмечáлись на кáртах и чья эконóмика пóлно-стью доминúровалась воéнным произвóдством. Тóлько недáвно э́ти городá получúли сóбственные назвáния: напримéр, Зеленогóрск (бы́в-ший Красноя́рск 45) и Новоурáльск (бы́вший Свердлóвск 44) специали-зúровались на произвóдстве урáна, а Железногóрск (Красноя́рск 26), Озёрск (Челя́бинск 65) и Севéрск (Томск 7) на произвóдстве плутóния.

---

* 'Closed' cities were centres of sensitive military production which outsiders were not allowed to visit.

В Сáрове (Арзамáс 16), Трёхгóрном (Златоýст 36), Зарéчном (Пéнза 19) и Снежúнске (Челя́бинск 70) разрабáтывалось я́дерное орýжие.

С перехóдом к ры́ночной эконóмике началáсь конвéрсия ВПК (с 1 января́ 1992 г. вступúл в сúлу «Закóн о конвéрсии оборóнной промы́шленности в Россúйской Федерáции»). «Конвéрсия» ВПК означáет перехóд воéнного произвóдства на вы́пуск граждáнской продýкции. Бы́ло определенó 80 населённых пýнктов (бы́вших закры́тых городóв), котóрые получúли осóбый стáтус и госудáр-ственную пóмощь для проведéния конвéрсии и поддéржки социáльной инфраструктýры. Однáко затрáты на конвéрсию до сих пор составля́ют лишь мáлую часть тогó, что трéбуется. Напримéр, по оцéнкам, на территóрии бы́вшего СССР имéется свы́ше 1 млн. тонн боеприпáсов, подлежáщих утилизáции. В Россúю онú поступáют из Зáпадной грýппы войск и госудáрств СНГ, что создаёт слóжности с их хранéнием и ухудшáет экологúческую ситуáцию.

Однáко есть и успéхи.

Слéдуя прогрáмме конвéрсии россúйские áтомщики в Снежúнске заняли́сь проблéмами здравохранéния. Éсли рáньше онú занимáлись разрабóткой я́дерного орýжия и лáзерной тéхники, то тепéрь произвóдят медицúнское оборýдование и диагностúческую аппаратýру. Авиациóнные завóды разрабóтали нóвые модéли граждáнских самолётов и вертолётов рáзного назначéния. Нижегорóдский завóд úмени Попóва, выпускáвший бортовы́е стáнции, используемые рáньше для воéнных цéлей, модифицúровал э́ту тéхнику, и тепéрь её испóльзуют геóлоги, специалúсты сéльского хозя́йства.

Answer these questions:
1. Почемý ВПК был сáмой эффектúвной чáстью бы́вшей совéтской эконóмики?
2. Как вы понимáете «закры́тый гóрод»?
3. В какúх отрасля́х по-вáшему лéгче проводúть конвéрсию?

Decide which former enterprise belonging to the ВПК is likely to be most successful:
то, котóрое произвóдит ýдочки?
то, котóрое произвóдит фúрменные часы́?
то, котóрое произвóдит дельтаплáны?
то, котóрое произвóдит видеомагнитофóны?
то, котóрое произвóдит пассажúрские лáйнеры?

Which definition of конве́рсия *is more appropriate:*
Конве́рсия – э́то примене́ние вое́нной проду́кции в наро́дном хозя́йстве
и́ли
Конве́рсия – э́то удовлетворе́ние спро́са на дефици́тные това́ры?

Свобо́дные экономи́ческие зо́ны

Note:

наукоёмкая проду́кция	science-based
передова́я техноло́гия	leading, cutting-edge technology
правова́я защи́та	protection of the law
ста́дия	stage
янта́рь	amber

Свобо́дная экономи́ческая зо́на (СЭЗ) – географи́ческая террито́рия, на кото́рой устана́вливается осо́бый режи́м хозя́йственной де́ятельности иностра́нных инве́сторов и предприя́тий с иностра́нными инвести́циями, а та́кже оте́чественных предприя́тий и гра́ждан.

Большинство́ СЭЗ нахо́дится в ста́дии формирова́ния. В настоя́щее вре́мя развива́ются СЭЗ в Нахо́дке, в Калинингра́дской о́бласти, на Сахали́не, в Санкт-Петербу́рге, Вы́борге.

Це́лью созда́ния СЭЗ «Нахо́дка» явля́ется расшире́ние торго́во-экономи́ческого и нау́чно-техни́ческого сотру́дничества с зарубе́жными стра́нами на Да́льнем Восто́ке, привлече́ние в эконо́мику иностра́нного капита́ла, формирова́ние ры́ночной инфраструкту́ры. Го́род Нахо́дка име́ет вы́годное географи́ческое положе́ние и ра́звитую тра́нспортную сеть. Он располо́жен вблизи́ крупне́йших экономи́ческих це́нтров Азиа́тско-Тихоокеа́нского регио́на. Э́то коне́чный пункт Транс-сиби́рской магистра́ли, а та́кже гла́вный внешнеторго́вый порт Да́льнего Восто́ка. В настоя́щее вре́мя здесь со́зданы 470 совме́стных предприя́тий. В преде́лах зо́ны де́йствуют льго́тные нало́говый и тамо́женный режи́мы, иностра́нные инвести́ции по́льзуются правово́й защи́той.

Свобо́дной экономи́ческой зо́ной «Сахали́н» явля́ется вся террито́рия Сахали́нской о́бласти. В ра́мках СЭЗ де́йствует льго́тный нало́говый режи́м. В СЭЗ со́дан специа́льный комме́рческий банк региона́льного разви́тия («Банк разви́тия Сахали́н») с привлече́нием иностра́нных акционе́ров.

СЭЗ «Янта́рь» создаётся в грани́цах Калинингра́дской о́бласти. Она́ специализи́руется на разви́тии электро́ники, судострое́нии, перерабо́тке ры́бы, тури́зме. По своему́ географи́ческому положе́нию э́та зо́на бо́льше

211

други́х регио́нов Росси́и подхо́дит для созда́ния СЭЗ (госуда́рственная грани́ца, отделя́ющая её от други́х террито́рий страны́, вы́ход в междунаро́дные во́ды). На террито́рии зо́ны сконцентри́ровано 90% мировы́х запа́сов янтаря́.

Создаю́тся та́кже свобо́дные экономи́ческие зо́ны в Санкт-Петербу́рге и Вы́борге. В СЭЗ «Санкт-Петербу́рг» плани́руется созда́ние нау́чных па́рков, технопо́лисов. СЭЗ «Вы́борг» (в го́роде Вы́борг Ленингра́дской о́бласти) специализи́руется на произво́дстве наукоёмкой проду́кции на осно́ве нау́чных достиже́ний Санкт-Петербу́рга и передовы́х зарубе́жных техноло́гий, а та́кже на разви́тии тури́зма. Акти́вное уча́стие в формирова́нии зо́ны принима́ет Финля́ндия, в 126 км. от Санкт-Петербу́рга.

Look at the map and decide:

1. Каки́е зо́ны осо́бенно благоприя́тны по своему́ географи́ческому положе́нию для разви́тия вне́шней торго́вли?
2. Каки́е зо́ны располага́ют ра́звитой тра́нспортной се́тью (железнодоро́жной, аэропо́ртами, морски́ми по́ртами)?
3. Каки́е зо́ны облада́ют це́нными приро́дными ресу́рсами?
4. В каки́х зо́нах, по-ва́шему, уже́ ра́звито промы́шленное произво́дство, име́ется нау́чный потенциа́л и социа́льная структу́ра?
5. Где лу́чше создава́ть технопо́лисы?
6. Име́ются ли СЭЗ в ва́шей стране́? На чём они́ специализи́руются?
7. Каковы́ преиму́щества созда́ния СЭЗ?

Спи́сок испо́льзуемой литерату́ры:

Автономов, В.С. *Введение в экономику.* Москва «Вита-пресс» 1998.

Алексеев, А.Н. и В.В.Николина *География и население России.* Москва «Просвещение» 1999.

Гладкий, Ю.Н., Доброскок, В.А. и С.П.Семёнов *Экономическая география России.* Москва «Гардарика» 1999.

Липсиц, И.В. *Экономика* (книги I и II). Москва «Вита-пресс» 1998
(ed.)Морозова, Т.Г. *Региональная география.* Москва «Юнити» 1999.

Музыкант, В.Л. *Реклама: международный опыт и российские традиции.* Москва «Право и закон» 1996.

Райзберг, Б.А. *Основы бизнеса.* Москва «Рассиана» 1995.

Ром, В.Я. и В.П.Дронов *География: население и хозяйство России.* Москва «Дрофа» 1999.

Школьник, Леонид *Уроки рекламных королей.* Москва «Валент» 1998.

Периодика:

Аргументы и факты *Московские новости*
Вопросы экономики *Приглашаем на работу*
Деловые люди *Профиль*
Известия *Рекламный мир*
Коммерсантъ. «Деньги» *Рекламные технологии*
Литературная газета *Экономика и жизнь*

KEY TO TASKS
(Answers to Tasks requiring translation from English into Russian and choice
or formation of words.)

1: Российское предпринимательство

Task 3 (p.8): в сфе́ре услу́г и ро́зничной торго́вле; в фо́рме о́бщества с ограни́ченной отве́тственностью; принадлежа́ть ча́стному лицу́; преиму́щество индивидуа́льной фи́рмы; в това́риществе при́быль распределя́ется; созда́ть совме́стное предприя́тие; вы́пуск и прода́жа а́кций составля́ют; без согла́сия други́х акционе́ров; объединя́ет де́ятельность не́скольких фирм; мо́гут быть несовмести́мыми.

Task 4 (p.9): ка́ждый акционе́р; свои́ а́кции; акционе́рный капита́л; акционе́рными о́бществами. с ограни́ченной отве́тственностью; ограни́ченность капита́ла; не пыта́ется ограни́чивать; мо́жет быть неограни́ченным; предпринима́тельской де́ятельностью; разви́тию предпринима́тельства; молоды́е предпринима́тели; ассоциа́цию предпринима́телей; управля́ть акционе́рным о́бществом; на совме́стном управле́нии; для управле́ния фи́рмы; но́вый управля́ющий.

Task 6 (pp.14-15): 1. Ма́лые предприя́тия развива́лись о́чень бы́стро в ва́шей стране́, осо́бенно в ра́нние девяно́стые го́ды. В то вре́мя ма́лые би́знесы (предприя́тия) росли́, как грибы́. Но тепе́рь их рост заме́длился, уже́ не ви́дно так мно́го кио́сков на у́лице, как ра́ньше. Означа́ет ли э́то коне́ц ма́лого предпринима́тельства в Росси́и?

2. Смо́гут ли ва́ши ма́лые предприя́тия существова́ть ря́дом с кру́пными? Спосо́бны ли они́ сформирова́ть двойну́ю структу́ру в ва́шей эконо́мике? Спосо́бны ли ва́ши кру́пные предприя́тия стимули́ровать созда́ние ма́лых? Наско́лько я зна́ю ма́лые предприя́тия не мо́гут существова́ть без госуда́рственной подде́ржки. Среди́ них всегда́ мно́го банкро́тств.

3. Ва́ши ма́лые предприя́тия развива́лись и, мне ка́жется, ещё развива́ются в неправле́нии се́ктора услу́г, осо́бенно комме́рческой и конса́лтинговой де́ятельности. В произво́дственной сфе́ре их число́ всегда́ бы́ло небольшо́е. Как вы объясня́ете э́то?

4. Мне всё же не совсе́м я́сно, как вы ви́дите бу́дущее ва́ших ма́лых предприя́тий. Како́в их потенциа́л в ва́шей стране́?

Task 8 (p.16): развива́ться без ма́лых би́знесов; обеспе́чить рабо́ту мно́гим безрабо́тным; МП ста́лкиваются со мно́гими пробле́мами; испы́тывают огро́мное давле́ние; из-за высо́ких нало́гов; де́лать би́знес, не дава́я взя́тки; о свои́х предпринима́телях; существова́ть то́лько с подде́ржкой госуда́рства; плани́рует ввести́ нало́говые льго́ты; зако́н о развитии малых предприятий; поглощение малых бизнесов крупными; количество МП уменьшается; чем больше малых предприятий . . . . ., тем лучше.

Task 10 (рр.22-23):   индустрия быстрого питания в России; многие известные сети закусочных и кафе; существует очень большой спрос на кафе «фаст фуд»; по-прежнему, очень прибыльны; можно быстро добиться успеха; разные условия сотрудничества; помощь в профессиональной подготовке персонала; можно купить в рассрочку (в кредит); стоимость использования торговой марки; находить помещение; опыт работы в общественном питании.

Task 11 (р.23): самый большой и самый посещаемый в мире; три ресторана совместного предприятия; ежедневно обслуживает; равнозначна работе тридцати ресторанов; по словам господина Кохона; остаётся одним из самых дешёвых в мире; по сравнению с январём; цена увеличилась; заканчивает строительство; планирует открыть ресторан; новое предприятие сможет обслуживать; за счёт доходов; инвестировал в России; активно участвующее в благотворительных программах.

Task 14 (р.25): владелец акций;   участник товарищества;   получили распространение; Госкомитет по поддержке и развитию; популярны в торговле;   для создания индивидуальной фирмы;   деятельность управляющих; в профессиональной подготовке; занимается поиском партнёров; знамениты отличным обслуживанием;   на составлении бизнес-планов; оценка риска.

2: Приватизация

Task 4 (р.42):   приватизированные   предприятия;   государственные предприятия; чем меньше доля государства, тем выше экономические показатели; в 20 раз выше государственных; производительность труда; рентабельность госпредприятий;   разница увеличивалась;   частные предприятия дали наибольший прирост; в государственном секторе произошёл спад.

Task 6 (р.50): российские акционеры; реальные собственники; не рост капитала, а его проедание; доходы очень низкие; нуждаются в социальной защите; цель приватизации; слой частных собственников; малая приватизация; получают прибыль почти в два раза больше государственных; конкуренция в торговой сети.

Task 9 (рр.55-6):   1. Ваше предприятие одним из первых в Ижевске выкупило его у государства. Вы были уверены в успехе?

2. Согла́сно зако́ну об акционе́рных о́бществах генера́льный дире́ктор переизбира́ется ежего́дно. Вас избира́ют в тре́тий раз, при э́том Вы, по-пре́жнему, вкла́дываете 70–80% ва́шей при́были в обновле́ние произво́дства. Почему́ коллекти́в даёт Вам по́лную свобо́ду в Ва́шей де́ятельности?

3. Э́то зна́чит, что Вы отдаёте предпочте́ние краткосро́чным прое́ктам?

4. Ита́к, Ва́ша де́ятельность сосредото́чена на разви́тии?

5. Ва́ша проду́кция продаётся везде́, не то́лько в Удму́ртии, но и на Ура́ле, в Сиби́ри, да́же в Магада́не. У Вас есть пробле́ма с доста́вкой проду́кции?

6. Из одного́ моло́чного комбина́та Вы со́здал и шесть си́льных предприя́тий: «Ижмолоко́», «Имма́р», «Имо́л», «Ижпроду́кты», «Великоро́сс» и <АМТ>. Вы не бо́йтесь бо́льше конкуре́нции? Мо́жете ли Вы сравни́ть себя́ с европе́йскими фи́рмами?

<u>Task 10</u> (pp.57-58): по́льзуется больши́м спро́сом; еди́нственным производи́телем моло́чной проду́кции; не вкла́дывать при́быль в разви́тие; успе́шно конкури́рует с за́падными фи́рмами; совме́стное предприя́тие «Великоро́сс»; специализи́руется на произво́дстве; благодаря́ высо́кому ка́честву; выде́рживает любу́ю конкуре́нцию; большинство́ оборо́нных предприя́тий; покупа́тельная спосо́бность.

<u>Task 12</u> (pp.59-60) приватизи́рованные предприя́тия; успе́шно конкури́ро-вать; нет эффекти́вных со́бственников; ста́ли акционе́рными о́бществами; при́быльные предприя́тия; госуда́рственный се́ктор; про́тив вмеша́тельства; быть отве́тственны; не о́чень поле́зно для би́знеса; производи́телем моло́чных проду́ктов.

<u>Task 14</u> (p.61): стремя́тся к вы́ходу; просоедини́ться к Европе́йскому Сообще́ству; вме́шивалось в эконо́мику; ужива́ться с поли́тиками; сосредото́чены на получе́нии при́были; обвиня́лись в получе́нии взя́ток; нести́ отве́тственность за отсу́тствие зако́нов; конкури́рует с зарубе́жной проду́кцией; сравни́ть с за́падной фи́рмой; отно́ситесь к приватиза́ции; рассчи́тывать на получе́ние дивиде́ндов.

<u>Task 15</u> (pp.61-2): ста́ли акционе́рами; спосо́бствовать эффекти́вности; подверга́лись вмеша́тельству; владе́ют со́бственностью; не отвеча́ет междунаро́дным станда́ртам; по́льзуется спро́сом; управля́ть предприя́тием; отдаёт предпочте́ние; явля́лась еди́нственным производи́телем.

<u>Task 16</u> (pp.62-3) 1. Одно́й из це́лей приватиза́ции в Росси́и бы́ло созда́ние эффекти́вных со́бственников. Вы ду́маете э́та цель была́ дости́гнута?

2. Ита́к э́то зна́чит, что те, кто говоря́т/утвержда́ет, что приватиза́ция провали́лась/не удала́сь, пра́вы?
3. Мо́жно слы́шать ра́зные заявле́ния/утвержде́ния: наприме́р, что приватиза́ция была́ незако́нной.
4. Есть ещё одно́ распространённое выраже́ние —«кримина́льная, граби́тельская приватиза́ция».
5. У нас ещё оста́лось, что приватизи́ровать? А, мо́жет, быть не на́до приватизи́ровать ВПК? Должны́ быть «запре́тные зо́ны» для приватиза́ции?

3: Ры́нок труда́

Task 1 (р.66): ни́зкая моби́льность; чертой ры́нка труда́; спрос на но́вые профе́ссии; сохране́ние рабо́чей си́лы; ры́нок жилья́; не поощря́ет моби́льность труда́; привя́зан к одному́ ме́сту; ку́пля кварти́ры и́ли до́ма; в состоя́нии преодоле́ть их; рабо́тали ра́ди получе́ния беспла́тной госуда́рственной кварти́ры; бу́дут меня́ть ме́сто рабо́ты.

Task 2 (р.70): по́лная за́нятость; благодаря́ существова́нию скры́той безрабо́тицы; вво́дится сокращённый рабо́чий день; брать неопла́чиваемый о́тпуск, чем стать безрабо́тными; вы́жить на посо́бие по безрабо́тице; безрабо́тица не дости́гла; мно́гие безрабо́тные; не регистри́роваться в слу́жбе за́нятости; существу́ют трудоизбы́точные предприя́тия; продолжи́тельность рабо́чего дня в росси́йской промы́шленности; увольня́ть избы́точных рабо́тников.

Task 5 (рр.75-6): до́ступ ко всем социа́льным бла́гам (льго́там), включа́я жильё; был отве́тственен (отвеча́л) за благосостоя́ние; стара́ются сохрани́ть трудово́й коллекти́в; наде́ясь на улучше́ние в росси́йской эконо́мике; занима́ют жёсткую ры́ночную пози́цию; гото́вы сле́довать зако́нам ры́нка; увольне́ния рабо́чих; удовлетвори́ть свои́ ну́жды; получа́ют высо́кие зарпла́ты; демонти́ровать патерналистскую систе́му на предприя́тиях о́чень тру́дно; за её сохране́ние.

Task 7 (р.79): по́иск рабо́ты; спрос на квалифици́рованных специали́стов; сообщи́ть работода́телю; идеа́льный рабо́тник (сотру́дник); пра́вильно соста́вить резюме́; конкуре́нты то́же и́щут рабо́ту; испо́льзовать печа́тные изда́ния; помеща́ть объявле́ния; обраща́ться в специа́льные аге́нтства; по́льзуются Интерне́том; число́ по́льзователей Интерне́том; ме́тод по́иска рабо́ты; челове́к находи́л рабо́ту.

Task 8 (р.79): занима́ются устро́йством; в составле́нии би́знес-пла́на; обраще́ние в аге́нтство; мно́го предложе́ний о рабо́те; рабо́тников с рекоменда́циями; объявле́ния о на́йме; по́льзование Интерне́том;

приглашéния на рабóту; агéнтства по трудоустрóйству; пóиски рабóты; пóсле опубликовáния резюмé в Интернéте; агéнтство по подбóру персонáла.

Task 11 (p.86) мнóгие работодáтелей; нанимáть мужчи́н; с перехóдом а ры́ночной эконóмике; образовáтельный у́ровень; жéнщины преоблада́ют; дости́чь пози́ции топ-мéнеджера/мéнеджера вы́сшего звенá; традициóнные фóрмы зáнятости; сфéра услýг и общéственное питáние; половáя дискриминáция; развти́е мáлых предприя́тий.

Task 15 (pp.90-2): 1. Как Вам удалóсь, бýдучи жéнщиной, дости́гнуть такóго выдаю́щегося успéха в такóй корóткий срок? Что привелó Вас в оборóнную и аэрокосми́ческую промы́шленность? Почемý Вы, жéнщина, заняли́сь торгóвлей орýжием? Мóжет быть Ваша я́ркая внéшность даёт Вам преимýщества в би́знесе?

2. Тем не мéнее нáдо всё-таки знать что-нибýдь об э́тих вещáх?

3. Но в конéчном счёте, вы́бор проéктов зави́сит от Вас? Каки́е проéкты Вы предпочитáете?

4. Не лýчше ли покупáть Боэнги? Они́ бóлее экономи́чные и бóлее надёжные, чем росси́йские самолёты . . .

5. Каки́е преимýщества Вы надéетесь получи́ть от финанси́рования прогрáмм зáпуска спýтников, котóрые в ближáйшем бýдущем мóгут принести́ тóлько потéри? И почемý Вы стáли генерáльным спóнсором дороги́х авиасалóнов, где обы́чно не заключáются больши́е сдéлки, а прóсто устанáвливаются контáкты?

6. Конéчно нýжно, чтóбы тебя́ знáли, но Вы ужé сóздали свой и́мидж, Вашу репутáцию – Ваши вклáды в благотвори́тельность хорошó извéстны: среди́ них пóмощь многодéтным сéмьям, афгáнским ветерáнам, строи́тельство дéтского дóма, не говоря́ о други́х.

7. Но таки́е сокращéния знáчат, что компáния в плохóй фóрме.

Task 16 (p.93): занимáться крýпным би́знесом; специализи́руется на вы́пуске авиациóнного и аэрокосми́ческого оборýдования; успéх зави́сит от прáвильности при́нятого решéния; имéть дéло с росси́йской тéхникой; её совмéстные предприя́тия; финанси́ровать прогрáммы зáпуска спýтников, быть спóнсором междунарóдного авиакосми́ческого салóна; готóва идти́ на сокращéние штáта; сосредотóчиться на торгóвле нéфтью; с пóмощью инострáнных партнёров; благотвори́тельность.

Task 17 (p.95): состáвили от сорокá до семи́десяти процéнтов; остáлся без рабóты; упáл на девянóсто процéнтов; рáвен нулю́; дéлают стáвку на росси́йские мáрки; спрос на мéнеджеров по продáжам; увели́чивается спрос на специалистов по туризму; повысился интерес к офисному персоналу.

Task 18 (pp.95-6): закон о занятости; комитет по занятости; всем занятым на предприятии; трудился на одном и том же предприятии; связана с трудовым коллективом; развит недостаточно; на его развитие; переход к рыночной экономике; управляющие предприятием; управление предприятием требует; безработные имеют право; получение пособия по безработице; производительность труда; отечественному производству; привёл к росту увольнений; уволенные женщины; вводят сокращённую рабочую неделю; сокращение рабочего дня; трудности с рабочей силой; многие работники (рабочие); льготные рабочие условия.

Task 20 (p.97): а): торговец; покупатель; владелец; переводчик; руководитель; заказчик; работодатель; продавец; предприниматель.

б): менеджер по продажам продуктов; по рекламе; по маркетингу; по сбыту продукции; по сервису компьютеров; по продвижению товаров; по туризму; по закупкам; по реализации алкогольной продукции; по персоналу.

Task 21 (pp. 97-8): 1. Советская трудовая политика характеризовалась полной занятостью. Советская Конституция гарантировала право на труд. Каждый человек должен был работать. У нас был лозунг «Кто не работает, тот не ест». Но была ли полная занятость благом для общества?

2. С переходом к рыночной экономике безработица стала частью российской жизни. Гарантия работы исчезла. Некоторые убыточные предприятия должны были закрыться, другие не в состоянии содержать избыточных работников. Безработица продолжает расти?

3. Означает ли это, что безработица в России уже превысила свой естественный уровень? Согласно экономической теории нормальные резервы безработицы для экономического роста – 4–6% от трудовых резервов. Всё, что превышает это число грозит неприятными социальными последствиями.

4. Я слышал, что многие безработные не регистрируются на бирже труда (в службе занятости), так как льготы, которые даёт статус безработного, очень небольшие, и пособие по безработице очень маленькое.

4: Рекламный рынок

Task 2 (p.103): продвижением своих товаров; создание бренда; приспособиться к российскому рынку; изменить свой подход к российскому потребителю; российский потребитель отличается от западного; при проведении рекламной компании; самое главное для российской фирмы.

Task 5 (pp.107): покупательная способность российского населения; предпочитали иностранные продукты отечественным; стали дороже (подорожали); среди новых отечественных брендов; положительным последствием финансового кризиса; привлекательная реклама; обновлять старые известные марки.

Task 6 (p.108): после выпуска мороженого; с русским названием; на потребительском рынке; для продвижения российских марок; после ухода западных фирм; производителем пива; обновлённой старой маркой; западные поставщики; продажа западных продуктов.

Task 7 (p.110): рекламируется новая марка; рекламный рынок; рекламирование продукта; российские рекламисты за лучшую рекламу; покупательная способность; многие покупатели; купля кондитерских изделий; покупает шоколадные батончики; жёсткая конкуренция; изучить своих конкурентов; конкурируют друг с другом; конкурентоспособность нового продукта.

Task 11 (p.117): мыльные оперы; скидки для отечественных фирм; считают наружную рекламу; наводнены щитами огромных размеров; ограничения были введены на рекламу табака и алкоголя; не должны размещаться/устанавливаться; в телевизионных программах с высоким рейтингом.

Task 13 (p.119): размещать рекламу; размещение рекламы; потребление водки; потребляет молодёжь; ограничиваются возможности; существуют ограничения; запрещается рекламировать водку; эти запрещения; при создании рекламы; удалось создать; устанавливают подальше от школ; установка рекламных щитов.

Task 15 (p.123): некорректная реклама; может быть снята с проката (показа); проверки наружной рекламы; штраф был наложен на рекламодателей; закон о рекламе был принят; нести полную ответственность за свою рекламу; ассоциировать курение и потребление алкоголя с жизненным успехом.

Task 17 (pp.126-7): разные мнения; нравится агрессивная реклама; отдают предпочтение смешной рекламе; принадлежит шоковой рекламе с использованием эротических образов; устаревшие в США рекламные ролики с русским слоганом; российским потребителям.

Task 18 (pp.127-8):   1. Возмо́жно ли примене́ние антиде́мпинговых зако́нов к за́падным реклами́стам, что́бы стимули́ровать оте́чественное рекламопроизво́дство?
2. Какова́ специ́фика росси́йской телевизио́н-ной рекла́мы и как мо́жно определи́ть её у́ровень?
3. Каково́ ва́ше мне́ние о запреще́нии рекла́мы табака́ и алкого́ля под предло́гом, что э́то пропага́нда вре́дных привы́чек?
4. Некомме́рческая рекла́ма существу́ет в ми́ре уже́ давно́, есть це́лые програ́ммы – социа́льные, культу́рные и экологи́ческие. Каково́ состоя́ние социа́льной рекла́мы в Росси́и?

Task 23 (p.132):   без рекла́мы; на рекла́мном ры́нке; реклами́ровать; росси́йские реклами́сты; на реклами́руемые по ТВ сигаре́ты; но́вый предме́т «защи́та прав потреби́телей»; потреби́тельский спрос на проду́кт; россия́не потребля́ли; потребле́ние росси́йской проду́кции; мно́го конкуре́нтов; не существова́ло конкуре́нции; продвиже́нию това́ра; продвига́ть э́тот това́р; на оте́чественного производи́теля; произво́дство рекла́мных ро́ликов; большинство́ опра́шиваемых; бы́ло опро́шено; опро́с проводи́лся; на сто́имость размеще́ния рекла́мы; была́ размещена́ в СМИ.

5: Ба́нковская систе́ма

Task 1 (p.138): эмиссио́нным ба́нком; де́нежное обраще́ние; повы́сить проце́ртную ста́вку; проведе́ние всех ба́нковских опера́ций; комме́р-ческие ба́нки; благодаря́ жёсткой креди́тной поли́тике; по́льзоваться свои́ми резе́рвными сре́дствами; валю́тный счёт.

Task 2 (p.138): изъя́ть свои́ обяза́тельные резе́рвы; разме́р уста́вного капита́ла; влия́ть на у́ровень инфля́ции; разме́р резе́рвных тре́бований; проце́нтные ста́вки; соблюда́ют зако́ны и пра́вила; существу́ет избы́ток де́нег.

Task 4 (p.142): бы́ли сосредото́чены; вкла́дывать в це́нные бума́ги; госуда́рственные краткосро́чные облига́ции; ба́нки бы́ли привлечены́; крах (круше́ние) ры́нка ГКО привёл (привело́) к разоре́нию мно́гих ба́нков; предлага́ют мно́гие услу́ги; осуществля́ют расчётно-ка́ссовое обслу́живание; бы́ли объя́влены неплатежеспосо́бными; бы́ли лишены лице́нзий; оздоровле́ние ба́нковской систе́мы.

Task 5 (p.144): хране́ние всех сбереже́ний; оказа́лся са́мым надёжным ба́нком; согла́сно рейтингу; среди́ са́мых при́быльных ба́нков; благодаря́ свои́м свя́зям с госуда́рством; перевели́ свои́ сбереже́ния в Сберба́нк;

после перевóда их депозúтов (вклáдов); дóлжен был осуществúть эмúссию дéнежных знáков; в прогрáмме по ипотéчному кредитовáнию.

Task 6 (р.145): в фóрме акционéрного óбщества; учредúтелем Сбербáнка Россúи; был зарегистрúрован; со свóими филиáлами; составлЯет едúную систéму; филиáльная сеть Сбербáнка по всей странé; акционéрным óбществом открЫтого тúпа; средú его акционéров; (57,7% áкций); бóлее 300 (трёхсот) тЫсяч физúческих и юридúческих лиц; привлечéние дéнежных средств населéния; расчётно-кáссовое обслýживание физúческих лиц; осуществлéние пóлного кóмплекса бáнковских услýг для юридúческих лиц; оплáченный устáвный капитáл.

Task 8 (рр.150-1): 1. Елéна Михáйловна, Ваш банк отнóсится к категóрии срéдних бáнков. Что представлЯет из себЯ Ваш банк?

2. Как сказáлся на вáшей рабóте финáнсовый крúзис?

3. Каковá, по-вáшему, роль срéдних бáнков в Россúи в ближáйшем бýдущем?

Task 10 (рр.152-3): предпочитáет вклáдывать; в прóшлом годý он вложúл; былá влóжена в ГКО; вложéния в цéнные бумáги; напýганные крúзисом, вклáдчики; вклáды от населéния; стонóвятся бóлее привлекáтельными; для привлечéния дéнежных средств; привлечённые большúми дохóдами; привлекáют чáстных лиц; привлекáтельность крýпных бáнков; кредитовáть торгóвлю; кредúты мáлым предприЯтиям; кредúтный портфéль; числó кредитоспосóбных бáнков; кредитовáнию оборóнных предприЯтий.

Task 11 (р.155): обслýживали иностáнные фúрмы; ограничéния на рабóту иностáнных бáнков; мóгут рабóтать с чáстными инвéсторами; онú допýщены (допускáются) на россúйский рЫнок; дóпуск иностáнных бáнков; имéет мнóго преимýществ на россúйском бáнковском рЫнке; притóк иностáнного капитáла растёт; удéльный вес иностáнных бáнков в бáнковской систéму; не намеревáется сдавáть свой позúции.

Task 15 (р.159): специализúруется на инвестúровании; переключúлся на финансúрование; напрáвлена на кредитовáние; он принимáет учáстие (учáствует) во мнóгих проéктах; он сотрудничает с нéсколькими зарубéжными странáми; партнёрские отношéния с госудáрственными компáниями; деловЫе свЯзи с руководúтелями; окáзывает финáнсовую поддéржку предприЯтиям; актúвно рабóтает на финáнсовом рЫнке; занимáется редистрибýцией; уделЯет мнóго внимáния развúтию.

Task 18 (рр.162-3): 1. Эдуáрд Вúкторович, недáвно бЫло подпúсано Соглашéние о сотрýдничестве мéжду Вáшим бáнком и правúтельством

Республики Алтай. В чём конкретно заключается это сотрудничество?
2. Но зачем Вам нужны такие далёкие края? Ведь экономическое положение Республики Алтай не очень хорошее.
3. Прошу прощения, но не кажется ли Вам, что реальный проект и реальные условия – это разные вещи?

Task 19 (pp.163-4): 1. Наступающий новый год не обещает быть для России очень счастливым: рубль падает, а доллар становится сильнее. Цены растут почти ежедневно – в прошлом году они повысились почти на 40%, согласно официальной статистике, а зарплата не увеличилась. Большинство россиян стали в 2–3 раза беднее. Экономические цифры за 1999 год кажутся весьма печальными.
2. Но почему, по-вашему, этот экономический прогноз не материализовался?
3. Может быть, есть другое объяснение: Россия не платила свой внешний долг в 1999 году?
4. Но экономический рост можно объяснить тем, что падение рубля привело к росту отечественного производства, импортные товары стали слишком дорогими, дешевле и выгоднее производить товары в России.
5. Да, я понимаю: сейчас трудно получить кредиты и от Центрального и от коммерческого банка. К тому же, ни западные банки, ни МВФ больше не готовы предоставлять кредиты России.

6: Внешняя торговля

Task 1 (p.167): благоприятна для внешней торговли; большинство отечественных товаров; доля машиностроительной продукции составляет; истощение природных ресурсов; преобладают машины и оборудование; преимущество отдавалось; лёгкая промышленность и сельское хозяйство; энергоносители остаются; долю обрабатывающей промышленности.

Task 3 (p.169): главными торговыми партнёрами России; Содружество Независимых Государств; 76% внешнеторгового оборота; торговля со странами Европейского Сообщества; на торговлю со странами СНГ; торговля со странами Восточной Европы; торговля со странами Азиатско-тихоокеанского экономического сотрудничества.

Task 6 (p.173): различные протекционистские меры; ограничения на импорт отдельных товаров; под давлением отечественных производителей; аргументы в пользу протекционизма; оказать давление на правительство; низкая конкурентоспособность; введения жёстких мер.

<u>Task 13</u> (p.181): противостоит политика свободной торговли; стать полноправным членом Всемирной торговой организации; защитить свою внешнюю торговлю; отменить все ограничения во внешней торговле; статус наблюдателя; стремиться к снижению таможенных пошлин на товары; монополия внешней торговли в России; с помощью тарифов; протекционистские меры.

<u>Task 14</u> (pp.182-3):   1. Россия уже имеет статус наблюдателя в ВТО, а переговоры о её полном членстве всё ещё продолжаются. Почему Россия так стремится вступить в ВТО? Каковы преимущества вступления для вашей страны?

2. Изменить структуру вашего экспорта, должно быть, очень трудно, особенно теперь, когда существует много дискриминации против российского экспорта. Я полагаю, что членство поможет вам ограничить протекционизм. И вы сможете использовать все особые правила и механизмы для членов ВТО, чтобы защитить свои торговые интересы.

3. Я слышал, что потери от того, что ваша страна не является членом ВТО составили в прошлом году почти миллиард долларов.

4. Многие считают, что Россия не должна спешить вступать в ВТО, так как преимущества вашего вступления вы почувствуете только через несколько лет, может быть десятилетий, а в данный момент Россия должна будет платить слишком высокую цену за членство. Эти люди обеспокоены тем, что слишком много импортных товаров может разрушить экономику страны.

<u>Task 16</u> (p.185): поставки нефти; большинство закупок; на вывоз многих товаров; ввоз продтоваров; сокращение импорта; уменьшение импортного оборудования; рост конкуренции; введение импортных пошлин.

<u>Task 18</u> (p.187):   падение мировых цен на нефть; замедлилось; начали расти; последовало их резкое снижение (падение); цены сократились/снизились/упали до минимума; началось медленное, но стабильное повышение цен на нефть; рекордное повышение цен на нефть; достигла высшей точки.

<u>Task 20</u> (p.189):   экспортирует   и   импортирует;   большинство отечественных товаров; торговый оборот; природные ресурсы; ввоз иностранных автомобилей; для потребителей; для защиты внутреннего рынка; действуют ограничения на импорт сахара; под давлением; таможенные пошлины.

<u>Task 21</u> (pp.189-90): 1. Валентин Петрович, в этом году «Автоэкспорт» отмечает своё сорокалетие. Ваша организация была основана, когда был

большóй рост автомобúльной промы́шленности в вáшей странé. Как вам удаётся выживáть, когдá производство в вáшей странé пáдает? Какúе проблéмы вы испы́тываете? Какúе изменéния произошлú в вáшей организáции?

2.   Я знáю, что вáша организáция тепéрь незавúсимая. Расскажúте мне о дéятельности вáшей компáнии в настоя́щее врéмя.

3.   3.   Но éсли вы расшúрили номенклатýру товáров и услýг, рáзве вы не утрáтили свою традициóнную специализáцию – постáвщика машúн и автотéхники?

Task 23 (p.193):   мóжет создавáть; провúтельство учредúло; ГК сотрýдничает; мóжет осуществля́ть.

225

COMMONLY USED ABBREVIATIONS

АКБ	акционе́рный комме́рческий банк
АО	акционе́рное о́бщество
АОЗТ	акционе́рное о́бщество закры́того ти́па
АООТ	акционе́рное о́бщество откры́того ти́па
АТЭС	Азиа́тско-тихоокеа́нское экономи́ческое содру́жество
АЭС	а́томная электроста́нция
БАМ	Байка́ло-Аму́рская магистра́ль
ВВП	вну́тренний валово́й проду́кт
ВАО	внешнеэкономи́ческое акционе́рное о́бщество
ВПК	вое́нно-промы́шленный ко́мплекс
ВТО	Всеми́рная торго́вая организа́ция
ВТС	вое́нно-техни́ческое сотру́дничество
ВУЗ	вы́сшее уче́бное заведе́ние
ВЦИОМ	Всеросси́йский центр по изуче́нию обще́ственного мне́ния
ГАТТ	Генера́льное соглаше́ние о тари́фах и торго́вле
ГДР	Герма́нская Демократи́ческая Респу́блика
ГК	госуда́рственная компа́ния
ГЕО	госуда́рственная краткосро́чная облига́ция
Госкомиму́щества	Госуда́рственный комите́т иму́щества
Госкомстат	госуда́рственный комите́т стати́стики
ГП	госуда́рственное предприя́тие
ГУСК	гла́вное управле́ние по сотру́дничеству и коопера́ции
ГЭС	гидроэлектроста́нция
ДТП	доро́жно-тра́нспортное происше́ствие
ЕБРР	Европе́йский банк реконстру́кции и разви́тия
ЕС	Европе́йское Соо́бщество
ЕЭС	еди́ная энергети́ческая систе́ма
ЗАО	закры́тое акционе́рное о́бщество
КБ	констру́кторское бюро́
МАРП	Моско́вское аге́нтство по разви́тию предпринима́тельства
МВФ	Междунаро́дный Валю́тный фонд
МП	ма́лое предприя́тие
НИИ	нау́чно-иссле́довательский институ́т
ОАО	откры́тое акционе́рное о́бщество

226

ООО	о́бщество с ограни́ченной отве́тственностью
ПК	персона́льный компью́тер
ПО	произво́дственное объедине́ние
РАО	росси́йское акционе́рное о́бщество
РСФСР	Росси́йская Сове́тская Федерати́вная Социалисти́ческая Респу́блика
РФ	Росси́йская Федера́ция
СМИ	сре́дства ма́ссовой информа́ции
СНГ	Содру́жество Незави́симых Госуда́рств
СП	совме́стное предприя́тие
СССР	Сою́з Сове́тских Социалисти́ческих Респу́блик
США	Соединённые Шта́ты Аме́рики
СЭВ	Сове́т Экономи́ческой Взаимопо́мощи
СЭЗ	свобо́дная экономи́ческая зо́на
ТПК	территориа́льно-произво́дственный ко́мплекс
ТЭК	то́пливно-энергети́ческий ко́мплекс
ТЭС	теплова́я электроста́нция
ТОО	това́рищество с ограни́ченной отве́тственностью
ФПГ	фина́нсово-промы́шленная гру́ппа
ФРГ	Федерати́вная Респу́блика Герма́нии
ЦБР	Центра́льный банк Росси́и

RUSSIAN-ENGLISH VOCABULARY

А

а́кция share
акционе́р shareholder
акциони́ровать to float, to transform into a joint-stock company
акционе́рное о́бщество joint-stock company
анке́та form, questionnaire
аппели́ровать to appeal
арендова́ть to lease
ауди́тор auditor
а́томщик worker in nuclear industry

Б

банкро́т bankruptcy
банкро́титься to go bankrupt
безнра́вственный immoral
би́ржа труда́ labour exchange, employment office
благотвори́тельность charity
блат personal connections, favours
боева́я те́хника combat equipment
боеприпа́сы ammunition
бренд brand name
буква́льно literally
бухга́лтер accountant
бухга́лтерский учёт accounting
бы́строе пита́ние fast food
бытово́е обслу́живание household services

В

валово́й проду́кт gross output
валю́та hard currency
вводи́ть в заблужде́ние to mislead
вдохновля́ть/вдохнови́ть to inspire
веду́щий leading; (TV, radio) presenter
взаи́мный reciprocal, mutual
взаймы́ on loan

взима́ть (нало́г) to levy (tax)
взя́тка bribe
вклад investment, deposit, contribution
вкла́дчик depositor
вкла́дывать/вложи́ть to invest
владе́лец owner
владе́ние ownership
владе́ть со́бственностью to own property
вложе́ние investment
вмеша́тельство interference
вме́шиваться to interfere
внедря́ть/внедри́ть to introduce
внешнеторго́вый оборо́т foreign-trade turnover
вне́шний долг foreign debt
вне́шность (physical) appearance
вноси́ть/внести́ to invest, bring in
вну́тренний internal
вовлека́ть/вовле́чь to involve
води́тельские права́ driving licence
возлага́ть наде́жду to pin one's hopes
вооруже́ние arms
восстана́вливать/восстанови́ть to restore
впи́сываться to fit in well
вступи́тельный взнос entry fee
вторже́ние intrusion
вы́веска (company) name, sign,
вы́года benefit, profit
вы́годный profitable
выделя́ть/вы́делить to single out
выкупа́ть/вы́купить to buy out
вы́плата payment
выпека́ть/вы́печь to bake
вы́печка batch
вы́пуск issue
выпуска́ть/вы́пустить to issue
высокоопла́чиваемый highly paid

Г

ги́бель destruction, ruin
ги́бкость flexibility

гра́фик рабо́ты work schedule
груз load, freight
грузооборо́т freight turnover

Д

дави́ть to squeeze
давле́ние pressure
да́нные data
да́ром free
де́йствовать to act
дели́ть to divide
делопроизво́дство office work
демонти́ровать to dismantle
де́ятельность activity
дивиде́нд dividend
доби́ться успе́ха to achieve success
доброво́льный voluntary
добыва́ть/добы́ть to mine
добы́ча mining, extraction
добыва́ющая промы́шленность
                    mining industry
доверя́ть/дове́рить to trust
догова́риваться/договори́ться
            to reach an agreement
догово́р treaty, agreement, contract
договорённость agreement
долгосро́чный long-term
до́лжность post, position
до́ля share, stake, portion
дополни́тельный additional
допуска́ть/допусти́ть to let, allow
дорожа́ть to become expensive
достига́ть/дости́чь to achieve
достиже́ние achievement
до́ступ access
досту́пный reasonably priced
дохо́д income
дохо́дность profitability, yield
драгоце́нный мета́лл precious metal
древеси́на timber

Ж

жёсткий firm, hard
жилищно-коммуна́льный
                    municipal housing
жильё housing

З

заблужде́ние error
  ввести́ в ~ to mislead
загото́вка procurement
задо́лженность debt
зака́зчик client, customer, one who
                    places an order
законода́тель legislator
законода́тельство legislation
заку́пка purchase
зало́г успе́ха guarantee of success
замеща́ть/замести́ть to replace
за́мкнутость reserve (constraint)
за́нятость employment
за́нятый employed
запасна́я часть spare part
запа́сы resources, reserves
запреща́ть/запрети́ть to ban
запро́сы needs, requirements; requests
зараба́тывать/зарабо́тать to earn
за́работная пла́та wage
за́работок earnings
зарубе́жный foreign
засто́й stagnation
затра́ты expenses
захва́тывать/захвати́ть to seize
защи́та protection
защищённость security
зая́вка application
земля́к fellow countryman
зерно́ grain

И

иго́рный би́знес gambling
изба́виться от to get rid of

229

избегáть/избежáть to avoid
избы́ток excess
избы́точная зáнятость overmanning
изготáвливать/изготóвить to make, manufacture
издéлие product
издéржки expenses
изображáть/изобразńть to depict
изображéние image, picture
изъя́ть to withdraw
имýщество property
ипотéка mortgaging
искáть to search
исполнńтель the one who performs the action
испы́тывать/испытáть to experience
исслéдование investigation
истóчник source
истощéние depletion, exhausting
итóг summing up
в итóге to sum up, in conclusion

K

кáдры personnel
каучýк rubber
кáчественный high-quality
командирóвка business trip
конкурéнт competitor
конкурéнтоспосóбность competitiveness
конкурéнция competition
конкурńровать to compete
кóнкурс competition
констрýкторское бюрó design office
коньюнктýра ры́нка state of the market
краткосрóчный short-term
крах collapse
криминáл criminal world
криминáльные структýры gangs
крушéние collapse

Л

лекáрство medicine
лńчный personal
лóзунг slogan
льгóта benefit

M

машńнопись typing
машиностроéние engineering
медь copper
металлолóм scrap metal
мéльница mill
месторождéние deposit, source
мех fur
мóщность capacity
мукá flour
мукомóльный завóд/комбинáт flour mill
мы́льная óпера soap opera

H

наблюдáтель observer
наводня́ть/наводнńть to flood
нáвык skill
наём hire
надёжный reliable
назначáть/назнáчить to appoint
назначéние appointment; purpose
наименовáние name
налагáть/наложńть штраф to fine
налńчие presence, availability
налńчные дéньги cash
налóг tax
налогообложéние taxation
намёк hint
нанимáть to hire
направлéние direction
направля́ть/напрáвить to direct, orientate
нарýжная реклáма outdoor advertising

230

наступление arrival, attack
наукоёмкий science-based
научно-исследовательский институт
           scientific research institute
начальный капитал start-up capital
невоспроизводимый unique,
           irreplaceable
недостаток disadvantage; shortage
недостоверный untrustworthy,
           misleading
некорректный misleading
неограниченный unlimited
неоплачиваемый unpaid
неотъемлемый integral
неплатёжеспособный insolvent
несовместимость incompatibility
неудача failure
нефтеперерабатывающий завод
           oil refinery
нефть oil
нефтяной oil (adj.)
номенклатура товаров list of goods
номенклатурный работник
           nomenklatura official

О

обвинять/обвинить to accuse
обеспечивать/обеспечить to supply;
           to guarantee
облагать/обложить налогом to tax
обладатель owner
обладать to possess
обновлять/обновить to renovate
оборачиваемость капитала capital
           turnover
оборачиваться/обернуться to be
           recovered
оборона defence
оборудование equipment
обрабатывающая промышленность
           manufacturing industry
образовательный educational
образовать to form

обращаться/обратиться в, к to turn to
обращение (денежное) (monetary)
           circulation
обретать/обрести to acquire
обслуживание service
обслуживать to serve
обувной магазин shoe shop
обувь footwear
обучение training
общение communication
общепит (общественное питание)
           public catering
общественное мнение public opinion
общечеловеческие ценности
           human values
общительность sociability
обязанность duty
обязательный compulsory
обязательство obligation
объединяться/объединиться to unite
объём продаж volume of sales
объявление announcement, advert
ограничение restriction, limitation
ограниченная ответственность
           limited liability
ограничивать/ограничить to restrict
оклад wage
окружающая среда environment
окупаться/окупиться to be justified,
           pay for itself
опережать/опередить to outstrip
опираться/опереться на to rely on
опрашивать/опросить to poll
опрос poll, survey
оптовая торговля wholesale trade
опытный experienced; experimental
ориентироваться на to be orientated
           towards
оружие weapons
осваивать/освоить to open up
ослабление weakening
осуществлять/осуществить to put
           into practice, realise
ответственность responsibility

отве́тственный responsible
отделе́ние department
оте́чественный domestic, home-produced
отзыва́ть/отозва́ть to revoke
отка́з refusal
отлича́ться от to differ, be distinguished from
отли́чие difference
отме́на cancellation
отменя́ть/отмени́ть to abolish
отожде́ствля́ть to equate, identify
отража́ть to reflect
о́трасль branch
отрица́тельный negative
отсу́тствие absence
отхо́ды waste
отчёт report
охва́т scope
охва́тывать/охвати́ть to embrace
охра́на protection
оце́нивать/оцени́ть to assess
оце́нка assessment, evaluation
очеви́дный obvious

П

пай share, stake
пе́карь baker
переводи́ть/перевести́ де́ньги to transfer money
перево́дчик translator, interpreter
перево́зка transportation
перегово́ры negotiations
переобуче́ние retraining
переподгото́вка retraining
перераба́тывать to reprocess
перерабо́тка reprocessing
перестра́иваться/перестро́иться to be restructured
перечисля́ть to list, enumerate
персона́л сре́днего у́ровня middle ranking staff
перспекти́вный promising

печь to bake
пивова́ренный заво́д brewery
пищева́я промы́шленность food industry
плати́ть дань to pay protection money
побужда́ть/побуди́ть to induce, prompt
пова́льный mass
по́вар cook, chef
поведе́ние conduct, behaviour
поглоще́ние take over
подавля́ющее большинство́ overwhelming majority
подбира́ть/подобра́ть to select
подбо́р selection
подверга́ться/подве́ргнуться to be subjected to
подве́рженный subject(ed) to
подгото́вка ка́дров personnel training
по́дданный subject
подде́рживать to support
подде́ржка support
подохо́дный нало́г income tax
подпи́счик subscriber
подразделе́ние department, section
подхо́д approach
подчинённость subordination
подчинённый subordinate
по́иск search
показа́тель indicator
покло́нник admirer
покупа́тельная спосо́бность purchasing power
полага́ться на себя́ to rely on oneself
поле́зный useful
полнопра́вный член full member
положи́тельный positive
полуфабрика́ты oven-ready food
по́льза use
по́льзователь user
по́льзоваться to use
помеще́ние premises
поощре́ние encouragement
поощря́ть to encourage

поруче́ние instruction, commission
посо́бие по безрабо́тице
          unemployment benefit
посре́дник middleman
посре́дническая де́ятельность,
  посре́дничество acting as middleman
поста́вка delivery
поставля́ть/поста́вить to deliver
поставщи́к supplier
потреби́тель consumer
потреби́тельские това́ры consumer
          goods
потребля́ть to consume
потре́бности needs
по́шлина tax, duty
правово́й legal
пра́чечная laundry
превосходи́ть/превзойти́ to surpass
преде́л ; в преде́лах limit; within the
          limits
предоставля́ть/предоста́вить to grant,
        confer; to provide
предпосы́лка premise
предпочте́ние preference
предпринима́тель entrepreneur
предпринима́тельство
        entrepreneurship
предприя́тие enterprise, factory
представи́тельство representation
предупрежда́ть/предупреди́ть
        to warn
предъявля́ть/предъяви́ть тре́бование
        to lay claim
предыду́щий previous
преиму́щественно predominantly
преиму́щество advantage, superiority
преоблада́ние predominance
преоблада́ть to predominate
преобразова́ние transformation
преодоле́ние overcoming
преодоле́ть to overcome
препя́тствие obstacle
препя́тствовать to hinder
приблизи́тельный approximate

при́быль profit
привлека́тельный attractive
привлека́ть/привле́чь to attract
привлече́ние attraction
привя́занность attachment
привяза́ть to tie to
призна́ние recognition
примене́ние use, application
применя́ть/примени́ть to employ, use
принима́ть/приня́ть to take on
приобрета́ть/приобрести́ to acquire
проро́дный газ natural gas
приро́ст growth
присоединя́ться/присоедини́ться
        to join
приспоса́бливаться/приспосо́биться
        to adapt to
прито́к influx
прове́рка check
провозглаша́ть/провозгласи́ть
        to proclaim
продвига́ть/продви́нуть to promote
продвиже́ние promotion
продово́льствие food
продолжи́тельность duration
производи́тель producer
производи́тельность productivity
произво́дственная сфе́ра production
        side
произво́дство production
промы́шленные това́ры manufactured
        goods
пропи́ска residence permit
противополо́жный opposite
противостоя́ть to oppose
протяжённость length, extent
пыль dust

Р

работода́тель employer
равнозна́чный equal to
равня́ться to be equal to
развива́ющаяся developing

ра́звитая страна́ developed country
разга́р кри́зиса height of the crisis
разве́дать to prospect
разде́л section
размеща́ть/размести́ть to place
ра́зница difference
разногла́сие disagreement
разоре́ние ruin
разреше́ние permission
разруша́ть/разру́шить to destroy
разры́в break up
раскру́чивать/раскрути́ть to promote (goods)
раскру́тка promotion
располага́ть [+ instr.] to have at one's disposal
располага́ть/расположи́ть to place
распоряжа́ться to be in charge of
распределя́ть/распредели́ть to distribute
распространённый widespread
распространя́ть/распространи́ть to spread
в рассро́чку on credit
рассчи́тывать на to count on
расцве́т blossoming
расце́нка price, rate
расчётно-ка́ссовое обслу́живание cash transaction service
резюме́ c.v.
рекла́ма advertisement; advertising
реклами́рование advertising
реклами́ровать to advertise
реклами́ст advertiser
рекла́мный щит billboard, hoarding
ремо́нт repairs, overhaul
рента́бельность profitability
ро́зничная торго́вля retail trade
ро́лик (film) clip
ртуть mercury
руда́ ore
ру́хнуть to collapse
рэкети́р gangster

С

самостоя́тельность independence
самостоя́тельный independent
сбереже́ния savings
сбо́рочный assembly
сбыва́ть/сбыть to sell
сбыт sales
све́дения information
сде́лка deal
сде́рживать to delay
секрета́рь-рефере́нт office manager
сельскохозя́йственный agricultural
сеть network
сеть заку́сочных, кафе́ chain of snack bars, cafés
ски́дка discount
скло́нный inclined
скопле́ние concentration, accumulation
скры́тая безрабо́тица hidden unemployment
слу́жба за́нятости employment service
смотри́бельное вре́мя prime time
сниже́ние reduction
соблюда́ть to observe
со́бственник property owner, proprietor
со́бственность property
со́бственный own
соверше́нный perfect
соверше́нствовать to improve
совме́стное предприя́тие joint enterprise
содержа́ние maintenance, upkeep; content
содержа́ть to keep, maintain; to contain
создава́ть/созда́ть to create
созре́ть to ripen
сокраща́ть/сократи́ть to reduce; to make redundant
сокраще́ние reduction; redundancy
сокращённый рабо́чий день short working day

234

сокрытие concealment (of income)
сообщение communication
сообщество community
соответственно correspondingly, respectively
соответствовать to correspond
в соответствии с in accordance with
сопровождение escort, convoy
сопротивляться to resist
составлять to compile
состояние state, condition
состоятельный wealthy
сосредоточиться to focus, concentrate on
сотрудник colleague, employee
сотрудничество collaboration, cooperation
сохранять/сохранить to preserve
социально-бытовой social welfare
социальное обеспечение social security
социальные блага social benefits
социальные волнения social unrest
спад drop
спасение salvation
способность ability, capability
способствовать to assist
спрос demand
средний middle, medium
в среднем on average
срок time, period
ссуда loan
ставка (процентная) (interest) rate
стаж length of service
сталкиваться/столкнуться to confront
степень риска degree of risk
стесняться to be ashamed
стоимость cost
стоять на учёте to be registered
страхование insurance
стремиться к to strive for, aspire to
стремление striving, aspiration
судостроение shipbuilding
сфера услуг service sector

счёт account
за счёт at the expense of
сырьё raw materials

Т

таможенная пошлина customs duty
таможня customs
текущий счёт current account
теневая экономика shadow economy
терять to lose
тираж circulation
товарищество partnership
товарный знак trade mark
товарооборот trade turnover
топливо fuel
торговать to trade
торговец trader
торговля trade
трактовать to interpret
трубопровод pipeline
трудовая книжка employment record
трудоизбыточный overmanned
трудоустройство employment
тысячелетие millenium

У

уборщица cleaner
убыток loss
убыточный loss-making
увольнение dismissal, sacking
увольнять/уволить to dismiss, sack
угроза threat
удар stroke
удельный вес proportion
уделять/уделить внимание to pay attention
удешевление reduction in price
удобрение fertiliser
удовлетворять to satisfy
удорожание rise in price
уживаться to get along with
указ decree

упаковка packaging
управление management, board
управлять to manage
управляющий manager
уровень level
услуга service
уставный капитал charter capital,
                              start-up capital
устанавливать/установить to place
установка placement
устареть to become obsolete
устраиваться/устроиться на работу
                              to get a job
устойчивый stable
уступать to give way
утилизация disposal, scrapping
участвовать to participate
участник participant
учитывать/учесть to take into account
учредитель founder
учредить to set up, establish
учреждение institution

Ф

физическое лицо private individual
филиал branch
фирменный знак trade mark
франчайзинг franchising
франшиза franchise

Х

химчистка dry cleaners
хлебозавод, хлебопекарня bakery
хозяйственный economic
хозяйство economy; farm
хозяйствование management
хранить to keep

Ц

цветные металлы non-ferrous metals
целеустремлённость purposefulness

целлюлозно-бумажный комбинат
                              pulp mill
ценные бумаги securities

Ч

частное лицо private individual
частный private
челнок shuttle; shuttle trader
челночный бизнес shuttle trading
чередоваться to alternate
чёрные металлы ferrous metals
чёткий clear
чиновник official
числиться to be recorded
чувствительный sensitive
чугун pig iron

Ш

шахта mine, pit
шлем helmet
штраф fine

Щ

щит board, hoarding

Э

эмиссия emission; issuing
энергоносители energy products
этикетка label

Ю

юридический legal
юридическое лицо legal entity
юрист lawyer

Я

ядерный nuclear
ядро nucleus, core
янтарь amber